LO QUE
DIOS
HACE
CUANDO LAS
MUJERES
ORAN

EVELYN CHRISTENSON

LO QUE
DIOS
HACE
CUANDO LAS
MUJERES
ORAN

BETANIA

Betania es un sello de Editorial Caribe

© 2001 Editorial Caribe
Una división de Thomas Nelson, Inc.
Nashville, TN—Miami, FL (EE.UU.)

email: editorial@editorialcaribe.com
www.caribebetania.com

Título en inglés: *What God Does When Women Pray*
©2000 Evelyn Christenson
Publicado por Word Publishing

Traductor: Guillermo Vásquez

ISBN: 0-88113-587-9

Impreso en EE.UU.
Printed in U.S.A.

Contenido

Lo que Dios está haciendo en el nuevo milenio

Introducción

CUANDO EN 1975 puse en el correo el manuscrito de *Qué sucede cuando las mujeres oran*, dirigido al editor Jim Adair, estaba aterrorizada. Lo llamé desesperadamente y le supliqué: «¡No imprimas eso!»

Jim me respondió con calma: «Evelyn, ¿qué te pasa?»

Grité: «¡Ese libro no dice nada que todo cristiano ya no sepa!», ante esto, Jim se rió a carcajadas y colgó. Quedé furiosa y muy seria.

Pero ahora, veinticinco años después de publicarse por primera vez *Qué sucede cuando las mujeres oran*, me doy cuenta de cuán equivocada estaba. Aunque hemos practicado todos los puntos de ese libro original y sabemos que dan buen resultado, ahora hay un cuarto de siglo que prueba que cada uno de sus principios bíblicos dan buen resultado más allá de lo que los seres humanos podíamos haber jamás pedido o aun pensado.

Si usted es uno de los millones que ha leído, estudiado o enseñado *Qué sucede cuando las mujeres oran*, este es un libro que le mostrará lo que Dios ha hecho y nos ha enseñado desde entonces. Si no ha leído *Qué sucede cuando las mujeres oran*, está a punto de comenzar un increíble viaje hacia lo que Dios está haciendo hoy día con el sorprendente movimiento de oración que comenzó hace treinta años.

Como un iceberg ártico, cuya punta muestra sólo una novena parte de su masa, las historias que lea en este libro serán solamente un pedacito de la punta del descomunal iceberg de la oración. Ninguna mente humana podría jamás comprender ni imaginar el alcance de la potencial actividad de Dios al contestar nuestras oraciones.

Mirando hacia atrás a mis treinta años en el ministerio de la oración, he aquí algunas de las cosas que hemos descubierto que Dios hace cuando oramos:

Lo que Dios nos enseñó acerca de *sí mismo*:

- Nos enseñó que es a través de la oración que nos revela su maravilloso ser.
- Nos mostró que es Él quien inicia toda oración y que ésta sorprendentemente regresa a Él en un círculo perfecto al responder de acuerdo a su omnisciente voluntad.
- Dios nos reveló el misterio de la diferencia entre la oración a.C. y la oración d.C.
- Nos confirmó que el privilegio de acercarnos directamente al trono celestial es por la sangre derramada por Jesús.
- Nos mostró que contesta la oración más allá de lo que pudiéramos pedir o siquiera pensar.
- Dios nos reveló que trabajó tras bastidores mucho antes de que nos involucrara en la oración.
- Nos mostró una y otra vez lo que había intentado hacer cuando nos encargó orar, y nosotros no teníamos ni una idea de por qué hacerlo.
- Nos reveló qué cualidades de Jesús y del Espíritu Santo podíamos estar pasando por alto en nuestras oraciones por avivamiento.
- Nos enseñó a no desanimarnos cuando no contesta tan rápidamente nuestras oraciones como demanda la apresurada cultura que nos rodea.

- Nos mostró que poco a poco nos está revelando su plan total para el planeta tierra por medio de sus respuestas.

Lo que Dios nos enseñó sobre *nuestra responsabilidad*:

- Nos enseñó que orar con otros bombardea el cielo con montones de oraciones, pero que orar solos y en secreto también produce increíbles resultados.
- Nos probó que Él es santo y que la santidad de nuestras vidas determinará si contestará o no nuestras oraciones.
- Nos enseñó a arrepentirnos del orgullo al revelar que Él es lo más importante de la oración, y por esto Él recibe toda la gloria.
- Amable pero firmemente, nos mostró que con frecuencia cambia más al que ora que a la persona por quien estamos orando.
- Nos reveló que la comunicación horizontal con los humanos a través de la tecnología debe hacer todo menos eclipsar nuestra comunicación vertical con Dios.
- Dios afirmó que todavía mantiene sus requisitos bíblicos originales para el poder en la oración.
- Reveló que está preguntando lo que nosotros los cristianos hemos hecho con su Hijo, Jesús.
- Dios afirmó que tener a Jesús como nuestro Salvador y Señor, para orar «en el nombre de Jesús», es su prerequisito para el poder de la oración intercesora.

Lo que Dios nos está enseñando sobre *la oración del nuevo milenio*:

- Dios nos está mostrando que los cristianos tenemos la única esperanza frente al rápido deterioro moral de la sociedad.

- Dios nos está enseñando que hay una sed asombrosa entre los pueblos del mundo por esperanza y respuestas sobrenaturales.
- Dios nos está enseñando cuál debe y tiene que ser la oración más importante del nuevo milenio.

Estos son algunos de los tópicos que trataremos en este libro. Al iniciar este viaje hacia Qué sucede cuando las mujeres oran, oro que Dios inquiete su corazón para orar con pasión y urgencia.

Sin embargo, lo más importante es que he anhelado escribir un libro dándole a Dios todo el crédito en el proceso de oración. A través de los treinta años del movimiento de oración, cuando oramos, he experimentado personalmente el asombroso poder, protección y sabiduría de Dios y hemos visto las puertas abiertas. Desde 1964 no he enseñado ni siquiera una clase de escuela dominical sin un grupo de oración respaldándome. He visto a Dios obrar de maneras increíbles cuando la gente oraba. Pero también he visto la aridez, los discursos superficiales y la persuasión emocional de las personas trabajando para Dios en el poder de la carne. *¡Yo no me atrevería a hacerlo sin oración!*

Recuerdo que después de aceptar el encargo de escribir *Qué sucede cuando las mujeres oran*, me desperté en una fría y oscura mañana del 1 de enero de 1968, sabiendo que tenía apenas seis meses para encontrar la respuesta a esa pregunta. No tenía la más mínima idea de cómo comenzar. Acostada en mi cama, horrorizada por lo que dije que haría, Dios me mostró espiritualmente como una gran puerta que abría horizontalmente sobre mi cabeza. Para asegurarle a mi corazón palpitante que ésta era la respuesta, dijo: *Esta puerta es la puerta de la oración. Es la oración, no un estudio acerca de la oración, no un análisis de la oración, ni siquiera el creer sinceramente en mis promesas sobre la oración en la Biblia, ¡sino orar y ya!*

Así que, queridas lectoras, este es aún mi sueño para ustedes, un sueño tan fresco y tan confiable como cuando Dios me lo dijo la primera vez hace muchos años. Mi más grande alegría será verlas —jóvenes entusiastas y adultas maduras— usando persistente y fervientemente ese acceso al sagrado salón del trono de Dios, mientras también descubren lo que está ansioso de hacer por ustedes... ¡cuando oran!

PARTE UNO

Lo que Dios hace cuando oramos

CAPÍTULO 1

¿Quién es este Dios de nuestras oraciones?

QUEREMOS QUE ENCUENTRE la respuesta a la pregunta: *¿Qué sucede cuando las mujeres oran?* Tenemos suficientes teorías. Queremos que experimente por seis meses y que, tan científicamente como sea posible, descubra qué *sucede* realmente cuando las mujeres oran.

Esta fue mi asignación, aparentemente imposible, para la Campaña de las Américas, un evento nacional de evangelismo y oración de dos años. La meta era orar en 1968 y luego evangelizar a todos los Estados Unidos en 1969. Durante los pasados treinta años, al ministrar como maestra de oración a tiempo completo en todos los cincuenta estados y en cada continente del mundo, he visto respuestas milagrosas a esa pregunta: «¿Qué sucede cuando las mujeres oran?»

Pero ahora la pregunta ha cambiado. En ese entonces el énfasis estaba sobre la *oración* misma y en las *intercesoras*, las personas que oraban. Aunque esto es esencial y vital en el proceso de la oración, el enfoque final y el poder supremo de la oración es *el Dios que responde*. Él es el enfoque de este libro.

El experimento original de seis meses con mujeres que oran se detalla en mi libro *Qué sucede cuando las mujeres oran*, el cual ha enseñado a millones a orar y ha abierto la puerta a un ministerio mundial de oración. En este libro trataré de captar por lo menos una pizca de las sorprendentes cosas que Dios ha hecho durante estos últimos treinta años de oración. En los siguientes capítulos, usted le dará una ojeada al asombroso movimiento de oración que hemos visto expandirse y casi explotar en nuestro país en las últimas tres décadas, mientras hemos orado. Y descubrirá lo que Dios nos está mostrando para el nuevo milenio, mientras continuamos orando.

El poder de la oración

El pastor de una inmensa iglesia en Texas y su esposa me acompañaron hasta el auto que me esperaba luego de un seminario de oración para mujeres en el que Dios se había movido poderosamente entre más de dos mil mujeres que asistieron. Más del veinticinco por ciento había orado en alta voz en pequeños grupos, confirmando que Jesús era su Señor y Salvador personal (un porcentaje que hemos promediado desde 1980). El pastor hizo una pausa, me miró inquisitivamente y me preguntó:

— ¿A qué atribuye todo ese poder?

— Bueno, a la oración, por supuesto — le respondí.

— ¿Qué clase de oración? — me presionó. Hice un recuento de los muchos medios de oración que se abren antes y durante nuestros seminarios de oración.

—Primero, el comité del seminario de su iglesia oró continuamente por este día. Pedimos a todas las iglesias participantes que antes de un seminario de oración reúnan a los miembros del comité de las iglesias circundantes y oren juntos por seis meses. Ellas oraron fervientemente por el nombre de cada persona registrada y por cada aspecto del seminario. La junta de mi Ministerio de Oración Unida y los intercesores del calendario de oración oraron diariamente por cada aspecto de mi ministerio. Y nuestra cadena de oración telefónica pasó por todos los miembros de mi junta tres veces por semana, orando por mi tiempo de preparación para el seminario en su iglesia. Además, pasé muchas horas en preparación personal, orando por limpieza, sabiduría y poder de Dios.

El pastor se detuvo y me miró. Extendiendo su mano hacia el gigantesco edificio de su iglesia, preguntó:

—¿Qué sucedería si tuviera esa clase de oración cuando predico?

—Señor—le contesté— ¡no podría acomodar a todos los nuevos convertidos dentro de ese santuario!

La pregunta de este pastor fue la misma que se me pidió responder con nuestro experimento de oración de mujeres en 1968. Con mucho temor también me preguntaba: «¿Qué ocurrirá?» Pero nunca más. Ahora, después de más de treinta años de seguir la pista de las respuestas de Dios a nuestras oraciones, sé lo que Él hace cuando las mujeres oran. Y sé lo que Dios puede hacer con una iglesia, ministerio, familia o vida completamente dirigida por la oración.

Mientras escribía este libro, saqué y leí años de anotaciones y boletines de oración sobre lo que Dios ha hecho cuando las mujeres han orado. Al tratar de condensar esas pilas de anotaciones en doce capítulos, repentinamente incliné la cabeza en medio de todo y clamé: «Oh Dios, no puedo hacer esto. ¡No hay palabras humanas apropiadas que expliquen la magnitud de lo que has hecho y de lo que eres!»

¡Oh profundidad de las riquezas de la sabiduría y de la ciencia de Dios! ¡Cuán insondables son sus juicios, e inescrutables sus caminos! Porque ¿quién entendió la mente del Señor? ¿O quién fue su consejero? ¿O quién le dio a él primero, para que le fuese recompensado? Porque de él, y por él, y para él, son todas las cosas. A él sea la gloria por los siglos. Amén. (Romanos 11.33-36).

Nuestro maravilloso Dios

Al viajar sola por todos los Estados Unidos y el mundo, con frecuencia he gozado del privilegio de depender en forma absoluta de Dios. Debía estar de alguna manera desorientada por el vuelo en jet y el atraso de doce horas en mi reloj biológico al llegar sola a Japón, pero a pesar de eso escribí al margen de mi Biblia, junto a Nehemías 1.5: «23/5/93. Llegada a Japón. Me siento maravillosamente bien y con cada necesidad cubierta. ¡Nuestro Dios es un *Dios asombroso*!»

Sólo cuando me he visto privada de recursos humanos y he tenido que depender totalmente de Él es que he conocido de veras lo asombroso que es Dios.

En todos estos años no me ha fallado ni una vez. Siempre ha contestado la oración poderosa y llena de fe que muchos hacen por mí.

El conocer quién es Dios me ha capacitado para poner el agradecimiento en el lugar que le corresponde dentro del proceso de oración, *mientras pido* (véase Filipenses 4.6). Debo agradecer a Dios antes que me conteste, no porque sepa la manera en que me va a contestar, sino porque *sé* quién es Él . ¡Es el Dios que jamás comete un error! ¡Nunca llega tempprano ni tarde! ¡Él conoce el final desde el principio de todas las cosas por las que oro! ¡Está obrando para que todas las cosas redunden en mi bien porque le amo!

También estoy agradecida de no ser la responsable de las respuestas a mis oraciones: *es Dios.* Él no espera que yo sea capaz de llegar a la mejor solución de mis problemas. Eso le corresponde a Él.

De manera que *las respuestas de Dios no se limitan a mi habilidad de pedir.* Por años he dirigido mi ministerio de oración basándome en la promesa de Dios de Jeremías 33.3:

Clama a mí, y yo te responderé, y te enseñaré cosas grandes y ocultas que tú no conoces.

Si invocamos a Dios, no sólo contestará sino que sobrepasará en su respuesta lo que podamos pedir o pensar.

Este es el Dios que ordenó todas las leyes del espacio y del tiempo. Ni los biólogos ni los físicos están inventando nada nuevo, sino que Dios permite que las personas piensen lo que Él ya ha pensado. Dios revela quién es Él y sus propósitos para el planeta Tierra por medio de respuestas a nuestras oraciones.

Siempre estoy en un estado de sorpresa permanente —a veces sobresaltada, a veces impactada, frecuentemente emocionada y aun extática— cuando veo lo que Dios ha estado esperando mostrarme cuando oro. Como dijo nuestra hija Jan: «La oración es el asombroso privilegio de los humanos de cambiar su finito por el infinito de Dios». Al dejar atrás la tiranía de lo urgente y abordar un avión, siempre uso ese tranquilo tiempo de vuelo para permitir que Dios me prepare personalmente en oración y para finalizar las notas de mis conferencias. Pero un día mientras iba a Dallas, mi corazón estaba tan lleno de lo que Dios es, que durante todo el trayecto de Minneápolis a Dallas, las únicas palabras de oración que pude pronunciar fueron: *¡Oh Dios, oh Dios, oh Dios!*

¿Quién recibe la gloria?

Aunque este libro mostrará que Dios ha usado a la gente y sus oraciones para develar respuestas increíbles y difíciles de describir, *es Aquel que trajo las respuestas cuando la gente oró quien merece toda la gloria: ¡Dios!*

Millones de personas podrían orarle sinceramente a un gran árbol. Pero sin importar la fe con la que estén orando, no recibirán ninguna respuesta del árbol. Aquel a quien dirijamos nuestras oraciones debe tener suficientemente poder para suplir lo que se le pide.

En el proceso humano de la caridad, ni el pordiosero necesitado ni la víctima del desastre reciben el elogio. La persona que puede y quiere rescatarlos y suplir sus necesidades es la que recibe el crédito y el honor.

Así es en el proceso de la oración. No somos nosotros los necesitados y muchas veces desesperados seres humanos los que recibimos el crédito por pedir. Nuestro amante y todopoderoso Padre, quien viene en nuestro rescate en respuesta a nuestras oraciones, es el que recibe toda la gloria:

> Y a Aquel que es poderoso para hacer todas las cosas mucho más abundantemente de lo que pedimos o entendemos, según el poder que actúa en nosotros, a Él sea gloria en la iglesia en Cristo Jesús por todas las edades, por los siglos de los siglos. Amén. (Efesios 3.20-21).

En 1987 y de una forma muy obvia, Dios trajo esto a mi atención en Sudáfrica durante el apogeo del apartheid. Desde el principio de mi ministerio de oración, Dios había puesto en mí la determinación de permitirle a Él derribar las barreras entre las razas. Orar juntos ya había producido una reconciliación asombrosa y genuina, por lo que rehusé ir a Sudáfrica a menos que rompieran la tradición y acordaran incluir tanto a cristianos blancos como a negros en los mismos seminarios de oración. (La unidad en Jesús que resultó de esto fue hermosa... y sorprendente.)

Sin embargo, fue muy peligroso. La lucha entre las tribus incluía poner collares a sus víctimas; esto es, ponían una llanta de automóvil alrededor de la cintura de la víctima y y le sujetaban los brazos a los costados. Luego volteaban ligeramente la llanta y la llenaban de gasolina. Por último, encendían el combustible y tomaba alrededor de veinte minutos el que la víctima muriera una horrenda muerte.

Mis intercesores y mi familia multiplicaban sus oraciones, y pedían a Dios que me protegiera.

Después de un seminario en una gran ciudad portuaria de Sudáfrica, un simpático joven negro me dijo que quería contarme su historia. Comenzó diciendome: «Usted me salvó la vida». Escuché con horror mientras me contaba cómo había estado llevando niños en edad escolar a retiros donde les hablaban de Jesús (alrededor de mil de ellos habían aceptado a Jesús). Sin embargo, los entonces poderosos comunistas también estaban reclutando niños, dándoles pequeñas bombas para ponerlas en sus bolsas de comida, y enseñándoles cómo volar su escuela (varias madres me rogaron que les ayudara a sacar a sus niños de la cárcel por haber destruido sus escuelas con esas bombas).

«Como no pude convencer a una tribu enemiga de que no estaba entrenando niños para explotar bombas», continuó, «me secuestraron. Para ese entonces, el gobierno segregacionista había prohibido todas las reuniones de negros excepto en los funeralesor , por lo que cincuenta personas se reunieron en un funeral durante el cual planificaron victoriosamente ponerme un collar . Me rodearon con la llanta y la llenaron con gasolina, pero cuando levantaron el fósforo para encenderla, la policía disolvió el funeral y todos corrieron. Por lo que yo también corrí», dijo encogiéndose de hombros. Y de forma solemne añadió: «Soy la única persona que ha escapado estando ya con el collar».

Cuando finalizó su historia, me abrazó y dijo: «Fue la oración la que me salvó la vida. Vea usted, tenemos siete grandes cadenas de oración telefónica en esta ciudad integrada tanto por negros como por blancos. El mismo minuto en que fui secuestrado se les avisó a todos y comenzaron a orar por mí. Aprendieron cómo formar estas cadenas de su libro *Qué sucede cuando las mujeres oran*. Usted escribió ese libro, y por eso digo que me salvó la vida».

Sonreí y le dije: «Caballero, yo no le salvé la vida. Mi libro no le salvó la vida. Ni siquiera las oraciones por sí mismas le salvaron la vida. El que se la salvó fue Dios. Él fue quien respondió a todas esas oraciones y obtuvo su libertad».

La gloria de ese milagro no le pertenece a un libro de entrenamiento de oración, ni a una autora, ni siquiera a los que oran con fe, sino al que en realidad hizo el milagro: ¡Dios!

En Juan 15.7, Jesús hizo a sus discípulos la promesa más extraordinaria del Nuevo Testamento acerca de que las oraciones recibirían contestación, y en el versículo 8 dice por qué. El Señor dijo que contestaría las oraciones *para que* Dios fuera glorificado al llevar ellos mucho fruto:

Si permanecéis en mí, y mis palabras permanecen en vosotros, pedid todo lo que queréis, y os será hecho. En esto es glorificado mi Padre, en que llevéis mucho fruto, y seáis así mis discípulos (Juan 15.7-8).

En mi cumpleaños cada enero, en lugar de hacer resoluciones de Año Nuevo, espero a que Dios me dé una oración de cumpleaños, y me comprometo a dejarle dirigir mi vida en esa oración durante el siguiente año. En mi cumpleaños de 1979, Dios llenó todo mi ser con un solo pensamiento: que Él recibiera toda la gloria ese año siguiente. En oración, busqué vaciarme de todo lo mío, mientras le entregaba todo mi orgullo y ego. «¡Dios, que tú seas glorificado este año, no yo!», clamé con todo mi corazón. Y no fue solamente en 1979. Todos los años desde entonces, ese ha sido mi más profundo deseo: «Ninguna gloria para mí, Dios mío, ¡sólo para ti!»

Treinta años de movimiento de oración

Mi libro *Qué sucede cuando las mujeres oran* fue publicado al comienzo de lo que se ha convertido en un movimiento de oración de treinta años. Las organizaciones de mujeres de oración fueron parte fundamental de sus comienzos, y ahora son una parte integral de la gigantesca iniciativa de oración que Dios ha extendido en nuestro país.

Mientras menguaban las reuniones de oración en las iglesias y virtualmente desaparecían o se convertían en una opción para el miércoles por la noche en la década de 1970, y mientras las oraciones se eliminaban de nuestras escuelas, Dios llenó el vacío levantando un nuevo ejército de intercesores.

En los siguientes capítulos leerá de las cosas maravillosas que Dios hizo cuando no éramos lo suficientemente listos para pensar —sin hablar de pedir— lo que necesitábamos hacer para rescatar a nuestro país de su rápido declive moral. Lo que ha crecido hasta convertirse en muchas organizaciones de oración en gran escala comenzó con un llamado divino a miles de mujeres de unirse sólo para orar... hace treinta años.

Ahora Dios ha despertado hambre en el corazón de millones de cristianos de todas las edades de orar que Él intervenga en los problemas de nuestro país y del mundo. Sin el impulso divino no habría ningún movimiento actual de oración.

Gócese conmigo mientras su mente trata de comprender la magnitud de la realidad de que esos hombres, mujeres y jóvenes hayan organizado la oración que está barriendo nuestro país. He aquí algunos ejemplos:

El Comité Nacional de Oración, iniciado por Vonette Bright, creció de cinco miembros en 1974 a aproximadamente veinte miembros en veinte años, orando juntos y auspiciando reuniones de oración a todo lo largo y ancho del país. Ahora, bajo el liderazgo de nuestro actual presidente David Bryant cuenta con 128 líderes de oración de cada denominación y raza. Bajo el tenaz liderazgo de nuestro primer presidente Vonette Bright, el Senado y Congreso de los Estados Unidos pasó la ley S.1387, que enmendaba la ley vigente que establecía el Día Nacional de Oración (17 de abril 1952), y separaba el primer martes de mayo como la fecha para observar anualmente el Día Nacional de Oración. Fue firmada en la Oficina Oval del Presidente Reagan el 8 de mayo de 1988.

Desde entonces, el Comité Nacional de Oración ha auspiciado y producido anualmente los eventos del Día Nacional de Oración en el Capitolio en Washington, D.C. La presidenta, Shirley Dobson, entrena a líderes estatales y locales con cuarenta mil voluntarios que auspician treinta mil eventos locales a los que asisten más de dos millones de personas desde Maine a Hawaii. Prácticamente cada gobernador estatal proclama anualmente ese Día de Oración. Bajo el liderazgo de Bob Bakke, el Comité Nacional de Oración también auspicia la reunión de oración más grande de la nación, la cual se transmite en vivo la noche del primer martes de cada mayo en más de quinientas estaciones de televisión, en más de quinientas estaciones de radio, en el Internet y en diferentes sistemas de satélites a través de tres continentes: Norteamérica, Sudamérica y Europa de habla hispana.

El Centro Mundial de Oración tiene un complejo global de oración en Colorado Springs, con Bobbye Byerly organizando veinte y cuatro horas continuas de oración para el mundo. Otra sorprendente estadística es que la campaña «Praying Through the 10/40 Window IV» [Oración a través de la ventana 10/40 IV] en octubre de 1999, registró cuarenta millones de intercesores alrededor del mundo, orando cada día por el mismo país. «Campus Crusade for Christ's Great Commission Prayer Crusade» [La Campaña de Oración de la Gran Comisión de Cruzada Estudiantil para Cristo] ha llegado al mundo desde 1972 con millones de personas en oración.

Pray USA [Ora EE.UU.] de Eddy Smith trabaja junto a docenas de denominaciones, cientos de iglesias paraeclesiásticas y miles de iglesias, movilizando 15.5 millones de personas para orar cada primavera. La cadena de noticias CBN declaró que este era el más grande evento de oración y ayuno de la historia. Y millones de Cumplidores de Promesas están siendo dirigidos por Bill McCartney y Gordon England para establecer sus hogares como faros de oración para Jesús.

También existen «Houses of Hope Everywhere» [Casas de esperanza en todas partes] de Al VanderGrind, «Intercessors for America» [Intercesores por América] de Gary Bergel, «Concerts of Prayer» [Conciertos de oración] de David Bryant, «Every Home for Christ» [Cada hogar para Cristo] de Dick Eastman, John Graf en la edición de nuestra revista *Pray* [Ora], y las conferencias anuales de «National Fasting and Praying» [Ayuno y oración nacional] de Bill Bright, que en 1999 atrajeron a más de dos millones de participantes vía satÉl ite, radio e internet, y a más de tres mil participantes presentes en Houston. El ministerio internacional de oración Aglow tiene seiscientos mil intercesores a diario. Denominaciones y organizaciones cristianas han producido notables movimientos de oración como Lydia, Juventud con una Misión, Steve Hawthorne, y tantos más que es imposible nombrarlos a todos, pero que son asombrosamente poderosos delante del trono de Dios.

Las estrellas más brillantes en el escenario de oración pueden ser nuestros jóvenes. Durante el evento «See You at the Pole» [Nos veremos en el Polo], en septiembre de 1999, más de tres millones de jóvenes de escuela intermedia, escuela superior y estudiantes universitarios se reunieron alrededor del asta de sus banderas para orar en los Estados Unidos y en veinticinco diferentes países en seis continentes. Esto es una parte de las sesenta y dos organizaciones juveniles nacionales, además de jóvenes individuales orando y compartiendo a Jesús.

Los niños están orando también. Esther Elniski ha organizado alrededor del mundo a varios millones de niños poderosos en la oración. La organización «Moms in Touch» [Madres en contacto] tiene veinticinco mil grupos de madres que se reúnen semanalmente para orar por las escuelas de sus niños. «MOPS» siglas para «Moms of Pre-Schoolers» [Madres de preescolares] une manos en toda la nación para orar por sus pequeños. Virginia Patterson está movilizando el alcance y movilización de niños en el «Mission America Lighthouse Movement» [Movimiento Faro Misión América].

El ministerio de oración mundial del libro *Qué sucede cuando las mujeres oran*, me dio la oportunidad en 1991 de presidir la «AD2000 North America Women's Track» [Seminario de mujeres norteamericanas 2000 d.C.] (más tarde llamado «Christian Women United» [Mujeres cristianas unidas). Esta puerta abierta dio lugar al curriculum de oración *A Study Guide for Evangelism Praying* [Guía de estudio para la oración evangelística] usado extensamente en todos los continentes. Además, el currículo *Love Your Neighbor* [Ama a su prójimo] de Mary Lance Sisk está dando autoridad a la guía de estudio con oración, cuidados y al compartir el programa «Mission America» [Misión América] de «Jesus Lighthouse» [El faro de Jesús],

Misión América es una red de ochenta y cuatro denominaciones, más de trescientos ministerios cristianos, y setenta y cuatro redes ministeriales que tiene la meta de llegar a cada hombre, mujer y niño en los Estados Unidos con oración y con Jesús para el final del año 2000.

Bajo la dirección de Paul Cedar, el movimiento «El Faro Misión América» ha alistado a tres millones de cristianos para orar, asistir y luego compartir a Jesús en sus vecindarios, trabajos, escuelas o esferas de influencia.

La coalición de 421 líderes nacionales de Misión América ha iniciado extraordinarios movimientos de oración en toda la nación, convirtiéndose en el movimiento de oración organizada más grande de la historia.

Sin embargo, lo más emocionante es que este gran movimiento de oración se compone de intercesores *individuales*, que a veces oran solos, en algunas ocasiones en grupos pequeños y en otras, con una congregación grande, pero siempre uno a uno con Dios. El poder de todo esto viene de:

La oración de laicos comunes, y la oración de grandes líderes.

La oración de principiantes vacilantes, y la oración de gigantes espirituales maduros.

La oración de intercesores solitarios, y la oración de millones de intercesores organizados.

Un movimiento para un mover

Estos han sido años de oraciones agonizantes, oraciones de súplica y oraciones persistentes. Oraciones para que Dios barra nuestra nación con su poder convincente y restaurador. Oraciones para el mundo, para nuestras familias y para nuestras iglesias. Oraciones de fe aun cuando la espera parecía muy larga. Pero Dios estaba obrando. Él tenía todo su tiempo planificado. Sabía cuánta preparación se necesitaría antes que el *movimiento* de oración pudiera transformarse en un *mover* divino.

Una tarjeta de navidad de Lorna Johnson, quien era parte de mi primera tripleta de oración en 1964, decía sobre las cosas por las que orábamos entonces: «Sí, ¡están sucediendo!»

En noviembre de 1999, en la reunión del Comité Nacional de Oración en Houston, compartíamos sobre lo que el movimiento nacional de oración del cual habíamos sido una gran parte desde comienzos de la década de 1970, había cumplido. Los miembros del comité expresaron su emoción y alegría ante el estallido de una aparentemente nueva manifestación del poder de Dios en nuestro país. Cuando llegó mi turno, dije que sentía como si estuviéramos pasando de un *movimiento* a un *mover* de Dios en respuesta a todos estos años de oración. De inmediato, casi el cien por ciento estuvo de acuerdo y alabaron a Dios. Todos dijeron: «Sí, ¡así es!» Aunque Dios había fomentado el movimiento de oración que comenzó a principios de la década de 1970 y organizó su fenomenal crecimiento, parece que ahora es que Dios está comenzando a contestar esas oraciones. Todos estuvimos de acuerdo en que esta fue la mejor reunión del Comité Nacional de Oración que habíamos tenido en más de veinticinco años.

Entonces, ¿qué está mal?

Ahora la pregunta es: *¿Acaso toda esa oración no ha hecho algún bien?* ¿Por qué todavía la moral en nuestro país va cuesta abajo? Primero, miremos honestamente un hecho escueto: ¿Cómo hubiera estado América ahora si no hubiera habido toda esa oración? ¡Me estremezco solo de pensarlo!

Entonces, después de toda esa oración de las últimas décadas del siglo veinte, ¿todavía necesitamos la oración a medida que entramos en el nuevo milenio? ¿En verdad Dios necesita que oremos más?

George Barna es el fundador y presidente del respetado Barna Research Group [Grupo de Investigaciones Barna]. En su libro *The Second Coming of the Church* [La Segunda Venida de la Iglesia], dice que su investigación muestra que la mayoría de los estadounidenses admite no haber encontrado un propósito apremiante y definido para sus vida; millones están explorando constantemente el plano espiritual para facilitar ese descubrimiento... La mayoría de las personas cree que no hay una fe «correcta», piensan que las principales fe del mundo enseñan las mismas lecciones, y que todas las personas oran a los mismos dioses, sin importar los nombres que utilicen para esas deidades.[1]

Aunque las estadísticas de intercesores parecen gigantescas, todavía solo un pequeño porcentaje de creyentes y de iglesias están buscando seriamente la ayuda de Dios para nuestro país por medio de la oración. Barna dijo: «A riesgo de sonar como un alarmista, creo que la iglesia en Norteamérica tiene a lo sumo cinco años —tal vez menos— para darse la vuelta y comenzar a afectar la cultura, en lugar de ser afectada por ella. Debido a que nuestra cultura se reinventa completamente cada tres a cinco años, y las personas están buscando con intensidad dirección espiritual y nuestras tendencias morales y espirituales más importantes desaparecen en un espiral que tira hacia abajo, no tenemos más de media década para voltear las cosas».[2]

La verdad es que, al dejar el siglo veinte y entrar a un nuevo milenio, *la oración es la única respuesta*. Los frentes de batalla entre el bien y el mal, Dios y Satanás, están estrechándose cada vez más. Y en esta batalla sobrenatural se necesita un arma sobrenatural para triunfar —oración— ¡porque la única respuesta es un Jesús sobrenatural!

¿Hay esperanza? Claro que sí. *Usted, querido lector cristiano, tiene la única esperanza*. El emocionante tema del Día Nacional de Oración para el año 2000 no es Y2K (Año 2000), sino PRAY2K (Oración 2000). Añadir esas primeras tres letras (PRA) a las siglas Y2K (PRAY2K), puede cambiar todo el nuevo milenio de un posible caos a una positiva fe en Dios, y fe en su deseo y poder para hacer todas las cosas para el bien de sus hijos.

Fe

En Hebreos 11.6, Dios nos habla claramente del papel de la fe en nuestras oraciones: «Pero sin fe es imposible agradar a Dios;

porque es necesario que el que se acerca a Dios crea que le hay, y que es galardonador de los que le buscan».

Pero no es fe en la cantidad de oración que hacemos, ni en nuestra habilidad para orar oraciones largas, hermosas y ajustadas a las escrituras, ni siquiera fe en las oraciones mismas. Es fe en Dios, fe en quién es Él, y fe en que Él recompensa a los hijos que le buscan en oración.

Al comenzar el nuevo milenio, podemos orar: «Padre, mi *fe* se ha tornado en una *confianza* inconmovible en ti, por lo que tú eres y por los muchos años de verte obrar en forma increíble».

Aquí, como dice el salmista, está mi corazón, mientras escribo este libro para ti, querida lectora:

Te alabaré, oh Jehová, con todo mi corazón; contaré todas tus maravillas. Me alegraré y me regocijaré en ti; cantaré a tu nombre, oh Altísimo. (Salmos 9.1-2)

Preguntas de Reflexión

Examine su vida:

A la luz del enorme movimiento de oración que hoy día Dios ha iniciado, ¿anhela más de lo que Él tiene para *usted* por medio de la oración? ¿Con cuánta seriedad toma el tiempo y la energía que esto podría demandar?

Usted se consideraría:

¿Un laico que ora o una líder de oración? _____

¿Una principiante o una persona madura de oración? _____

¿Una persona que por lo general ora sola o en grupo? _____

¿Conoce a Dios lo suficiente como para agradecerle antes de que le conteste pues confía en quién es Él?

¿Cuánto del maravilloso poder de respuesta de Dios está experimentando?

¿Ya ha descubierto que las respuestas de Dios no están limitadas a su habilidad para pedir? Entonces, ¿quién recibe toda la gloria por la respuesta?

Lectura bíblica

Busque en su Biblia Jeremías 33.3 y lea este pasaje con cuidado y abriendo su corazón a lo que Dios le dice sobre la tercera parte del versículo. Independientemente de cómo se haya identificado en algo, pídale al Señor que le muestre lo que tiene listo para el siguiente paso de su vida de oración. Permítale que traiga a su mente métodos adicionales de oración y los movimientos de oración o las personas con quienes Él quiere que usted ore. Tómese el tiempo necesario para escucharlo con expectativa.

Para hacer:

Piense en alguna ocasión específica cuando Dios le dio mucho más en su respuesta que lo que había pedido en oración. Si la promesa de Jeremías 33.3: «te mostraré cosas grandes y ocultas que tú no conoces», usualmente, rara vez o nunca se cumple en usted, ore con sinceridad la siguiente oración:

Para orar:

«Querido Padre Celestial, eres un Dios maravilloso. Te alabo por la vez o las veces que me diste más abundantemente de lo que pedí. Estoy muy agradecida. Pero ahora, por favor, enséñame cómo orar por todo lo que en este momento tienes para mí. Señor, quiero ser parte del maravilloso movimiento de oración que iniciaste. Ayúdame a dar mi siguiente paso y llévame a aquellos con quienes tú quieres que expanda mi vida de oración para tu gloria. En el nombre de Jesús, amén».

En sus propias palabras, registre y anote la fecha de su nueva consagración a Dios:

_____

_____Fecha _____

Comience a orar en su nuevo nivel, manteniéndose alerta a todas las cosas que Él está haciendo en adición a lo que usted pidió, para su estímulo y la gloria de Dios.

CAPÍTULO 2

La oración a.C. o la oración d.C.

PARA ENTENDER lo que Dios hace cuando oramos, necesitamos ver en qué tiempo, dentro de su plan, estamos los intercesores. Al mirar hacia lo que Dios ha hecho en los pasados treinta años desde el libro *Lo que Dios hace cuando las mujeres*, necesitamos reconocer primero la gran división del tiempo que Él provocó y las nuevas e increíbles dimensiones de oración que trajo con esto.

Por siglos, el tiempo se ha dividido en dos. En prácticamente todos los mundos comerciales, atléticos y de transportación se ha usado un método para dividir el tiempo: a.C. y d.C. Aunque a través de los siglos ha habido varios métodos para medir el tiempo, el método más común hoy día usa un simple punto en la historia del planeta tierra para fechar todo lo que ocurrió *antes* de Él y lo que sucedió *a partir* de Él hasta ahora.

Pero no fue una era geológica o un acontecimiento catastrófico lo que dividió el tiempo; *fue una persona*.

¿Quién fue la única persona nacida en la tierra que fue tan importante que dividió el tiempo en dos mitades?

¡Fue *Jesús*! El tiempo en la tierra se dividió con su nacimiento. La llegada de la Deidad al planeta Tierra en forma humana fue tan trascendental como para convertirse en nuestra coyuntura en el tiempo: antes y después de su nacimiento.

El tiempo del calendario es un *quién*, no un *qué*. El a.C., antes de Cristo, frente al d.C., después de Cristo o «el año de nuestro Señor».

No importa lo que las religiones, gobiernos o los sistemas de cálculo hayan aceptado o rechazado, Dios siempre ha tenido un marco de tiempo inmutable. Gálatas 4.4 dice que el tiempo a.C. frente al d.C. estaban en el eterno calendario del Padre: «Pero cuando vino el cumplimiento [a.C./d.C] del tiempo, Dios envió a su Hijo, nacido de mujer y nacido bajo la ley».

Dios dividió el tiempo en dos al enviar a su Hijo para marcar sobrenaturalmente la segunda mitad del tiempo del planeta Tierra con el más importante nacimiento que el mundo jamás experimentará.

La perspectiva de Jesús de esta división del tiempo

Sin embargo, el punto de vista de Jesús sobre la división del tiempo no estaba enfocado en su nacimiento, sino en su muerte y resurrección.

Esta diferencia en el punto de vista de Jesús sobre cuando ocurrió el a.C. frente al d.C. cambió totalmente la oración de los cristianos.

Mi corazón rebosó cuando caí en cuenta de la realidad de Lucas 24.44-47. Después de la resurrección y antes de su ascensión al cielo, Jesús explicó el a.C. frente al d.C. a los once discípulos y a quienes estaban con ellos:

Estas son las palabras que os hablé, estando aún con vosotros: que era necesario que se cumpliese todo lo que está escrito de mí en la ley de Moisés, en los profetas y en los salmos. Entonces les abrió el entendimiento para que comprendiesen las Escrituras [del Antiguo Testamento]; y les dijo: Así está escrito y así fue necesario que el Cristo padeciese, y resucitase de los muertos al tercer día, y que se predicase en su nombre el arrepentimiento y el perdón de pecados en todas las naciones, comenzando desde Jerusalén. (Lucas 24.44-47)

Jesús abrió sus mentes para que entendieran que todas las cosas escritas acerca de sí mismo en la ley de Moisés, los profetas y los salmos, debían ser cumplidas a raíz de su muerte y su resurrección al tercer día. Oficialmente había comenzado el período d.C.

Después de publicar un artículo sobre este emocionante hecho, fui a San Francisco para una reunión de Misión América. Allí se estaban vendiendo camisetas impresas con la pregunta: «¿Quién divide el tiempo?» Debajo estaban escritas las siglas a.C. y d.C. una al lado de la otra, divididas ¡no por un pesebre, sino por una cruz! Esto me emocionó tanto que compré una camiseta para cada miembro de mi familia.

Las relaciones de la gente con Dios básicamente permanecieron a.C. hasta la muerte y resurrección de Jesús. *Todo cambió, incluyendo la oración, cuando Jesús se levantó de los muertos.*

¿Qué ocurrió con la oración cuando a.C. se convirtió en d.C.?

¿Qué cambió tan dramáticamente en relación a la oración con la resurrección de Cristo? Cuando Dios el Padre dio a su Hijo un cuerpo humano, Jesús se convirtió en la única persona preexistente nacida sobre esta tierra. Él fue el cumplimiento de toda la espera del período a.C. y su venida daría origen a un sistema totalmente nuevo de relaciones de las personas con el Padre y con el Espíritu Santo.

Después de encontrar en mi Biblia la siguiente lista de diferencias entre la oración a.C. y d.C., clamé a Dios: «Oh Señor, estoy muy agradecida de que me hayas permitido vivir en este lado de Jesús. ¡Cuántas cosas hermosas de la oración me hubiera perdido!»

Poco a poco, al orar y reflexionar sobre el efecto de cada una de estas diferencias en nuestra oración, Dios me lo reveló. A continuación presento algunas de las sorprendentes diferencias que la muerte y resurrección de Jesús provocaron en nuestra oración como cristianos:

- *Acceso directo al Lugar Santísimo.* Una de las asombrosas bendiciones de vivir en el tiempo d.C. es que *ya no hay velo* en nuestras iglesias que solo permitan el acceso al Lugar Santísimo a los líderes. Ahora todos tenemos acceso directo a la santa presencia del Padre a través de la oración.

  Aun cuando el nacimiento de Jesús era inminente y Dios estaba por anunciar al precursor de Jesús, Juan el Bautista, solo el padre de este, Zacarías, fue escogido por Dios para entrar en el templo del Señor y quemar incienso, mientras toda la multitud estaba afuera en oración (véase Lucas 1.8-10).

  Antes de que Jesús naciera, sólo el sumo sacerdote de Israel tenía acceso al Lugar Santísimo, la cámara interior del templo en la que literalmente moraba la presencia del Señor. Un día cada año —el día de la expiación— el sumo sacerdote atravesaba el velo y entraba al Lugar Santísimo para ofrecer un sacrificio por los pecados del pueblo. Todo el pueblo tenía que permanecer afuera. Hebreos 9.6-7 describe este limitado acceso a Dios:

  Y así dispuestas estas cosas, en la primera parte del tabernáculo entran los sacerdotes continuamente para cumplir los oficios del culto; pero en la segunda parte, sólo el sumo sacerdote una vez al año, no sin sangre, la cual ofrece por sí mismo y por los pecados de ignorancia del pueblo.

Sin embargo, cuando Jesús murió en la cruz, el velo del templo fue rasgado sobrenaturalmente en dos de arriba a abajo , y de pronto hubo acceso directo al salón del trono de Dios ¡para todo creyente! (véase Mateo 27.51). Escribí en el margen de mi Biblia, junto a Lucas 1.10, con un gran signo de admiración y grandes letras mayúsculas: «El nacimiento de Jesús y su muerte nos dieron el derecho de llegar directamente a Dios en oración. ¡Ahora estamos adentro! Antes que Jesús muriera, solo al sumo sacerdote se le permitía entrar».

La última vez que estuve en Jerusalén, mi guía fue un profesor de arqueología. Me dijo que los arqueólogos creen ahora conocer el lugar exacto donde estaba el velo del templo. Hoy día es un afloramiento de granito sólido. Me arrodillé, puse mis manos en esa roca y lloré mientras todo mi ser se envolvía en un solo gemido y derramaba mi corazón en profunda gratitud por mi Jesús. Gratitud por sufrir, morir y dividir el velo que me dejaba afuera, y por abrir el salón del trono del cielo para mí.

• *Confianza a través de la sangre de Jesús.* Sin embargo, más que por la división del velo, es por la sangre de Jesús que los cristianos tenemos confianza para entrar en el lugar santo de Dios.

Como explica Hebreos 10.18-20:

> Pues donde hay remisión de éstos, no hay más ofrenda por el pecado. Así que, hermanos, *teniendo libertad para entrar en el Lugar Santísimo por la sangre de Jesucristo,* por el camino nuevo y vivo que Él nos abrió a través del velo, esto es, de su carne.

¿Por qué la cruz cambió la oración para nosotros después de Cristo? Porque el perdón de los pecados fue siempre necesario para que los seres humanos pecadores entren ante la presencia de un Dios santo. «Y cualquiera cosa que pidiéramos la recibiremos de Él, porque guardamos sus mandamientos, y hacemos las cosas que son agradables delante de Él» (1 Juan 3.22).

Pero las buenas nuevas acerca del pecado que nos separa de Dios están en Apocalipsis 1.5: «Y de Jesucristo... el soberano de los reyes de la tierra. Al que nos amó, y *nos lavó de nuestros pecados con su sangre*».

Ya no hay necesidad de ofrendar por los pecados de los seres humanos. El grito de Jesús en la cruz: «¡Consumado es!», cerró la puerta para los sacrificios a.C., al convertirse Él mismo en propiciación d.C. por nuestros pecados (véase 1 Juan 2.2). *Nuestros pecados fueron pagados por la muerte de Jesús, no por su nacimiento.*

Como lo presenté en mi libro *Qué sucede cuando las mujeres oran*, hay dos clases de pecados que deben ser perdonados mediante la sangre de Jesús para tener acceso directo al Padre por la oración intercesora.

La primera clase es el estado original de pecado (singular) con el que todos nacemos. Esto incluye a cada hombre, cada mujer, cada joven que no tiene a Jesús como su Señor y Salvador personal (véase Juan 3.18). Jesús dijo en Juan 16.8-9 que enviaría su Espíritu Santo quien, entre otras cosas, «convencerá al mundo de pecado... por cuanto no creen en mí».

Las buenas nuevas acerca de esa clase de pecado original en todos nosotros es que es perdonado mediante la sangre de Jesús cuando somos redimidos, cuando nos arrepentimos y aceptamos a Jesús como Salvador y Señor.

En quien tenemos redención por su sangre, el perdón de pecados (Efesios 1.7).

Tenía sólo nueve años cuando lloré toda una tarde por mis pecados, me arrepentí y acepté a Jesús como mi Señor y Salvador. Esa misma noche recibí el perdón total mediante la sangre de Jesús, y me hice elegible para hacer oración de intercesión por todos mis vecinos y amigos que todavía no le conocían.

Somos limpiados de ese estado original de pecado mediante la sangre de Jesús, de manera que somos elegibles para entrar en el lugar santo de Dios.

La segunda clase de pecado abarca esos pecados plurales que cometemos después de ser cristianos. Pedro, escribiendo a los cristianos, se refiere a esta clase de pecado en 1 Pedro 3.12:

Porque los ojos del Señor están sobre los justos, y sus oídos atentos a sus oraciones; pero el rostro del Señor está contra aquellos que hacen el mal.

Me horrorizo continuamente de que algunas de las aparentemente inocentes e insignificantes cositas que hago, pienso o digo, son llamadas *pecado* por Dios y le impiden oír mis oraciones intercesoras. Esto me mantiene elevando al cielo oraciones de «¡por favor, perdóname!», muchas, muchas veces al día. ¡No quiero tomarme ningún riesgo!

Un día, mientras luchaba por perdonar a una compañera cristiana cuando yo había estado profundamente equivocada, estuve pidiéndole a Dios que me perdonara mi espíritu falto de perdón. Entonces lo comprendí. El apóstol Juan, escribiendo a los cristianos, nos explicó cómo podemos recibir perdón por estos pecados... por la sangre de Jesús:

> Y la sangre de Jesucristo su Hijo nos limpia [literalmente, «se mantiene limpiándonos»] de todo pecado... si confesamos nuestros pecados Él es fiel y justo para perdonar nuestros pecados, y limpiarnos de toda maldad (1 Juan 1.7,9).

Es la sangre de Jesús derramada en la cruz la que se mantiene limpiándonos a los cristianos para que el Señor atienda nuestras oraciones intercesoras. Aunque este fue el primer prerrequisito de oración contestada que enseñé en el libro y seminarios *Qué sucede cuando las mujeres oran*, todavía lo necesito y lo enseño pues nos concede a todos el acceso directo al Padre en oración.

- *Orar en el nombre de Jesús*. Jesús dio a sus seguidores el increíble privilegio de la oración d.C., asegurándoles que sería para ellos una nueva fuente de gozo.

    Hasta ahora nada habéis pedido en mi nombre; pedid, y recibiréis, para que vuestro gozo sea cumplido. (Juan 16.24)

    ¿Quién es elegible para este privilegio? Sólo los verdaderos cristianos, aquellos que han aceptado a Jesús y han sido perdonados sus pecados, pueden orar en el nombre de Jesús.

    Pablo dice esto sobre el nombre de Jesús:

> Por lo cual Dios también le exaltó hasta lo sumo, y le dio un nombre que es sobre todo nombre, para que en el nombre de Jesús se doble toda rodilla de los que están en los cielos, y en la tierra, y debajo de la tierra; y toda len-

gua confiese que Jesucristo es el Señor, para gloria de
Dios Padre. (Filipenses 2.9-11)

Ese nombre abarca todo lo que Jesús es: el Señor, con
la plenitud de la santa, omnipresente, omnisciente, omnipotente divinidad morando en Él (véase Efesios 3.19).

Por años he escuchado el nombre de Jesús en los servicios de la iglesia y en las reuniones de oración. En tiempos
recientes, mi corazón se ha roto muchas veces cuando lo
he escuchado en vano. Aunque sin intención, estoy segura, muchos han dejado que la más preciosa y poderosa dimensión de la oración d.C. se deslice desapercibida, sin
que se eche de menos.

Incluida en el nombre de Jesús está su absoluta autoridad. En su Gran Comisión, en Mateo 28.19, Jesús dijo:
«Por tanto, id». ¿Qué era ese «por tanto»? Jesús nos man-
da a ir porque toda la autoridad le ha sido dada en el cielo y
en la tierra. Por lo tanto con su autoridad, *vamos* en oración, hablando de Jesús a todas las naciones. No vamos en
el nombre de nuestra iglesia u organización, ¡sino en el
nombre de Jesús!

Por supuesto, Jesús nos advirtió también que lo contrario es verdad, puesto que Él vino a la tierra diciendo:
«Yo soy el camino, y la verdad, y la vida; *nadie viene* al Padre sino por mí» (Juan 14.6). Tratar de orar en el nombre
de cualquier otro Dios es inútil. Desde que el ángel le
anunció a José que su nombre sería Jesús, y Él finalizó su
asignación terrenal por medio de su muerte y resurrección, no ha habido otro nombre ni en el cielo ni en la tierra, por medio del cual podamos orar bíblicamente.

La más asombrosa promesa de Jesús para nosotros es
que si pedimos de acuerdo a lo que su nombre realmente
incluye, ¡recibiremos respuesta a nuestras oraciones! «Y

todo lo que pidiereis al Padre en mi nombre, lo haré, para que el Padre sea glorificado en el Hijo» (Juan 14.13).

¡La victoria, el poder y las respuestas a nuestras oraciones están ante nosotros por el nombre de Jesús!

• *Orar con la doctrina d.C.* ¡De qué manera tan diferente pudieron orar los primeros creyentes con la doctrina d.C., después de que Jesús se la explicó continuamente en todo el Antiguo Testamento, y luego lo selló todo en Lucas 24.44-47 a la luz de su muerte y resurrección! ¡Cuán emocionados debieron haber estado porque los misterios del Antiguo Testamento les fueron revelados a ellos primero! ¡Cómo deben haber orado para entender lo que de manera asombrosa se descubría ante sus ojos!

Es evidente que aceptaron esta doctrina cumplida en forma inmediata, pues Hechos 2.42 nos dice que desde ese tiempo continuaron constantemente en cuatro cosas: la enseñanza de los apóstoles, el compañerismo, partiendo el pan y en la oración. Y estas oraciones progresaron mientras trataban de aplicar todas las cosas que Jesús les había enseñado y mostrado. Esto les instruyó en cómo orar efectivamente para obedecer sus nuevas órdenes de marcha provenientes de Jesús.

La doctrina de los apóstoles decía qué y por qué debían orar en la nueva oración d.C. enseñada por Jesús. Todas las verdades a las que se asieron cuando estaban presos, esparcidos, escondidos en cuevas y martirizados fueron todas cubiertas por Jesús, listas para sostenerlos en todo momento. Y esto también les animó a orar más, y con mayor profundidad, al ver que de sus nuevas oraciones d.C. llegaban una victoria tras otra.

Cuánto he deseado que alguien hubiera grabado todo lo que Jesús dijo a sus seguidores ese día antes que dejara el planeta Tierra. Pero ésa, obviamente, no fue la voluntad de Dios. Sin embargo, sí tenemos el relato escrito de todas estas verdades de Jesús. Y ahora, dos mil años después, son el fundamento de las creencias en las cuales ponemos nuestra total confianza y esperanza: toda la Biblia.

El Espíritu Santo y la oración d.C.

Cuando Jesús ascendió al cielo, una de las principales razones por la que envió al Espíritu Santo fue porque sabía que necesitaríamos ayuda en nuestras oraciones.

Las muy conocidas razones por las que Jesús envió al Espíritu Santo —para proveer poder sobrenatural, darnos audacia, recordarnos lo que Jesús nos había dicho, convencernos de pecado y consolarnos— determinarían la dirección y el contenido de nuestra oración d.C. Pero necesitar que el Espíritu Santo nos ayude en nuestra oración es una razón que a menudo se pasa por alto en la cultura moderna de «Dios, puedo hacerlo por mí mismo».

Sin embargo, cuando estamos confundidos o agobiados por las circunstancias, no sólo por no recibir la respuesta que deseamos sino también por no saber *qué* orar, es el Espíritu Santo quien lleva nuestras oraciones al Padre de acuerdo a su voluntad. Este es el Padre omnisciente, quien nunca se equivoca, quien sabe los «y si...» de cada posible solución y quien sabe cómo contestar mientras hace todo para *nuestro* bien.

Romanos 8.26-27 explica el papel del Espíritu Santo en la oración:

Y de igual manera el Espíritu nos ayuda en nuestra debilidad; pues qué hemos de pedir como conviene, no lo sabemos, pero el Espíritu mismo intercede por nosotros con gemidos indecibles. Mas el que escudriña los corazones sabe cuál es la intención del

Espíritu, porque conforme a la voluntad de Dios intercede por los santos.

Muchas veces, cuando la vida se ha derrumbado a mi alrededor, me siento completamente incapaz de ver una luz al final del oscuro túnel. Incapaz de siquiera pensar en una posible solución a lo ocurrido, no puedo sugerirle a Dios cuál podría ser su remedio. Es en esos momentos cuando he clamado en agonía al Espíritu Santo: «¡Por favor, ora por mí. No puedo orar!»

El Espíritu Santo es el miembro de la Divinidad por quien Jesús dijo a sus discípulos que esperaran cuando Él regresara al cielo. Su espera del prometido Espíritu Santo durante los diez días de oración antes de Pentecostés dio inicio a sus oraciones d.C. Jesús cumplió su palabra con la venida del Espíritu Santo en un nuevo estilo d.C., con el sonido de un poderoso viento que soplaba y el asentamiento de lenguas como de fuego sobre cada uno de ellos.

Y el Espíritu Santo permanece como su ayudante de oración, y el nuestro, hasta que Jesús regrese.

El Espíritu Santo es el intercesor que habita en mi vida, y en la suya, en todo momento. Él nos ayuda a orar cuando no podemos, asegurándonos que nuestras débiles oraciones lleguen al Padre en el cielo ¡conforme a su sabia voluntad!

Jesús no es reemplazado en nuestra vida de oración

Sin embargo, Jesús no se *reemplazó* a sí mismo con el Espíritu Santo cuando les dijo a sus discípulos que era necesario que Él se fuera para que pudiera enviar al Espíritu Santo (véase Juan 16.7).

El Espíritu Santo se hizo cargo de su papel en sus vidas de oración, pero d.C. Jesús no volcó todas sus relaciones de oración sobre el Espíritu Santo.

Jesús usó tres declaraciones para describir su relación con sus seguidores después de irse:

- *«Yo estoy con vosotros»*. Jesús cerró su Gran Comisión en Mateo 28.20 con estas palabras:

    Y he aquí yo estoy con vosotros todos los días, hasta el fin del mundo.

    Cuando, en obediencia a Jesús, ciento veinte de sus seguidores se reunieron en Jerusalén en su primera reunión de oración de diez días para esperar la promesa del Padre, en realidad eran ciento veintiuno, incluyendo a Jesús.

    Aunque ellos le habían visto subir en las nubes y habían oído el anuncio de los ángeles de que volvería de la misma manera que le habían visto subir, Jesús mismo estaba *con* ellos.

    Con el anuncio de Jesús: «He aquí yo estoy con vosotros todos los días», todavía ardiendo en sus mentes, ¿qué debían haber orado en esa primera reunión de oración? ¿Estaban incómodos al saber que Él conocía todos sus motivos? ¿Estaba Pedro todavía arrepintiéndose de no haber hecho caso de las advertencias de Jesús de que Satanás quería zarandearlo, y de la negación a su Señor? ¿Estaba Tomás avergonzado de haber dudado?

    ¿Estaban los hombres arrepentidos por no haberle creído a las mujeres esa primera mañana de Pascua? Y las mujeres que le habían visto y hablado con el Salvador resucitado, ¿estaban todavía dolidas porque no les habían creído?

    ¿O explotaron en una interminable alabanza en esa primera reunión de oración d.C., sumergidos en horas de adoración, sometiéndose voluntariamente a cualquier cosa que Jesús tuviera para ellos? Sabiendo que Jesús nunca rompería su promesa de estar con ellos siempre, ¿estaban gozosos por no estar solos, y nunca volver a estarlo? ¿Cómo se sintió María, la madre de Jesús, sabiendo que el fin de todo su dolor era que su hijo continuaría con ella, algo que ninguna otra madre de la tierra podía esperar jamás? ¿Estaba emocionada al ver a los hermanos de Jesús finalmente juntos, «unánimes», con su hermano ascendido a los cielos? ¿Podría la habitación y sus corazones contener todo el éxtasis que sentían?

¿Y qué de nosotros? ¿Podemos orar felizmente en nuestros grupos de oración y en nuestra cámara secreta, sin darnos cuenta que Jesús está allí con nosotros también? ¿O estamos tan profundamente impresionados de saber quién es el que está con nosotros —nuestro Jesús sin pecado, puro, amante y victorioso— que nos sentimos envueltos en su divina presencia?

Cuando estaba en su junta, Cucú Culson acostumbraba reprenderme por viajar a otros continentes sola. «¡Pero si no estoy sola!», insistía. Y no lo estaba. Cuando no podía comer el alimento, beber el agua, o entender el idioma, siempre tenía la tranquila confianza de saber que Jesús estaba allí. Mis oraciones nunca fueron elevadas con pánico, sino en una profunda paz sabiendo que Jesús estaba conmigo y que nunca me abandonaría cuando le estaba sirviendo.

Así que nosotros también, aunque Jesús se fue hace casi dos mil años, sabemos que no reemplazó ni rescindió su promesa de estar con todos los creyentes todo el tiempo, ¡especialmente cuando oramos!

• «Yo estoy en medio de ellos». Al hablar sobre lo que debemos pedir al Padre en oración y lo que Él haría, Jesús dio a sus seguidores esta increíble promesa:

Porque donde están dos o tres congregados en mi nombre, allí estoy yo en medio de ellos. (Mateo 18.20)

El comité de una gran base militar de Inglaterra había orado durante seis años para tener nuestro seminario de oración. La noche anterior, mientras estábamos sentados alrededor de una reluciente mesa de conferencias de oficiales, orando profundamente por nuestro próximo día de seminario, varios de nosotros de repente nos percatamos de la presencia de Jesús. Contuvimos la respiración. Para nuestros ojos espirituales, parecía casi estar cerniéndose sobre nuestro grupo.

Pero no era el niño en un pesebre, ni el maestro de Galilea, ni el sacrificado sobre la cruz, ni el Salvador resucitado en una mañana de Pascua. Era el Jesús de hoy, el mismo Jesús que el apóstol Juan vio en la isla de Patmos: «Vestido de una ropa que le llegaba hasta los pies, y ceñido por el pecho con un cinto de oro. Su cabeza y sus cabellos eran blancos como blanca lana, como nieve; sus ojos como llama de fuego; y sus pies semejantes al bronce bruñido, refulgente como en un horno; y su voz como estruendo de muchas aguas. Tenía en su diestra siete estrellas; de su boca salía una espada aguda de dos filos; y su rostro era como el sol cuando resplandece en su fuerza» (Apocalipsis 1.13-16).

El Jesús d.C. de hoy día es victorioso y todopoderoso, sin embargo tierno y bondadoso, que entiende todas nuestras flaquezas porque Él también sufrió. Aunque no estamos conscientes de Él, Jesús está en medio de nosotros los creyentes ¡cada vez que nos reunimos a orar!

Eso es lo que produce la hermosa unidad en Jesús que sentimos cuando oramos juntos, ya sea uno con otro, en pequeños grupos o en grandes concentraciones de oración. ¡Él está en medio nuestro!

- *«Cristo en vosotros».* El estímulo más maravilloso en la oración es el misterio que no estaba disponible para quienes oraban la oración a.C. (Antiguo Testamento); esto es, que Jesús mismo está en realidad *en* cada uno de nosotros, incluyendo cuando oramos. Ya sea que oremos solos, en pequeños o en grandes grupos, Jesús vive en cada intercesor. En Colosenses 1.26-27, Pablo develó ese misterio para nosotros: «El misterio que había estado oculto desde los siglos y las edades, pero que ahora ha sido manifestado a sus santos, a quienes Dios quiso dar a conocer las riquezas de la gloria de este misterio entre los gentiles; que es Cristo en vosotros la esperanza de gloria».

Antes de Cristo, el sueño de la mayoría de las niñas judías era ser escogida por Dios para llevar en su vientre a su Hijo, el Mesías prometido, por nueve meses. Pero sólo una pudo tener el más alto de los privilegios supremos: María. Ella sabía, porque el ángel Gabriel le había anunciado, que el santo Hijo de Dios estaría *en* ella. Y el precursor de Jesús, que todavía no había nacido, saltó dentro del vientre de la pariente de María, Elizabeth, cuando las dos futuras madres se encontraron. María estaba al pie de la cruz cuando extinguieron la vida del Hijo de Dios y de ella. Pero estuvo entre los que estaban orando en la primera reunión de oración antes de Pentecostés, y recibió otra increíble bendición: su Hijo volvió a estar *en* ella. Esta vez moró en ella espiritualmente, no físicamente, de la misma manera que moró en el resto de ellos, y en nosotros hoy día.

En nuestras reuniones de oración d.C., Jesús no sólo está en medio nuestro, sino que también vive en cada uno de nosotros de forma vibrante y poderosa al interceder. Ah, ¡qué los ojos espirituales se abran para poder ver al Jesús real palpitando en cada latido de nuestro corazón en nuestras fervientes y persistentes oraciones!

La oración de dos reinos.

El ser transferidos del reino de Satanás en el cual nacimos, al reino de Jesús, en la salvación, capacita a los creyentes para orar de la manera que Jesús enseñó a sus seguidores: «Padre... venga tu reino» (Mateo 6.9-10).

Esta transferencia se hace cuando Dios saca de las tinieblas del reino de Satanás a una persona espiritualmente perdida y la coloca en el reino de Jesús por medio del arrepentimiento y la fe en Jesús. Como explicó el apóstol Pablo:

Con gozo dando gracias al Padre que nos hizo aptos para participar de la herencia de los santos en luz; el cual nos ha librado de la potestad de las tinieblas, y trasladado al reino de su amado Hijo, en quien tenemos redención por su sangre, el perdón de pecados. (Colosenses 1.12-14)

Nosotros, los que ya estamos en su reino, debemos orar por la venida del reino de Dios aquí a la tierra, a medida que los perdidos sean transferidos a éste de uno en uno. Esto es orar evangelísticamente para que acepten a Jesús quienes todavía no están en su reino. Entonces, una vez que pertenezcan al reino de Dios, ellos, junto a nosotros, pueden llegar a ser intercesores con el sorprendente poder de la oración d.C.

La esperanza de su resurrección

Al orar, los cristianos no esperamos ni confiamos ciegamente en un profeta que murió y permanece muerto. Creemos con firmeza en uno que en verdad se levantó de los muertos y está vivo hoy. No como las otras religiones del mundo que siguen a profetas muertos. Como Pedro enfatiza:

> Bendito el Dios y Padre de nuestro Señor Jesucristo, que según su grande misericordia nos hizo renacer para una esperanza viva, por la resurrección de Jesucristo de los muertos, para una herencia incorruptible, incontaminada e inmarcesible, reservada en los cielos para vosotros. (1 Pedro 1.3-4)

Mientras enseñaba oración en Calcuta, India, una doctora en medicina me contó que, tras varias operaciones por aliviar un problema incurable del estómago, los médicos decidieron prepararla para una remoción del resto de su estómago a fin de salvarle la vida. Mientras esperaba en el hospital, el Jesús resucitado y glorificado se le apareció al pie de su cama y la curó instantánea y completamente. De inmediato, ella le aceptó como su Salvador. Me contó que ahora le pregunta a sus pacientes por qué «nosotros» los musulmanes adoramos a un profeta muerto, mientras que hay uno que está vivo para siempre. «Y muchos de ellos también ponen su confianza en el Jesús resucitado, y pasarán la eternidad en el cielo con nosotros, ¡y con Jesús!», me dijo sonriendo.

¿Nuestro enemigo o campo misionero?

Durante todo el período a.C., Dios preparó a su nación escogida de Israel para traer al Mesías y llevarlos a su tierra. Así que durante toda esa era de la historia, los que se oponían a la nación de Israel eran *el enemigo*. Los hijos de Dios oraban para que Él derrotara al enemigo en la batalla, para traer calamidad sobre estos mientras peleaban, mataban y hasta robaban. Y Dios contestaba esas oraciones.

Pero Dios envió a su Hijo Jesús. En Juan 3.17, Jesús dijo de sí mismo: «Porque no envió Dios a su Hijo al mundo para condenar al mundo, sino para que el mundo sea salvo por Él».

En este período d.C., estas mismas personas deben ser nuestro campo misionero, no nuestros enemigos del período a.C. Efesios 2.11-12 nos dice que aquellos que «eran gentiles en cuanto a la carne... alejados de la ciudadanía de Israel» no tenían esperanza y estaban sin Dios. Pero en los versículos 13-22 nos dice que los gentiles (no judíos) habían sido «hechos cercanos por la sangre de Cristo para en sí mismo y mediante la cruz, reconciliar con Dios a ambos en un solo cuerpo, matando en ella las enemistades». El mensaje de Dios para los que una vez fueron sus enemigos, se encuentra en el evangelio de Juan:

> El que cree en el Hijo tiene vida eterna; pero el que rehúsa creer en el Hijo no verá la vida, sino que la ira de Dios está sobre él . (Juan 3.36)

Desde que Jesús vino todas las cosas son diferentes:

- Ya no vamos a conquistar a los enemigos de Dios, sino a ganarlos para Él (Hechos 1.8).
- Ya no vamos a matar a los enemigos de Dios, sino a llevarles el mensaje de vida eterna en Jesús (véase Juan 3.36).
- Vamos a decirle a todas las personas del mundo cómo pueden experimentar el perdón de sus pecados (1 Juan 2.2).
- Vamos a hacer discípulos, no a mantener adversarios (Mateo 28.19).

Dios quiere que todos sus enemigos sean transferidos del reino de las tinieblas a su reino de luz, por medio del perdón de sus pecados. *El enemigo del período a.C. es ahora el campo de cosecha de las almas perdidas.* Vamos a rogar «al Señor de la mies que envíe obreros a su mies» (Mateo 9.37-38).

Siempre haciendo la voluntad de Dios, esta es la oración que Jesús nos dijo que oráramos ahora en el período d.C. Desde que Jesús murió por todo el mundo, las oraciones por la cosecha de almas perdidas son su voluntad ¡y las que Dios contesta hoy día!

Retroceder

Permanecer en la oración a.C. sin tomar en cuenta la muerte y la resurrección de Jesús es retroceder al tiempo de la coyuntura a.C./d.C... sin Jesús.

¿Está usted todavía en la oración a.C.? ¿Cuánto del poder de la autoridad de la muerte, sangre, redención y resurrección de Jesús ha puesto en su vida de oración? ¿Cuánto de la compasión y urgencia por un mundo perdido hay en sus oraciones?

Algún día la cuenta del tiempo humano terminará, cuando «el tiempo no será más» (Apocalipsis 10.6), y nuestras oraciones se terminarán también. La eternidad se extenderá en una eternidad en la que ya no habrá cálculo del tiempo, con Jesús, quien dividió el tiempo terrenal, reinando por siempre y siempre. *Y dónde ha de pasar usted la eternidad dependerá de lo que haya hecho con la coyuntura del tiempo en el planeta Tierra, Jesús: si lo aceptó o lo rechazó mientras todavía había tiempo d.C.*

Asegúrese de haber aceptado a Jesús, y regocíjese juntamente conmigo en triunfal alabanza y humilde adoración a uno que no sólo dividió el tiempo ese primer fin de semana de Pascua, sino que también fue la coyuntura del tiempo que en forma sobrenatural abrió la puerta de la oración d.C., y de la eternidad, en su vida y la mía: ¡Jesús!

Preguntas de reflexión

Examine su vida:

Hasta aquí, ¿se da cuenta de la diferencia entre la oración d.C. con Jesús y la oración a.C. sin Jesús? ¿Qué porción del contenido, privilegios y autoridad de sus oraciones son al estilo a.C. que pudieran haber sido elevadas antes de que Jesús viniera, muriera y resucitara?

Toda_____La mayoría_____Algo_____Poco_____

Lectura bíblica:

Busque en su Biblia Hebreos 10.19. ¿En qué puede confiar para poder ir directamente al Padre en una oración d.C.? Haga una lista de los privilegios de la oración que posee porque Jesús derramó su sangre y resucitó la mañana de Pascua.

_____

_____

_____

_____

Para hacer:

¿Está segura de que es personalmente elegible para la oración d.C. con Jesús en usted, con usted y en medio de su grupo? Si no está segura de haber pedido que Jesús entre en su vida como Salvador y Señor, 1 Juan 5.13 dice que puede estar segura ahora, haciendo la siguiente oración.

Para orar:

1. *Para aceptar a Jesús*: «Dios mío, reconozco que soy pecadora. Creo que Jesús es el Hijo de Dios y que pagó todos mis pecados con su sangre en la cruz. Por favor, perdona todos mis pecados. Jesús, entra en mi corazón como mi Salvador y Señor.

Creo que ahora Jesús vive en mí, que soy perdonada y que soy una cristiana. Gracias porque ahora soy elegible para todos los privilegios de orar en el nombre de Jesús. En el nombre precioso de Jesús, amén».

2. *Para todos los que han aceptado a Jesús:* «Mi corazón rebosa de gozo por lo que hiciste en mi vida de oración. Gracias porque nací en este lado del tiempo de la coyuntura a.C./d.C. Mantenme practicando todos tus privilegios de la oración d.C., especialmente aquellos que pude haber omitido antes. Jesús, ¡las palabras no pueden describir mi gratitud a ti! En tu maravilloso nombre, amén».

CAPÍTULO 3

Lo que Dios hace a través de la oración solitaria

¿ESCUCHA DIOS la oración de una persona, o presta más atención a la oración de un grupo grande? Esta es una pregunta que hacen con frecuencia los que están aprendiendo a orar. La respuesta es que Dios escucha *las dos*. La Biblia registra un poder tremendo cuando muchos oraron juntos, pero también está llena de ejemplos de las asombrosas respuestas de Dios a las oraciones de una sola persona.

Nuestro seminario de oración en Manhattan, en el que aproximadamente el cincuenta por ciento oró para asegurarse de que Jesús era su Salvador y Señor, había sido precedido por una ferviente y persistente oración de un grupo pequeño de maravillosos intercesores que se negaban a dejar ir una visión determinada de oración para la Ciudad de Nueva York. Todas las concentraciones de oración previas habían reunido a un grupo de personas relativamente pequeño. Pero ese día, el tremendo estallido de la multitud con gritos, ruidos de pies y alabanzas a Dios porque muchos aceptaron a Jesús fue al menos en parte, el resultado de la *oración de una mujer*... quizás la mayor parte.

Cuando llegó a América como una inmigrante sueca, se convirtió en la conserje de esa iglesia en el centro de Nueva York. Por treinta años, cada día que trabajaba, oraba la misma oración: «Dios, llena el edificio de esta iglesia». Esto nunca sucedía, hasta ese día, treinta años más tarde. Entonces Dios no sólo llenó el inmenso santuario sino también el auditorio de abajo. La hice pararse, tímida pero radiante, mientras la audiencia le brindaba una calurosa ovación de pie. *¡Fue la oración de una persona, en secreto, mientras limpiaba!*

Jesús enfatizó la importancia de la oración solitaria y secreta en Mateo 6.6 mientras enseñaba a sus discípulos, y a nosotros, cómo orar:

> Mas tú, cuando ores, entra en tu aposento, y cerrada la puerta, ora a tu Padre que está en secreto; y tu Padre que ve en lo secreto te recompensará en público.

La tendencia es pensar que el estilo de oración más importante y el que produce poderosos resultados es la oración pública o en grupo. Sin embargo, una de las cosas más maravillosas que Dios nos enseñó a través de los años es que *el poder de nuestra oración pública depende de la calidad y cantidad de nuestra oración secreta y privada.*

¿Cuánto tiempo?

Pero Jesús no nos dijo *cuánto tiempo* orar en secreto. A menudo, la oración solitaria que se ha hecho por muchos años puede necesitar una nueva dirección para que Dios responda.

Con el pelo que ya le volvía a crecer tras un tratamiento contra el cáncer, Nancy estaba emocionada cuando me contaba cómo había estado orando por años por la salvación de su esposo. «Entonces, hace un año oré al Señor diciéndole que estaba dispuesta a hacer cualquier cosa por Él con tal de llevar a mi esposo a sus pies. Dios contestó mi oración permitiéndome enfermar de cáncer y pasar por el tratamiento de quimioterapia durante un año. ¡Hace un mes él recibió a Cristo!» Me dio las gracias por enseñarle «que a los que aman a Dios, todas las cosas les ayudan a bien, esto es, a los que conforme a su propósito son llamados» (Romanos 8.28). ¡Un año!

Otra confirmación de la respuesta de Dios a las oraciones privadas y persistentes fue registrada en una nota de una mujer de Austin, Texas: «Me sentí animada a orar por mi hermana, después de leer su libro, hace más de diez años. Mi hermana aceptó a Jesús como su Señor y Salvador el 28 de febrero de 1999. Con amor, Cris».

Algunas veces la oración de una persona por necesidad, o tal vez por testimonio, está delante de la gente. La clase de séptimo grado de la escuela pública de nuestra nieta Crista estaba en un campamento educativo sobre el ambiente en el norte de Minnesota. Jan, su mamá y nuestra hija, fue como chaperona y doctora médica del equipo. Las dos dirigieron la adoración y la alabanza por invitación de otras muchachas de su cabaña, y al siguiente día se pusieron en camino sobre un terreno resbaladizo, escarpado y medio congelado. Repentinamente Jan se encontraba en el fondo de una congelada hondonada, incapaz de ponerse de pie. Crista regresó corriendo y gritando: «Mamá, ¿estás bien?» A lo que Jan respondió: «¡Nooooo!»

Jan nos contó que a la misma vez sintió los brazos de Crista alrededor de su cuello, y el murmullo de sus oraciones. Con todos los estudiantes tratando de ayudar, Jan se encontró milagrosamente parada en el nivel superior del terreno. Entonces Jan añadió: «¡Caminé dos millas a través de la maleza y el hielo con mi tobillo roto!»

Esa noche Crista dirigió los cánticos, leyó de su Biblia, y respondió preguntas de quince de sus compañeros de cabaña sobre Dios y la vida cristiana. La siguiente noche, con Jan enyesada en casa, Crista condujo a una de las muchachas al Señor. ¡Una oración solitaria puede mucho! (Véase Santiago 5.16)

La oración solitaria de Josué

La oración de una sola persona en la Biblia tuvo resultados aún más grandes. Su oración es quizás la más extraña petición jamás orada en la Biblia o en cualquier otro sitio. Después de marchar toda la noche con el Señor, confundiendo a los amorreos y dando una gran victoria a Israel, Josué dijo ante el Señor y ante todo Israel: «Sol, detente en Gabaón; y tú, luna, en el valle de Ajalón» (Josué 10.12).

Increíblemente, Dios le contestó a Josué. Los versículos 13 y 14 nos cuentan de la milagrosa respuesta de Dios a esta oración:

Y el sol se detuvo y la luna se paró, hasta que la gente se hubo vengado de sus enemigos. ...Y el sol se paró en medio del cielo, y no se apresuró a ponerse casi un día entero. Y no hubo día como aquel ni antes ni después de él, habiendo atendido Jehová la voz de un hombre.

En mi Biblia, al margen de este pasaje, dibujé un gran recuadro con estas palabras dentro de él : «Increíbles resultados de la oración de un hombre».

En 1994, mientras ministraba en un monasterio cerca al valle de Ajalón, al pie de las colinas de Jerusalén, parecíamos estar bien cerca de Dios mientras comíamos una simple sopa, pan hecho en casa, agua, frutas frescas y vegetales y teníamos poderosos tiempos de oración juntos. Una de las noches iba a haber luna llena por lo que leí nuevamente el relato de Josué allí mismo cerca de ese valle. Mientras leía, me percaté de la oración que había escrito al margen de mi Biblia, fechada cuatro años antes: «¡Oh, Dios, hazme elegible para esa clase de poder en la oración!»

Tomé una linterna y bajé por el sendero rocoso hasta el borde del valle de Ajalón. Observé sin aliento cuando la luna apareció sobre el costado lejano del valle, sintiendo que estaba casi colgando sobre el borde, mientras el profundo valle se extendía entre la luna y yo. Traté de comprender que era la *misma luna* a la que, siglos atrás, Josué había mandado que se detuviera. Estaba fascinada. Una vez más clamé al Señor: «¡Hazme elegible para esa clase de poder en la oración!»

Dios todavía está respondiendo mi oración en Ajalón mientras continúa dando respuestas asombrosas a nuestras oraciones. Sin embargo, Ajalón no fue la primera vez que oré por poder en la oración. Era una que se añadía a *muchas otras que elevé antes.*

Oraciones secretas antes de Ajalón

Tal vez la más importante oración de ministerio que he orado en secreto fue al responder que sí al llamamiento de Dios en 1967 para el experimento de seis meses para descubrir lo que pasa cuando las mujeres oran. Esa corta oración se convirtió en un ministerio de larga duración de seminarios de oración.

En 1972, mientras estudiaba las palabras de Jesús en Juan 15.7 («Pedid todo lo que queréis, y os será hecho») había gemido delante de Dios mientras oraba: «Señor, quiero ese poder en la oración. Enséñame y quebrántame hasta que lo tenga». Este fue, después de todo, el poder de oración que Dios nos dio en nuestro experimento de 1968, cuando Él estaba comenzando nuestro ministerio «Qué sucede cuando las mujeres oran», el cual le dio forma a mucha de nuestra futura enseñanza.

Sin embargo, más de diez años antes, otra oración que parecía haber explotado en mí era: «Señor, quiero enseñar a orar a todos, en todo el mundo». Entonces, avergonzada ante la audacia de tal oración, no dije nada a nadie por muchos, muchos años. Pero esa oración había venido de Dios, y Él la ha cumplido con libros y extensas giras de conferencias de oración en todos los continentes.

La mayoría de las oraciones corporativas se organizan por un llamamiento, carga o visión original dada a una persona. Entonces Dios levanta *intercesores* para ayudar a cumplir esos llamamientos, *otros maestros* los expanden y las *personas inspiradas por ellos* los pasan a las generaciones siguientes.

Cómo Dios inició *Qué sucede cuando las mujeres oran*.

Es imperativo que los líderes cristianos establezcan primero sus metas en sus cuartos secretos de oración con Dios, y luego las lleven a los comités o reuniones de juntas. Así fue como comenzó *Qué sucede cuando las mujeres oran*, sola con Dios en mi cuarto de oración.

Esa asignación, en 1967, de la Campaña de las Américas para descubrir en seis meses lo que sucede exactamente cuando las mujeres oran era una tarea imposible. Orando con sinceridad por esto, no tenía ninguna respuesta de Dios. Estaba atascada.

Mientras leía en mi devocional en Apocalipsis 3, donde Jesús —aproximadamente cincuenta años después de su regreso al cielo— instruía al apóstol Juan sobre qué decir a su iglesia en Filadelfia, Jesús me habló directamente. Diez de las palabras de Jesús sobre su puerta abierta parecían saltar de la página para mí, y supe que tenía mi respuesta para aceptar el encargo:

He puesto delante de ti una puerta abierta (Apocalipsis 3.8).

Por lo que acepté el trabajo, y el resto es historia.

La puerta que nadie puede cerrar

Después de treinta años de pasar por esa puerta abierta de oración a tiempo completo, Jesús me ha mostrado la primera parte de llamado de ese versículo: *por qué* ha permanecido abierta. A través de este versículo, me mostró que había tres razones para mantener la puerta abierta para nuestro ministerio de oración:

He aquí, he puesto delante de ti una puerta abierta, la cual nadie puede cerrar; *porque aunque tienes poca fuerza, has guardado mi palabra*, y *no has negado mi nombre*. (Apocalipsis 3.8)

- *«Tienes poca fuerza».* La primera explicación que Jesús me dio de por qué había mantenido abierta la puerta por los pasados treinta años fue: «Tienes poca fuerza». Al principio creí que era degradante, casi insultante. ¿Por qué entonces Jesús me llamó si sabía que no tenía suficiente fuerza? Pero lo que me ha enseñado es que *debido* a que no tenía suficiente fuerza, aprendería de dónde ésta vendría. Esa fuerza vendría en dos categorías: poder espiritual y poder físico.

  Primero, Dios me enseñó que el *poder espiritual* vendría del Espíritu Santo de Dios obrando en mí. Dios me aclaró esto cuando oré por seis meses por la Primera Asamblea Internacional de Oración en Seúl, Corea, donde era responsable por las sesiones de enseñanza a las mujeres. Era cerca del tiempo del domingo de Pentecostés y había orado repetidamente por esos meses: *«¡Oh, Dios, envía algo de Pentecostés! ¡Envía algo de Pentecostés!»* (A veces sonreía mientras oraba, preguntándome qué sucedería si Dios realmente lo hacía. ¿Correrían nuestros delegados de esos noventa y seis países a tomar el primer avión para casa?)

Tres mil mujeres se reunieron en el santuario de la iglesia y se colocaron cabinas de traducción en el palco. Cada participante tenía audífonos y escuchaba en su propia lengua, sin importar el idioma que se hablara desde el púlpito. El Comité Auspiciador de Lausana enviaba personas bilingües para verificar que los delegados estuvieran oyendo adecuadamente. Cuando Jeanne Swanson, la presidenta anterior de mi ministerio en Taiwán, fue enviada a la delegación que hablaba chino, vino corriendo a mí. Dijo que cuando les preguntó (en chino) qué me habían escuchado enseñar y cómo habían respondido en oración, todos habían entendido lo que yo había dicho. Jeanne les preguntó: ¿Ustedes no hablan inglés, verdad?» Cuando todos ellos sacudieron sus cabezas diciendo: «No, no, en chino», una asombrada Jeanne dijo: «¡No había ningún traductor en la cabina! ¡Estaba vacía! ¡Él todavía está volando hacia acá!» Estupefactas, las mujeres chinas respondieron: «¡Ah, debe haber sido el Espíritu Santo!» Al llegar a Hong Kong, luego de esa asamblea de oración en Seúl, me puse en contacto con Faya Leung, la mujer china que tradujo mis cintas de Radio Transmundial del inglés al chino. Al contarle la historia, calmadamente replicó: «¡Ah! Eso no me sorprende nada. Estaba orando ese día con una mujer china que, aunque no entiende una palabra de inglés, ¡oró cada oración que usted nos pidió orar!» Luego Faye confirmó que todos los chinos que conocía ¡entendieron cada palabra que dije! Sin ningún traductor... con excepción de Dios.

No, el poder no era mío, era el Espíritu Santo de Dios. Mi intensa oración había sido impulsada por Hechos 2.5-6, donde los seguidores de Jesús fueron llenos del

Espíritu Santo y tres mil hombres, más las mujeres y los niños, fueron salvados ese día cuando se volcaron en las calles de Jerusalén, cada uno oyendo en su propia lengua. ¡Nunca me imaginé que Dios fuera a hacer eso! Nunca estoy preparada para el poder que Espíritu Santo va a proporcionar. Siempre va más allá de lo que se me ocurre pensar, pero siempre es según su poder que actúa en mí.

> Y a aquel que es poderoso para hacer todas las cosas mucho más abundantemente de lo que pedimos o entendemos, según el poder que actúa en nosotros (Efesios 3.20).

He aprendido a nunca salir a dar una conferencia sin esperar en oración por el Espíritu Santo, tal como Jesús le dijo a sus seguidores que esperaran «hasta que seáis investidos de poder desde lo alto» (Lucas 24.49). Mientras caminaba hacia el podio en una reunión de los Cumplidores de Promesas (ministerio exclusivo de hombres), me sentí incómoda por ser mujer y ser la oradora. Así que oré en silencio: «Señor, *antes* que abra mi boca, ven con poder, de manera que seas tú, y no yo, quien reciba la gloria». Después, varios hombres se acercaron y me dijeron que cuando *caminaba* para hablar, ¡sintieron de pronto que el poder de Dios nos rodeaba! Era su poder, no el mío.

Mi oración de apertura frente a cualquier audiencia siempre incluye pedir al Espíritu Santo que venga en su poder. Y todos juntos sentimos su asombroso poder cambiando toda la atmósfera de la reunión. Casi nunca esto es tan dramático como en Corea, pero siempre es lo que Pablo dijo en Colosenses 1.29:

Para lo cual también trabajo, luchando según la potencia de Él , la cual actúa poderosamente en mí.

He aprendido que tengo apenas «poco poder», y también he aprendido quién es el que tiene toda poder en el universo. Debido a que es el poder de Dios fluyendo, y mientras siga reemplazando mi «poca fuerza», nadie cerrará la puerta del ministerio de oración, hasta que Él decida que es el tiempo.

Otra clase de poder del cual tengo sólo un «poco», es el *poder físico*. Dios me enseñó de maneras increíbles que el poder físico para el ministerio sería el poder de Cristo en mí. Podría llenar todo este libro con ejemplos increíbles de cómo en mi debilidad el poder de Cristo ha descansado en mí.

Pablo, al orar tres veces porque le fuera quitada su espina en la carne, escuchó al Señor diciéndole que su gracia y su poder serían suficiente aun *con* su espina física todavía allí. También he aprendido que cuando soy débil, entonces Cristo es mi fuerza. Pablo escribió:

Y me ha dicho: Bástate mi gracia; *porque mi poder se perfecciona en la debilidad*. Por tanto, de buena gana me gloriaré más bien en mis debilidades, para que repose sobre mí el poder de Cristo (2 Corintios 12.9-10).

Dios ha mantenido abierta la puerta de este ministerio de oración, no porque haya sido fuerte y saludable. No, todo lo contrario. Muchas cirugías importantes y ahora un corazón que sólo puede bombear alrededor de un tercio de su sangre, debían haber cerrado mi trabajo hace años.

Sin embargo, allá pot el 1965, mientras hacía una oración secreta y leía Romanos 12.1, que *di a Dios mi cuerpo de una vez por todas como sacrificio vivo a Él*. (He pensado muchas veces desde entonces que ¡hubiera sido más fácil ser un sacrificio muerto que un sacrificio vivo!)

El precio nunca me pareció más alto que una mañana en Sudáfrica en la que debía ser grabada en video durante todo el día ante una audiencia de varios miles mientras hablaba de mi libro *A Time to Pray God's Way* [Tiempo para orar a la manera de Dios]. A las seis en punto de ese día me desperté con un violento ataque de parásitos intestinales. Debido a todos los síntomas, por dos horas no pude levantarme y permanecí tirada sobre mi estómago en el piso del baño. Sabía que no había oradora de reserva. (Siempre hemos confiado en Dios y Él siempre ha cuidado de nosotros). Así que a las 8 a.m. hice un esfuerzo por pararme, tomé una ducha y me dirigí al auditorio. Mientras el comité oraba fervientemente, y mis intercesores en toda América oraban también (sin saber por qué), me paré para hablar. ¡Y entonces ocurrió el milagro!

Estuve ante las cámaras desde las 9:15 a.m. hasta las 4:00 p.m., con sólo un receso para almorzar. (No me atrevía a probar ningún alimento o agua). Pero el milagro fue que iba ganando fuerzas mientras el día avanzaba. En vez de caer desplomada, me sentí vigorizada con más y más poder, hasta que apagaron las cámaras a las cuatro. Estaba asombrada. No tenía «poco», sino *ningún poder* propio. Pero el poder de Cristo que era mío ese día, y miles de otros días, ¡venía de su omnipotencia!

Una de las emociones más grandes de mi vida ha sido depender completamente de Dios cuando no había disponible ninguna ayuda humana ni era capaz de resolver un problema. Cuando me inclinaba ante Él en oración, Dios me curaba, me aliviaba temporalmente los síntomas mientras hablaba o me daba su increíble fuerza para los largos y agotadores días. ¡Ni una sola vez me ha defraudado!

Sí, esa primera razón en Apocalipsis 3.8 de que nadie puede cerrar la puerta de nuestro ministerio de oración, es «tienes poca fuerza» espiritual y física. Pero no era un *insulto*. No sólo era un cumplido, ¡era un *privilegio*! Todos estos años, he tenido el privilegio de experimentar esta cercanía con Dios y el derramamiento de su asombroso poder.

- «Has guardado mi Palabra». La segunda razón, me dijo Jesús, por la que nadie ha podido cerrar la puerta de nuestro ministerio hasta ahora es que hemos guardado su Palabra.

Las oraciones que oramos a solas y en secreto eventualmente influyen en otras personas: nuestras familias, amigos, colaboradores y, especialmente, a aquellos a quienes enseñamos formalmente. Por esto ha sido tan importante asegurarnos que todo lo que enseñamos en nuestros seminarios de oración y en nuestros libros viene de la Biblia.

Muchas personas de todas las denominaciones cristianas han orado juntas y unánimes durante todos estos años porque sólo usamos los principios de oración de Dios que están en su Palabra y no seguimos las creencias de ninguna iglesia en particular.

Sin embargo, no sólo nuestras enseñanzas están *basadas* en la Palabra de Dios, sino que hemos guardado su Palabra *aplicándola* a cada enseñanza bíblica en los pequeños grupos de nuestros seminarios. Más que simplemente leer, estudiar, memorizar o compartir las Escrituras, guardar la Palabra de Dios es *aplicarla en nuestras vidas*. Guardar su Palabra no es sólo atrincherarnos, determinados a obedecer esto o aquello. Esto por lo general termina en fracaso y frustración. Los resultados reales y permanentes vienen de la persona que ora prometiendo a Dios (casi siempre en secreto) que obedecerá, y pidiéndole que le dé el poder para hacerlo. Cientos de cartas de agradecimiento nos dicen que las lectoras también han aplicado la Palabra de Dios en sus momentos de oración privada.

* **«No has negado mi nombre»**. La tercera explicación que Jesús me dio del hecho de que nadie haya podido cerrar nuestra puerta de oración fue: «No has negado mi nombre». *Era Jesús mismo hablando de su nombre*, El nombre que es sobre todo nombre, el nombre ante el cual debe doblarse toda rodilla.

Era Jesús hablando. ¡El crucificado, resucitado y ascendido Jesús a la derecha del Padre en el cielo! ¡Su *nombre*!

Como lo discutiremos más adelante en el capítulo 11, uno de los más profundos llamamientos que Jesús me hizo fue devolver su nombre a los cristianos e iglesias que lo han dejado, intencionalmente o por descuido, deslizarse entre las grietas. Negar su nombre no significa criticarlo como Dios, como divino, o como inmaculadamente concebido. Es simplemente dejarle fuera de nuestra predicación, enseñanza, prioridades y devoción. Es reemplazarle con nuestros planes y programas o los nombres de las organizaciones de nuestra iglesia en vez del suyo.

Ha sido una constante lucha mantener la oración «en su nombre» y no regresar a la clase de oración que se hacía antes de tener el nombre de Jesús, su autoridad, su cruz, su sangre, su muerte, su resurrección y su ascensión a la diestra del Padre. Pero nosotros hemos hecho un esfuerzo consciente en nuestro ministerio para incluir el precioso y salvador nombre de Jesús en nuestras oraciones.

Resultados asombrosos de la oración

Porque hemos tratado constantemente de depender del poder de Dios, de guardar su Palabra y de exaltar su nombre, hemos visto a Dios hacer cosas asombrosas en las vidas de las intercesoras. A continuación presento un pequeño ejemplo del resultado de nuestra mirada retrospectiva para ver lo que ha pasado con algunas enseñanzas de nuestro ministerio.

Orar en la voluntad de Dios ha sido una de las enseñanzas de oración más importantes y una de las que más vidas ha cambiado. He aquí algunos ejemplos de los miembros de la Junta de «United Prayer Ministry» [Ministerio de Oración Unida]:

La misionera Shirlee Vennerstrom escribió para contarnos lo que había sucedido como consecuencia de una ilustración con referencia a ella que presenté en *Qué sucede cuando las mujeres oran*. En 1972, cuando salieron de Etiopía la primera vez, ella había orado, rogado y suplicado a Dios que le permitiera regresar. El mensaje que había enseñado en ese libro y que le había aconsejado personalmente, era que no orara respuestas sino peticiones (los resultados se los dejamos a Él). Su oración privada era que se hiciera la voluntad de Dios, pero su corazón sufría por su amada Etiopía. A continuación un extracto de su carta:

Adaptarnos a la vida en los Estados Unidos fue un proceso largo y doloroso, pero al mirar atrás, vemos cómo se cumplió el plan de Dios para nuestras vidas. Dios nos proveyó una casa pagando justo la cantidad inicial que habíamos ahorrado. Estaba cerca del Bethel College, y nuestra casa fue el hogar para muchos de nuestros antiguos estudiantes en Etiopía. Pudimos ayudar a nuestros tres hijos durante sus años universitarios, y nuestros dos hijos encontraron esposas cristianas y encantadoras en nuestra iglesia. También pudimos proveer un hogar para un estudiante mientras sus padres estaban todavía en Etiopía, sin saber que se convertiría en nuestro yerno once años más tarde. Dios, en su tiempo, nos permitió servirle en las Filipinas, regresar a Etiopía, y luego ir a Camerún».

Shirley había aprendido a no orar *su* respuesta a la oración, sino a orar la voluntad de Dios de acuerdo a su Palabra en el modelo de Jesús, el Padrenuestro.

Enseñar el mensaje de orar de acuerdo a la voluntad de Dios es el resultado de las oraciones secretas aplicadas a mi vida. Como ya mencioné, cada año paso todo el tiempo que sea necesario antes de mi cumpleaños en enero, pidiéndole a Dios que me muestre lo que quiere para mí el siguiente año. En el 1987 sentí que me vaciaba de todo lo que tenía adentro, cuando oré: «Padre, si hay una sola persona en la tierra que quiera hacer tu voluntad completamente, permite que sea yo».

Esta es la fuerza que impulsa todas mis decisiones, siempre basadas en la Biblia. Esto fue lo que poderosamente Dios me dijo en su palabra en 1990 mientras leía 2 Timoteo 1.9: «quien nos salvó y llamó con llamamiento santo, no conforme a nuestras obras, sino *según el propósito suyo y la gracia que nos fue dada* en Cristo Jesús antes de los tiempos de los siglos». Hundiéndome profundamente en mi taburete de oración, clamé: «Señor, dame una unción fresca para tu propósito».

Dirigir y enseñar con el ejemplo es también importante, pues otras personas captan nuestra relación con Dios no sólo por lo *que oyen de* nosotros, sino porque lo *ven en* nosotros. Una regla que he guardado al enseñar Escuela Dominical, estudios bíblicos, seminarios y convenciones, es *nunca esperar que alguien más obedezca lo que enseño, a menos que sinceramente haya tratado de aplicarlo primero a mi vida* .

Marlene Lee, la presidenta de nuestra junta, escribió: «Todos los veinte y siete años en la junta (y como presidenta muchos años) han sido una gran experiencia para mí. Cada mes en la reunión de la junta, tú nos enseñaste lo que Dios te enseñaba».

Todo comenzó en un seminario de oración en 1974 en la iglesia donde el esposo de su hermana Vi Waite era pastor. Ella oró por primera vez: «Todo lo que quiero es tu perfecta voluntad para mí y para mi familia».

Marlene, su esposo y sus pequeños niños se habían mudado con otra hermana debido a un revés financiero, y todo parecía estar mal con esa joven familia. Cuando me llamó llorando para que orara que su casa se vendiera, le respondí que no oraría esa oración, porque el Señor podía tener algo más para ellos. Su tiempo es siempre correcto. Me dijo: «Ahí fue cuando aprendí a orar a Dios *peticiones*, no *respuestas*».

Dios le respondió dándole un empleo para enseñar piano en una universidad cristiana local por dieciséis años, seguido por ocho años enseñando en un programa de música para niños pequeños con su hija. Ahora, a cargo de escribir y producir el programa de Navidad para los niños de su iglesia, fue escogida para entrenar maestros para una organización nacional que demuestra que el patrón de aprendizaje del cerebro es influenciado por la repetida participación musical desde el vientre de la madre. Lo emocionante es que los resultados de hacer algo —contrario del método usual para el aprendizaje de los niños de «siéntate y quédate quieto»— pueden verse en una moderna imagen del cerebro. «¡Qué emocionante principio para el aprendizaje de los niños!», escribió.

Sin embargo, Marlene dijo que no escribiría para este libro porque todavía están orando sobre un proyecto que el Señor había puesto en su esposo hacía diez años. «¡Todavía no tenemos la respuesta!», protestó.

«Ah, no», repliqué, «eso es lo que queremos en el libro. ¡Muchas de nuestras oraciones todavía no han sido contestadas!»

«Acostumbraba sollozar con cada pequeño soplo del viento», dijo Marlene. «Todavía no tenemos las respuestas para nuestro futuro, pero tengo una tranquila confianza en que Dios nunca se equivoca. Nos aferramos a lo que Dios quiere que suceda, no a lo que nosotros queremos manipular». 1 Juan 5.14-15 es su pasaje bíblico: «Y esta es la confianza que tenemos en Él, que si pedimos alguna cosa conforme a su voluntad, Él nos oye. Y si sabemos que Él nos oye en cualquiera cosa que pidamos, sabemos que tenemos las peticiones que le hayamos hecho».

Enseñar a los hombres también surgió de ese primer seminario de Marlene. Como lo cuento en *Qué sucede cuando las mujeres oran,* el esposo de Vi la hermana de Marlene, quien era pastor, me había pedido que hablara desde su púlpito el domingo por la mañana antes del seminario para mujeres de seis semanas, para explicar de qué se trataba. Cuando descubrí que su intención era que predicara el sermón de la mañana, me aterroricé. En nuestra reunión de la junta, Vi oró: «Señor, si los hombres aceptan a Evelyn el próximo domingo por la mañana será nuestra señal de que debe abrir los seminarios a los hombres». Cómo se atrevía a hacer esa oración por mí, protesté, explicándole lo incómoda que me sentía predicando los domingos por la mañana (aunque era diferente cuando había estado enseñando a los hombres por catorce años en mi clase de Escuela Dominical). «¡Pero fue mi *esposo* el que lo pidió, no yo!», insistió Vi. Mi esposo, Chris, también estaba a favor de la idea.

Cuando la gente salió del santuario ese domingo, los nudillos se me pusieron blancos por tantos hombres que estrechaban mi mano con fuerza, mientras sonreían y me daban las gracias. No importa donde esté en este proceso de aprendizaje en la oración, ¡nunca tengo todas las respuestas!

El tiempo de Dios ha sido otro enfoque de nuestra enseñanza. Doreen Mossberg era soltera y empleada en una iglesia a muchas millas de su casa cuando leyó *Qué sucede cuando las mujeres oran*. Cuando oraba por el marido que tanto deseaba, comenzó a entender lo que era orar que se hiciera la voluntad de Dios en su vida, sobre el tiempo de Dios y sobre cómo continuar orando aun cuando la respuesta no fuera inminente. Mientras esperaba, la entrevistaron para una posición en una iglesia de Twin Cities. Después de tres años de oración, su novio era exactamente lo que ella había pedido.

Pero cuando ella y yo nos encontramos en la reunión de oración de Mujeres de Fe en Minneápolis, me pidió que orara para conseguir una posición más cerca del trabajo de su esposo. «Después de esa oración», dijo Doreen, «acepté la posición para la que hacía tiempo me habían entrevistado en Twin Cities... ¡más cerca de Él!» «Pero lo más sorprendente», dijo, «fue que ni siquiera conocía al que iba a ser mi esposo cuando me entrevistaron para ese trabajo. ¡El tiempo de Dios es perfecto y vale la pena esperar!

La necesidad de orar realmente es otro precepto bíblico que enfatizamos durante nuestros seminarios de oración. Esto es tan cierto que es *mucho más fácil asistir a seminarios y leer libros sobre la oración, que orar*. Finalmente comencé a llamar a nuestra enseñanza sobre la oración intercesora un prerrequisito para que la oración fuera contestada. Para que Dios nos responda, debemos no sólo estar preparados espiritualmente en nuestras vidas, *¡debemos orar!* La Biblia dice:

No tenéis lo que deseáis porque no pedís (Santiago 4.2).

El perdón para tener poder en la oración es otra herramienta vital en nuestro ministerio. Aprendimos que hay condiciones en nuestras vidas espirituales que Dios espera que sean cumplidas antes de que Él conteste.

> Si en mi corazón hubiese yo mirado a la iniquidad, el Señor no me habría escuchado (Salmos 66.18).

Peggy Oaks, miembro de nuestra junta, le había pedido a Jesús que fuera su Salvador a los treinta y tres años, pero no tenía ninguna seguridad a pesar de leer en la Biblia todo lo que las personas le sugerían. Cuando su pastor le contó de la oración de sus amigos (los del pastor) «para crecer en gracia», y yendo camino de la iglesia a su casa se rompió la pierna, Peg dijo que pensó que si ella tuviera la seguridad de su salvación, no le importaría una pierna rota, y también ella oraría para «crecer en gracia».

Diez años después de la oración en que pidió salvación, Peg se arrodilló delante de Dios y confesó sus pecados basada en lo que dice 1 Juan 3.22. Sabía que era culpable de asesinato porque odiaba a su prójimo, era culpable de haber tomado el nombre del Señor en vano, y aun, dijo, su vida de pensamiento era impura. Sabía que si había quebrantado un mandamiento, era culpable de todos (Santiago 2.10).

Dios la libró de sus pecados. En vez de odio, Dios puso amor. Aprendió a agradecer al Dios de 1 Tesalonicenses 5.18, aun cuando su hijo fue sorprendido en un robo. Decía que esa era una respuesta a una oración pues ella había pedido que el joven no se vanagloriara porque lo hubieran aceptado en West Point. «Tal paz inundó mi alma porque sabía que Dios iba a usar esto para bien», dijo Peg con toda confianza. Ese hijo es hoy día un cirujano.

Su otro hijo, por quien Peg oró sin cesar cuando se rebeló para no andar en los caminos del Señor, ha abierto una extensión universitaria en el edificio Empire State, en Nueva York, para adiestrar a quinientos jóvenes de los barrios bajos de la ciudad a amar y a depender del Señor y para recibir entrenamiento en liderazgo. El campus principal consta de 128 acres localizados a treinta y cinco millas del edificio Empire State, y será usado como un ejemplo para que universidades de las principales ciudades de los Estados Unidos y de países extranjeros realicen esta tarea para Jesús.

La hija mayor de Peg, que también se había apartado de los caminos del Señor, ha vuelto a caminar con Él . Peg nos contó: «Hace un año, convertida ya en una señorita, llegó a nuestra vida la niña que mi hija había tenido antes de estar casada, y a quien puso en adopción. Por más de treinta años, oré por esa nieta cada vez que pedía por nuestros otros hijos y nietos. Es fascinante saber que Dios nos permite pasar por pruebas para que por medio de ellas le busquemos y le conozcamos».

La carta de Peg sigue y sigue. Su esposo oraba pidiendo que Dios le quitara su vicio de cigarrillo. Dios le contestó un día en abril de 1990 a las 9:30. El esposo de Peg no ha necesitado cigarrillos desde entonces. Además, un joven que había pasado veintiséis días de alucinaciones con cocaína y alcohol, se había quedado con ellos. La esposa e hijos de éste le habían dejado, y él había regalado todos los muebles de la casa. Finalmente admitió que iba camino al infierno en una llamada telefónica al esposo de Peg. Al aceptar a Jesús, Dios le ha devuelto su trabajo, una linda casa... y su familia. ¡Fue bautizado en el Océano Pacífico el pasado día de Acción de Gracias! Peg nos contó que su cuñado vivió quince años luego de que los médicos le dijeran que tenía apenas tres semanas de vida... mientras ellos oraban que conociera a Jesús antes de morir. Dios contestó y le permitió vivir los últimos tres años asistiendo a estudios bíblicos y creciendo en el Señor.

Al recordar los muchos años que había estado en nuestras cadenas telefónicas, Peg dijo que las respuestas que más se destacaron fueron la cancelación de un seminario de Nueva Era de Shirley McLaine (una reconocida actriz de cine en los Estados Unidos), y a Barb, una miembro de nuestra junta, trayendo a muchos al Señor con su ministerio en los barrios bajos de la ciudad, mientras que su esposo Ken era capellán en el taller de la cárcel del condado. «Pero», dijo Peg, «la oración contestada de la manera más grande es ver a miles de personas orando para recibir a Cristo en los seminarios de Evelyn, y luego continuar viviendo la vida cristiana con la ayuda de sus libros. Veo a una humilde sierva de Dios, a una gran guerrera de oración, haciendo lo que imposible para una mujer ordinaria. La alabanza es para nuestro Padre celestial, quien es ¡todo en todo!»

Perdonar a otros se ha convertido en la segunda oración que más vidas ha transformado, después de la de aceptar a Jesús como Salvador y Señor. Ha sido el prerrequisito para la oración contestada que ha mejorado relaciones con la familia, amigos, vecinos, compañeros de trabajo, jefes y otros. He escuchado a miles de mujeres llorosas pero radiantes en las filas para autógrafos luego de cada seminario, contarme de la victoria y de la carga aligerada por la experiencia de perdón de ese día. A continuación la historia de una mujer con quien nos mantuvimos en contacto por años. Ella ha experimentado una de las más drásticas y dramáticas transformaciones:

Después de muchos años de recibir consejería de parte de profesionales y de su pastor, Mary Lynn (no es su nombre real), vino a un seminario. Ella me había contado su historia, pero yo no estaba preparada para un cambio tan drástico. Venía de una familia que adoraba a Satanás. Su hermano la había violado casi todas las noches cuando niña, y su padre —con su madre parada al lado consintiendo— estuvo a punto de asfixiarla en muchas ocasiones mientras abusaba sexualmente de ella luego de atarle su cuerpo. Ninguna consejería podía tocar su profundo trauma, ¡pero Dios pudo!

Cuando le pedí a cada persona en la audiencia que pensara en una persona que la había herido y a quien en verdad no habían perdonado, por supuesto que a Mary Lynn le vino su familia a la mente de inmediato. Entonces, cuando les dije que «oraran en silencio y perdonaran a esa persona» ¡ella lo hizo! (Esta oración es sólo entre Dios y el que ora). Este fue el primer paso en su proceso de sanidad. (El perdón es mayormente algo para el bien de la víctima. No significa que condonen la mala acción, ni deja libre al perpetrador de responsabilidad y culpa delante de Dios. Los ofensores sólo reciben perdón cuando piden a Dios que les perdone).

De inmediato Mary Lynn siguió con el próximo paso por el que había orado con todos nosotros: *prometer a Dios que le confirmaría a su familia el nuevo amor de Él que sentía en ella.* No se habían comunicado en años, pero inmediatamente ella les telefoneó y le dijo a sus atónitos padres que les había perdonado, y luego les pidió que la perdonaran por su actitud no perdonadora de todos esos años. ¡Eso fue todo lo que hizo falta!

Cuando su pastor lo supo, explotó de gozo: «¡Esa es la transformación más rápida que he visto jamás!»

Han pasado muchos años de sanidad, y hoy día Mary Lynn tiene una maestría en consejería. Trabajó varios años como enfermera en el departamento siquiátrico de un gran hospital donde los pacientes pedían que ella los atendiera, ¡porque ella los entendía! Luego pasó varios años como trabajadora social en un hospital cristiano muy grande trabajando con personas que padecían de depresión, al mismo tiempo que estaba involucrada en una iglesia de cuatro mil miembros. Su última nota decía que acababa de llevar al Señor a dos de sus pacientes. Hoy día, a veces vive con sus padres, y todavía les habla del Señor y ora que acepten a Jesús.

Jesús dijo esto muy claramente después de enseñarnos a los cristianos cómo orar, en su oración modelo, el Padrenuestro:

Porque si perdonáis a los hombres sus ofensas, os perdonará también a vosotros vuestro Padre celestial; más si no perdonáis a los hombres sus ofensas, tampoco vuestro Padre os perdonará vuestras ofensas (Mateo 6.14-15).

¿Perdonarnos a nosotros también? Cuando cumplí sesenta y cinco años, sentí que debía arrojar la toalla, o por lo menos una parte de ella. Estaba cansada y el poder de Dios parecía rezagarse un poquito. Pero cuando tuve nuestro retiro anual de la junta ese año, descubrí por qué. Había argumentado con Dios por pedirme que asignara Apocalipsis 2-3 para que ellas lo leyeran individualmente y luego oraran en grupo. ¡Todos esos mensajes de *arrepentimiento* para mis lindas intercesoras? ¡De ninguna manera! Le protesté a Dios. Pero lo hice, y me esperaban dos grandes sorpresas.

La primera sorpresa fue que cada una de las miembros de mi junta estaba estancada por un pecado en su vida, estorbando así su poder para orar por mí. Se reunieron a orar otra vez, cada una se arrepintió profundamente y estaban en camino otra vez para el poder en la oración.

¡Ahora *me tocaba a mí arrepentirme*! Oré al final para no influir en sus oraciones. Lloré delante de Dios y de mi junta porque Jesús me había sorprendido al detenerme en sus palabras del versículo 7, reprobándome profundamente en mi corazón: *¿La puerta de quién piensas que es esta, en definitiva? ¡Esta es mi puerta, no la tuya!* Sus palabras resonaron profundamente en mi corazón cuando leí Apocalipsis 3.7-8 otra vez:

Esto dice el Santo, el Verdadero, el que tiene la llave de David, el que abre y ninguno cierra, y cierra y ninguno abre: Yo conozco tus obras; he aquí, he puesto delante de ti una puerta abierta.

No, la decisión para cerrar la puerta que Él ha abierto no es mía. Ni tampoco es la suya cerrar la puerta que Dios ha abierto para usted.

Fue reconfortante descubrir que antes que Jesús dijera: «He aquí he puesto delante de ti una puerta abierta», dijo: «Yo conozco tus obras». ¿Es nuestro expediente de seminarios la razón por la que Él nos puede llamar a un trabajo mayor? ¿Fue debido a una larga vida de oración que Jesús sintió que podía confiarme esa tarea tan gigantesca? ¡Y pensar que casi lo echo a perder cuando abrigaba el pensamiento que ya era tiempo de retirarme o que debía arrojar la toalla, o por lo menos parte de ella, en ese retiro de 1987!

Prerrequisitos para el poder de la oración

Las condiciones para alcanzar el poder de la oración que Dios me mostró, y que hemos enseñado en *Qué sucede cuando las mujeres oran* a través de los años, se basan en la oración de otro hombre: Elías.

Santiago nos dice que «la oración eficaz del justo puede mucho» (Santiago 5.16). Entonces, nos ilustra esta verdad contándonos cuánto lograron las oraciones de una persona: «Elías era hombre sujeto a pasiones semejantes a las nuestras, y oró fervientemente para que no lloviese, y no llovió sobre la tierra por tres años y seis meses. Y otra vez oró, y el cielo dio lluvia, y la tierra produjo su fruto» (Santiago 5.17-18).

Dios ha usado este ejemplo en la Biblia para enseñar a la gente, a través de los siglos, que hay poder en las oraciones de una persona. En nuestros seminarios y libros, cientos de miles de personas alrededor del mundo han sido motivadas por el ejemplo de Elías, de lo que una persona —igual que ellos— pudo hacer a través de la oración. *¡Las oraciones de una persona en realidad funcionan!*

El poder de oración de Kathy

En este reciente incidente, muchos de los tópicos que Dios nos enseñó están todos en un paquete: orar, someterse a la voluntad de Dios, perdonar y ser llenos de su amor.

Disfruto ir donde mi estilista, Kathy, porque hablamos sobre cosas espirituales profundas, y de vez en cuando hasta oramos juntas.

Por meses, había compartido conmigo la increíble tragedia por la que estaba pasando. A su madre, que estaba en un hogar para ancianos, le habían diagnosticado que tenía la enfermedad de Alzheimer en etapa terminal pues no podía tragar. Kathy había cuidado tanto a su madre que reconoció esos síntomas como uno de los efectos secundarios de un medicamento que le estaban dando. Ella luchó contra los médicos y trató de convencer a su familia, especialmente a su hermana, que el problema de su madre era que por demasiado tiempo no había podido tragar las medicinas que con tanta desesperación necesitaba. (Después que murió, una autopsia hecha en la Universidad de Minnesota demostró que Kathy tenía razón. No había señales de Alzheimer). Entonces para el horror de Kathy, le quitaron a su mamá todo alimento y agua por diecinueve días. Kathy se puso casi frenética tratando de rescatarla.

Me contó que un día al fin se había arrodillado antes de irse a la cama, y había orado y orado una y otra vez: «Querido Padre, sea hecha tu voluntad. No la de nadie más. No la mía. No la de ellos. ¡La tuya!» Luego, después de no haber dormido por tres noches, se había metido en la cama en completa calma. Aunque nunca recuerda los sueños, Kathy dijo que recordaba este: su madre sentada derecha en la cama diciendo: «Tengo hambre. Quiero ver a Kathy».

Unos pocos días más tarde, mientras lavaba mi pelo, Kathy casi lloró cuando me dijo que lo peor de todo era que esto estaba separando a la familia. Tenía su cuerpo tenso y su rostro mostraba dolor. Ese día le dije que Jesús nos decía que la única solución para ella era perdonar y le cité algunos pasajes bíblicos. Me dijo que simplemente no podía perdonarlos. «Evelyn», Kathy me recordó, «entonces usted sólo me miró, tomó mi mano en la suya y me dijo: "Oremos". Usted oró por mi mamá, por mí, por mi hermana, por mi familia, por el médico y porque Dios me ayudara a perdonarlos, y me llenara de amor para mi hermana».

Repentinamente, sin ninguna explicación, Kathy dejó su peinilla y dijo que tenía que estar sola. Me dejó con el cabello chorreando agua y subió disparada por las escaleras hacia su casa. Más o menos diez minutos después volvió absolutamente transformada. Las arrugas de ira que habían estado en su cara por tanto tiempo habían desaparecido. ¡Estaba radiante! Con los ojos casi saltándole de la sorpresa, me dijo: *«¡Me encontré con Dios allí arriba!* Sólo había llegado al final de las escaleras cuando de repente me sentí vacía. Todo el odio hacia mi hermana y mi familia se secó. Estaba absolutamente vacía. Casi lo sentí físicamente. No había nada allí. Luego —dijo lentamente— fui llena, llena de amor para mi hermana y mi familia. ¡Evelyn, Dios estaba allí arriba!»

Todavía estaba bajo el secador de pelo, cuando el teléfono de Kathy sonó. Era su hermana —quien hacía semanas que no hablaba con ella— diciéndole que le habían puesto un tubo de alimentación a su madre. Cuando preguntó por qué, su hermana le dijo que su madre se había sentado en la cama y le había hablado, y que ella había salido corriendo a buscar una enfermera. Y oí a la radiante Kathy decir a su hermana en el teléfono: «¡Te quiero!, ¡te quiero!» ¡Esto es perdón!

Después de reconciliarse en esa llamada telefónica, las hermanas se vieron pocos días más tarde. Fue entonces cuando Kathy oyó de su hermana las palabras que su madre en verdad le había dicho cuando se sentó... ¡y fueron exactamente las mismas palabras de su sueño! Kathy tuvo la oportunidad de visitar una vez más a su madre muy alerta, y ella y su hermana son otra vez las mejores amigas. Me dijo: «Siento este increíble amor por mi hermana. ¡Cuando estamos juntas brota de mí hacia ella!»

sólo una persona... a solas con Dios en oración. ¡Ah, qué buen resultado da!

Preguntas de reflexión

Examine su vida:

¿Qué oración muy privada, que haya orado sola, Dios ha contestado? Tómese el tiempo de ser específica. ¿O acaso ha pensado que Dios no contestaría sólo *sus* oraciones? ¿Ha sido la oración en grupo un substituto para no aprovecharse personalmente del poder y la bendición de la oración solitaria?

Lectura bíblica:

Lea Santiago 5.16-18. Además, recordando la increíble respuesta de Dios a Josué cuando sólo una persona oró, busque a Mateo 6.6 para ver lo que Jesús prometió a sus seguidores cuando cerraran sus puertas y oraran en secreto. ¿Por qué esto se aplica o no se aplica a usted?

Para hacer:

¿Qué cree que Jesús le está diciendo sobre el poder de *sus* oraciones individuales? ¿Qué puertas abiertas, poderes espirituales y poder físico piensa que puede haber perdido por no pasar suficiente tiempo a solas con Dios en oración? ¿Puede confiar en sus enseñanzas de Mateo 6.6 de que su oración solitaria producirá recompensa? Si es así, enumere varias peticiones por las cuales debe y va a comenzar a orar en secreto ya:

_____

_____

_____

Para orar:

«Padre Santo, perdóname por depender demasiado de las oraciones de otros y no darme cuenta de tu insistencia en que pase tiempo a solas contigo en oración. Perdóname por pensar que mi oración pública era suficiente cuando hay tantas cosas que necesito oír de ti, arreglar entre tú y yo, y orar a solas contigo. Aumenta mi fe para poder creer, Jesús, que mis oraciones individuales son maravillosamente efectivas. Cuánto anhelo siempre este íntimo y precioso compañerismo. Te prometo que te obedeceré, Jesús mío, pasando a diario tiempo a solas en mi lugar de oración. En tu precioso nombre, amén».

CAPÍTULO 4

Lo que Dios hace a través de la oración colectiva

«EL PODER DE DIOS era tan fuerte en esa habitación que casi me empujó hacia atrás al entrar por la puerta», dijo jadeante Mary Lance Sisk.

Como tenía una cita muy temprano, había llegado al seminario de oración en Charlotte, Carolina del Norte, aproximadamente media hora después que la mitad de los asistentes habían orado en voz alta en pequeños grupos para aceptar a Jesús o para asegurarse que Jesús era en realidad su Salvador y Señor.

Como no quería confiar en mi propio juicio, puesto que la mayoría de los asistentes eran miembros de muy buenas iglesias en el Cinturón Bíblico (zona de los Estados Unidos donde se distingue el fundamentalismo protestante), cuando esto sucedió, le musité al pastor de la iglesia que estaba en la plataforma conmigo: «¿Qué porcentaje estima que oró esa oración?» Asombrado me contestó: «Por lo menos el cincuenta por ciento». ¡La mayoría miembros de iglesias! ¡Algunos eran miembros de su iglesia!

El poder de la oración colectiva organizada

¿Por qué tanto poder? ¿Porque alguien conducía un seminario de oración? ¡Claro que no! Fue Dios contestando todas las oraciones que brotaban de los corazones de todos los intercesores que «pueden mucho», como dice Santiago 5.16.

¿Qué oraciones eran esas? Oraciones organizadas, colectivas, concentradas en una cosa específica: ¡su seminario de oración! El comité había orado. Los intercesores asignados, más los grupos de oración en las iglesias habían orado. Los miembros del comité, Phil y Jean, clamaron juntos a Dios por meses. Phil dijo: «A menudo Jean estaba en oración constante todo el día». Mi junta del Ministerio de Oración Unida, las cadenas de oración telefónica y los miembros del calendario de oración oraron fervientemente. Yo oré. ¡Qué oración! ¡Y qué poder!

¿Qué es una oración colectiva organizada? *Es esa reunión deliberada de dos o más cristianos para orar por una necesidad específica en un tiempo específico.*

Billy Graham, quien ha predicado a más personas que nadie en la historia, dice que las tres cosas más importantes en sus campañas de evangelización son oración, oración y oración. Lo principal que requiere de sus comités de campaña es oración organizada, extensiva y persistente. Es el poder de Dios contestando a todas esas oraciones lo que lleva a miles de personas escaleras abajo y por los pasillos para ir al frente para aceptar a Jesús.

Sorprendidos ante el poder de la oración

Al mirar atrás mientras escribo este libro, me sorprendo de la magnitud de lo que Dios realmente hizo cuando la gente oró oraciones específicas, colectivas y organizadas.

Los primeros seguidores de Jesús también fueron impactados por el poder con el que Dios contestó sus oraciones. Ellos también aprendieron este secreto de reunirse para orar. Cuando el apóstol Pedro fue encarcelado por Herodes, se reunieron en la casa de María para orar con fervor por él la misma noche en que fue llevado ante Herodes. Herodes acababa de matar a Santiago, el hermano de Juan, y por eso oraban desesperadamente por la vida de Pedro. Hechos 12.5 dice: «Así que Pedro estaba custodiado en la cárcel; pero la iglesia hacía sin cesar oración a Dios por él».

Dios contestó esa oración enviando un ángel a la celda de Pedro. Milagrosamente, las cadenas de Pedro cayeron. Él siguió al ángel, pasó por los guardias y llegó a la puerta de hierro que llevaba a la ciudad y la puerta, sin que manos humanas la abrieran, se abrió sola ante ellos.

Los que oraban se asombraron ante esos increíbles acontecimientos, pensando que en realidad debía ser el espíritu de Pedro golpeando la puerta para entrar a su reunión de oración.

No hay ningún registro bíblico que diga que esos primeros cristianos se hayan reunido para orar por Santiago, el hermano de Juan, cuando Herodes lo encarceló y lo mató. De manera que podríamos preguntarnos: ¿Qué hizo la diferencia entre los dos encarcelamientos? La oración organizada, ferviente y persistente. ¡A la verdad que Dios respondió!

Con frecuencia, al igual que los primeros seguidores de Cristo, nosotros no podemos imaginarnos que Dios pueda contestar con tanto poder. Esta es la razón por la que en 1968 comenzamos a escribir y poner fecha a nuestras peticiones y a las respuestas de Dios, y todavía hoy seguimos haciéndolo. El registrar nuestras peticiones y las respuestas de Dios ha hecho maravillas en la edificación de nuestra fe para nuevas peticiones, y es una maravillosa fuente de alabanza por lo que Dios ha hecho... cuando oramos.

Cómo comenzó esto para nosotros

En 1973 nació el grupo organizado de oración que sostiene y da poder a todo mi ministerio hasta el día de hoy: mi Junta del Ministerio de Oración Unida. Por todos estos años, estas mujeres han persistido a diario en oración fiel y ferviente, y nos hemos reunido mensualmente para alabar, orar, y planificar juntas. Por sus oraciones, Dios comenzó a moverse poderosamente mientras que las mujeres estaban hambrientas por respuestas para sus problemas. Cuando sobrepasamos las primeras cien mil personas asistiendo a los seminarios, dejamos de contar. Comenzamos a vender los casetes de un seminario de seis días y me quedé atónita cuando Jim Adair de Victor Books escuchó esas cintas, me llamó y me dijo que tenía un contrato ¡para un libro!

Al mismo tiempo, mientras nosotras, las esposas de la facultad de Bethel College orábamos semanalmente por nuestra universidad y seminario cristiano, esas intercesoras maduras incluían con frecuencia en sus oraciones mi naciente libro *Qué sucede cuando las mujeres oran*,. La semana pasada me sorprendí cuando una de esas esposas de la facultad original me dijo con alegría que su actual pastor había terminado de enseñar ese libro con poderosos resultados, ¡después de todos estos años!

Cuando llegamos a nuestro nuevo hogar en St. Paul, extrañaba con desesperación mi soporte de oración. Así que reuní a diez amigas para orar por mi conferencia, dirigida a los jóvenes, hablándoles del peligro de las prácticas del ocultismo, en las que muchas de ellas estaban inocentemente enredadas en ese tiempo. Esto se llegó a conocer como mi Cadena de Oración contra lo Oculto, pero nuestras reuniones semanales y las comunicaciones telefónicas también fueron un poderoso apoyo de oración para el libro y el nuevo ministerio.

La oración colectiva que produjo ese libro fue poderosa, enviándolo de nuevo a la imprenta después de la primera semana en el mercado. Cuando ya había estado en circulación durante año y medio, Jeanne Wagner escribió en nuestro boletín del Ministerio de Oración Unida: «Cuando Evelyn escribía *Qué sucede cuando las mujeres oran*, las que estábamos en el ministerio de oración orábamos específicamente por cada detalle del libro, desde los títulos de los capítulos hasta las palabras particulares del texto. Cuando Satanás le presentaba resistencia, ella nos llamaba y aumentábamos nuestras oraciones al doble. Es emocionante y gratificante ver los resultados de esas oraciones ahora que el libro se usa en todo el mundo, no sólo para enseñar a la gente a orar sino para traer a muchos a Cristo. Dios merece toda la gloria, porque sin Él , nada de esto hubiera sucedido.

Sólo unos pocos años después de haber comenzado nuestra oración del Ministerio de Oración Unida nos sentimos impacta-das nuevamente al descubrir la tercera parte de Jeremías 33.3:

Clama a mí, y yo te responderé, y te enseñaré cosas grandes y ocultas que tú no conoces.

En realidad Dios estaba contestando nuestras oraciones in-mediatas, pero lo más increíble era también descubrir esas cosas grandes y poderosas que no conocíamos.

¿Cómo podíamos conocer el plan de Dios a largo plazo para las simples oraciones que hacíamos?

¿Cómo podíamos saber que Él me protegería de bombas, pa-rásitos, huracanes y de un avión sin gasolina sobre el Pacífico? ¿Cómo podíamos saber que Él tenía planes de llevar nuestras peticiones a cada continente de la tierra... y contestarlas allí?

Al analizar sus respuestas, pronto nos dimos cuenta que esa promesa de Dios tenía tres partes, no dos. Había dos «y» dicién-donos que: (1) clamamos, (2) *y* Él responde, (3) *y* su plan se pone en acción. Era el Dios de Efesios 3.20 que hacía «todas las cosas mucho más abundantemente de lo que pedimos o entendemos». A continuación hay algunas de «esas» cosas que Dios ha planificado hacer debido a nuestra oración colectiva organizada:

Planes de Dios con la oración colectiva

El plan que Dios tenía con todas aquellas oraciones por *Qué sucede cuando las mujeres oran* era usarlas en la vida de las que la recibieran. Era que a través de «eso» ellas también pudieran llegar a ser poderosas intercesoras, y para que Dios les diera a ellas también un ministerio de oración.

Yo no escribo libros. Escucho a Dios en mi recámara de oración y luego escribo de los temas y las citas que Él trae a mi mente. Los conceptos bíblicos en ese pequeño libro han sido usados por Dios para enseñar a millones de personas alrededor del mundo debido a que cada concepto vino directamente de Él (véase Gálatas 6.6).

Pero lo sorprendente es ver cómo estos diferentes puntos de Dios han llegado a diferentes personas en sus necesidades específicas y con diferentes grados de madurez en sus vidas de oración. Esto ha producido asombrosos resultados, desde una renovada vida de oración para un individuo, hasta una gran organización internacional de oración.

Se necesitarían muchos libros para contar todas las cosas increíbles que Dios hizo en y a través de las vidas cambiadas por la oración. Me rompe el corazón no poder contarlas todas para su aliento y ¡su sorpresa!

Pero aquí están algunos ejemplos de los preceptos enseñados y cómo los individuos los aplicaron a sus vidas y a sus ministerios.

Enseñar a otros a orar. No sólo Fern Nichols, presidenta fundadora del poderoso «Moms in Touch International» [Madres en Contacto Internacional], aprendió a orar de maneras específicas y bíblicas, sino que Dios le dio forma a todo un movimiento de oración de veinticinco mil grupos internacionalmente orando cada semana por sus niños en la escuela. Mi corazón se llenó de gozo y gratitud al leer la siguiente carta:

Querida Evelyn:

Mientras leía en su libro, *Qué sucede cuando las mujeres oran*, encontré una oración que tocó mi corazón, así que dejé de leer y oré sinceramente la oración que usted me sugería. Decía: «Querido Padre: Por favor dame el privilegio de estar consciente de la presencia de Jesús, mi Salvador, en un grupo de oración. Enséñame a ayudar a otros a orar. Enséñame a escuchar cuando me hablas en los períodos de silencio». Eso fue en 1982.

Poco sabía de cuán poderosamente Dios iba a contestar esa oración. En 1984, cuando envié a mis dos hijos mayores a una escuela secundaria pública, la carga de orar por ellos era tan grande, que supe que no podía llevarla sola. Le pedí a Dios que me diera otra madre que sintiera la misma carga y que quisiera orar conmigo por nuestros niños en las escuelas. Ese fue el principio de un grupo de oración que Dios convirtió en un ministerio internacional llamado «Madres en Contacto».

Mi primera petición fue contestada cuando la presencia de Jesús se sintió con fuerza en ese grupo.

Mi segunda petición era que Dios me ayudara a enseñar a otros a orar. Los principios de orar «unánimes» usando el método descrito en su libro, eran exactamente los que quería que se emplearan en nuestra hora de oración: orar tema por tema, oraciones cortas, oraciones sencillas, oraciones con peticiones específicas, períodos de silencio y en grupos pequeños. Enseñar este método de oración ha sido algo revolucionario.

Mi tercera petición fue contestada cuando cada semana en «Madres en Contacto» continúo aprendiendo cómo escuchar al Espíritu Santo en los períodos de silencio, dejando que Él guíe mis pensamientos y me diga cómo quiere que ore por los niños y por la escuela. Le estoy muy agradecida, Evelyn, por haber transmitido una herramienta de oración tan maravillosa que literalmente transforma los grupos de oración. Como resultado de esta enseñanza, decenas de miles de madres en todo el mundo están usando este método en sus grupos de «Madres en Contacto». ¡Qué legado!

Evelyn, usted es un dulce don de Dios en mi vida, como también una «madre» espiritual que atesoraré por siempre. Con amor, Fern.

En *Qué sucede cuando las mujeres oran*, describo un método para orar en grupos pequeños de manera que la gente que nunca antes ha orado en voz alta pueda unirse en su primera reunión de oración. Para quienes no estén familiarizados con este método de oración, permítanme resumirlo brevemente:

1. Orar *tema por tema* elimina la necesidad de planificar en silencio la oración de cada uno en lugar de orar con la persona a la que le toca el turno.

2. Estimular las *oraciones cortas* elimina sólo las oraciones de las intercesoras maduras.

3. Orar *oraciones sencillas* ofrece aun a las intercesoras más nuevas igual tiempo y poder delante de Dios.

4. Mantener un registro de las *peticiones específicas de oración y de las respuestas* es una gran fuente de motivación y alabanza a Dios.

5. Incorporar *períodos de silencio* antes de comenzar a orar y durante las pausas entre oraciones, hace resaltar el otro lado de la oración: el turno de Dios para hablarnos mientras escuchamos la

siguiente petición o incluso la respuesta a una que ya le presentamos.

6. Los *grupos pequeños* quitan las inhibiciones hasta en las intercesoras más tímidas e inexpertas y producen una maravillosa unidad en Jesús.

Practicar esas sencillas reglas ha dado resultados aun en otros continentes. En Brasil, una profesora universitaria informó tristemente a la iglesia: «Tendré que someterme a una cirugía para remover una piedra del riñón el martes, y no quiero dejar mi enseñanza sobre la oración en la Escuela Dominical, ni mi trabajo universitario, ni dejar de ver a mi nieto que viene pronto». Nos dijo que cuatro mujeres se reunieron para orar específicamente con su maestra de oración, siguiendo los seis pasos. El Señor oyó, y la piedra del riñón salió esa noche. Después de los rayos X el siguiente día, su médico dijo: «¡Imposible! ¡Nadie podría pasar una piedra de ese tamaño!» La nota de la profesora concluía con una frase feliz: «¡El Señor es maravilloso cuando seguimos los principios que Él nos ha dado en su Palabra!»

Estas simples reglas han obrado de igual manera en todas las culturas, en todas las épocas alrededor del mundo, desde personas que no saben leer hasta el Dr. Paul Yonggi Cho, pastor de la iglesia más grande del mundo. El Dr. Cho me dijo que cuando no había podido mantener a sus hijos pequeños orando juntamente con él, probó el método de oración de mi libro. Entonces a los niños les encantó orar con él oraciones como esas.

Lo primero que se usó de mi material en otros continentes fue este simple método de oración. Una misionera amiga lo incluyó en una cartilla para enseñar a orar a unas mujeres asamesas. Ahora Dios lo está usando extensivamente en todo el mundo porque cualquier cristiano puede hacerlo de inmediato.

Protección contra la falsedad. Una razón por la que Dios nos dio estos principios bíblicos para entrenar en la oración se ha hecho clara debido a las inusuales necesidades de las intercesoras. Juan advirtió a los primeros cristianos sobre los peligros de escuchar las falsas doctrinas:

> Amados, no creáis a todo espíritu, sino probad los espíritus si son de Dios; porque muchos falsos profetas han salido por el mundo. (1 Juan 4.1)

Se ha demostrado que la siguiente verdad se necesita con desesperación y ha sido extremadamente valiosa a través de los años: Dios quiere que oremos para que podamos comunicarnos con Él a fin de poder discernir la verdad.

Kathy Barman, una oradora y representante de área de los Ministerios Stonecroft, me contó lo que nuestra oración organizada por ese libro hizo por ella: protegerla de un falso maestro en nuestra tierra de libertad. Escribe:

> Después de doce años de vivir bajo el comunismo, mi familia escapó de Hungría y vino a vivir en la tierra de libertad: Estados Unidos. Quince años más tarde encontré la verdadera libertad en Cristo... *Qué sucede cuando las mujeres oran* cambió la iglesia de nuestra familia. Muchos de nosotros éramos cristianos nuevos, hambrientos por la palabra de Dios. El pastor principal de nuestra iglesia iba camino a un liderazgo tipo cúltico, y sentimos que algo estaba mal. Nuestros esposos no querían venir a la iglesia, pero amábamos nuestra familia cristiana y no queríamos dejarla. Así que después de leer el libro de Evelyn *Qué sucede cuando las mujeres oran*, seis de nosotras, mujeres, convinimos en orar juntas semanalmente. En un período de dos meses Dios puso al descubierto el error, y aproxi-

madamente cincuenta de nosotros salimos de allí. Casi cinco años más tarde, el resto de nuestra iglesia vio la verdad, y ahora este hombre está fuera del ministerio. A través de esto vemos la fidelidad de Dios al protegernos de los falsos líderes que nos advierte su palabra. Ni siquiera sabíamos qué era lo que estaba mal, pero Dios lo sabía. El respondió nuestras oraciones cuando buscamos su rostro. Gracias por sus maravillosos libros Evelyn. Son una gran ayuda para el cuerpo de Cristo. Con amor, Kathy.

Dios dio dos mandamientos y dos promesas en Santiago 4.7-8, y todo ha resultado ser absolutamente cierto a través de estos años. El primer mandamiento es «resistir al diablo», y la promesa inequívoca de Dios es que «él huirá de vosotros». El segundo mandamiento es «acercaos a Dios», y la promesa que lo acompaña es que «Él se acercará a vosotros». Esa verdad obró en Kathy, y obra en nosotros.

Orar sin cesar. La oración colectiva organizada a veces involucra a un grupo pequeño, a toda la iglesia, y hasta millones de personas alrededor del mundo orando por una cosa específica. *Pero los resultados sorprendentemente poderosos pueden llegar cuando sólo dos persisten en oración deliberada y organizada sobre una base continua.* Esto es por lo que el apóstol Pablo nos dice en 1 Tesalonicenses 5.17: «Orad sin cesar».

He aquí algunos ejemplos increíbles de cuando «orar sin cesar» se puso verdaderamente en práctica:

El pasado mes de enero, mientras Marta me llevaba en carro a una reunión en San Francisco, me contó emocionada un incidente tras otro relacionados con orar sin cesar. «He criado setenta y dos niños, y todos han aceptado a Jesús y viven todavía para Él». Intrigada, le pedí que me contara cómo. Marta continuó: «En 1979 leí su libro *Qué sucede cuando las mujeres oran*, y mi esposo y yo decidimos orar por nuestros seis niños. Creímos que la oración nos sostendría, ocurriera lo que ocurriera. Decidimos «orar sin cesar», y el Espíritu Santo nos enseñó la forma de permanecer en espíritu de oración por nuestra familia veinte y cuatro horas al día.

»En 1978 comenzamos a recibir a jóvenes con problemas para darles un buen hogar. En enero de 1981 llegó Lee. Tenía doce años y había estado entrando y saliendo de la cárcel por tres años. Era drogadicto, alcohólico, ladrón. Cuando Lee y sus hermanos cumplieron dos años, en lugar de prenderles la televisión, el padre les inyectaba heroína. Cuando cumplieron ocho, su padre les enseñó su profesión. Eran excelentes ladrones. Cuando Lee llegó no sabía ni leer ni escribir y lo inscribimos en un programa especial de la escuela local, puesto que no había tenido escuela alguna.

»A fines de enero, Lee había aceptado a Jesucristo como su Salvador. Ese junio terminó su primer semestre completando un equivalente de cinco años de aprendizaje acelerado. Estuvo en el cuadro de honor. Eventualmente, regresó con su madre y ella llamó para agradecernos porque ahora conocía al "Caballero" que le habíamos presentado a Lee, el Espíritu Santo, y su esposo quien estaba en la cárcel por homicidio, había también recibido a Jesús como su Salvador.

»En los años siguientes, un total de setenta y dos muchachos entre los doce y catorce años vinieron al rancho y se quedaron por seis meses hasta graduarse de secundaria». La oración incesante resultó en setenta y dos muchachos que recibieron a Jesús como su Salvador. En la actualidad tienen entre veintiocho y treinta y seis años, y la mayoría de ellos están casados y con hijos. ¡Gloria a Dios que están en el reino de la luz!

Una nota de Wisconsin decía: «Leí su libro *Qué sucede cuando las mujeres oran*, al final de la década de los setenta. Lo usé en nuestro pequeño grupo familiar por años, y con mi compañera de oración por siete años. ¡Funciona! Muchas oraciones fueron contestadas. ¡Cambió mi vida!»

Recuerdo la emoción y el entusiasmo del seminario en Long Beach, California, hace muchos años. La tarjeta de cumpleaños del año 2000 que me enviara un grupo de oración, estaba firmada por todas las intercesoras originales que todavía vivían y por las nuevas. La presidenta, Ardis Ramsey, me recordó que habían estado «orando sin cesar» por veinticinco años consecutivos. Me escribió: «Nuestra iglesia de tres mil miembros ha tenido un año excepcional». Todo por orar... ¡sin cesar!

Desde Carolina del Norte, la esposa de un pastor nos contó que hace diez años su iglesia estaba realmente en problemas. Ella y otras esposas de diáconos comenzaron a reunirse al mismo tiempo que los hombres se reunían sólo para orar por sus esposos y por la iglesia. Nos escribió: «Esto dio lugar a un hermoso ministerio mientras nos hemos movido a otras iglesias. Hemos usado su libro casi exclusivamente y la influencia ha sido tremenda. Mi esposo y yo sentimos que si los líderes espirituales y sus cónyuges son un cuerpo unido espiritualmente, orando y rindiéndose al Espíritu Santo, entonces seguirá la iglesia también. Hemos visto la mano de Dios obrando en medio nuestro. En forma personal, he recibido convicción, enseñanza, ánimo y motivación a través de sus libros».

Connie, la primera mujer en hablar en la concentración de «Cumplidores de Promesas», me escribió: «Quiero hacerle saber que el grupo de mujeres que fueron motivadas a una vida de oración más profunda a través de su conferencia de oración hace dos años, todavía se reúnen dos veces al mes en mi hogar. Usted causó un gran impacto en nuestras vidas».

Aunque nuestros seminarios de oración han tenido desde cientos hasta varios miles de asistentes, no estamos tratando de enrolarlos en una organización. *Están ahí para que «eso» pueda ir a sus hogares, iglesias, vecindarios o lugares de trabajo, y orar.*

Respuestas específicas para necesidades específicas. Fran Howard, presidenta de «Freedom in the Son, Inc.» [Libertad por el Hijo, Inc.], con un ministerio nacional e internacional de mujeres en las cárceles, y una organización de oración norteamericana indígena, escribe cómo nuestro método de oración obra poderosamente en tríos de oración:

«En la cárcel para mujeres de Oregón, estaba enseñando *Qué sucede cuando las mujeres oran,* para que las prisioneras cristianas encontraran a Jesús. Decidimos probar el método de oración norteamericana indígena en tríos (tres cristianas oran por tres que no conocen a Jesús). Desconocida para cada uno de los otros grupos, había una joven por quien todos los grupos estaban orando. Era una joven que había estado involucrada en una ganga criminal relacionada con drogas y estaba sentenciada a prisión de por vida sin derecho a libertad condicional. Después de varios meses de estar orando en tríos, llevamos a la cárcel a un coro de muchachas negras aproximadamente de su misma edad. Cuando les escuchó cantar y dar testimonio, se dio cuenta que parecían muy felices y quiso saber qué era lo que tenían que a ella le faltaba. Esa noche entregó su corazón a Cristo, y los tríos de oración se regocijaron».

La historia todavía no termina, pero Dios ha hecho cosas milagrosas por ella. La junta de libertad condicional levantó la sentencia de cadena perpetua sin posibilidad de libertad condicional, y le dio una sentencia de cadena perpetua, lo que significa una sentencia de veinticinco años. Ya ha servido más de diez años por lo que podría ser elegible para libertad condicional en unos pocos años más. Está perseverando y creciendo en el Señor aun cumpliendo su condena.

Mary, de Texas, nos contó que comenzó su cadena de oración inspirada en *Qué sucede cuando las mujeres oran,* y que la esposa de un diácono se salvó. «Entonces dos mujeres cayeron convictas y dejaron de asistir, pero todavía estamos orando por ellas. A la verdad que hemos sido atacadas por Satanás. ¡Pero Dios es tan maravilloso! Cada vez que recibimos un ataque hemos orado más intensamente. ¡En menos de un año hemos tenido 561 peticiones, 174 peticiones de oración personales contestadas, 35 personas salvadas y 409 respuestas en total!»

Recientemente, nuestra junta del Ministerio de Oración Unida hizo algunas operaciones matemáticas para ver cuántas oraciones fervientes habían llegado al salón del trono de Dios, de forma persistente y sin cesar, desde 1973 sólo a través de la cadena de oración telefónica. El impactante resultado fue cientos de miles.

Desde 1973, tres mañanas a la semana, las cadenas de oración telefónica de nuestra junta se activan a las 6:30 a.m. Todas oran por las necesidades y oportunidades específicas que tenemos en el momento, y mantienen las peticiones vigentes tanto como sea necesario.

Pedid, y se os dará; buscad, y hallaréis; llamad, y se os abrirá.
(Mateo 7.7)

En la capilla de la editorial, al celebrar el primer millón de copias vendidas de *Qué sucede cuando las mujeres oran*, me preguntaron: «¿Qué es lo que produce un libro con un millón de copias?» Sorprendida, contesté sencillamente: «La oración. Fue sobre oración, fue producido por oración, y se oró por cada palabra y cada faceta de la producción. Cada día se asignó una intercesora para orar por los que iban a leerlo».

Ahora, veinticinco años más tarde, esta oración colectiva organizada ha abierto las puertas de los cielos para nuestro ministerio y desde nuestro ministerio. Abrumada por el poder de Dios fluyendo de sus oraciones, clamé: «Oh Dios, ¡quiero que recibas *toda* la gloria!» Luego, mientras las lágrimas inundaban mis ojos y mi irresistible amor por Dios casi explotaba dentro de mí, grité una nueva oración: «¡Quiero que este libro sea mi don para ti! Sé que no necesitas nada, pero has derramado tanto, tan ilimitadamente todos estos años, que quiero darte lo único que puedo: ¡Qué tú recibas toda la gloria!»

Inesperada unidad en Jesús. Sin embargo, las poderosas respuestas no son la única recompensa que Dios da a las intercesoras organizadas. *La bendición personal que las intercesoras reciben cuando se unen con otras en oración es muy preciosa.*

Rebeca, joven de diecisiete años, nos escribió que después que hablé en su ciudad en Iowa, su mamá comenzó a orar por teléfono con una amiga. Entonces, ella también comenzó a orar por teléfono con su amiga Lisa por las necesidades y la salvación de las personas. Concluyó su carta así:

> Usted nos motivó a reunirnos para orar y nos encantó. Nos hemos unido más y ha sido un gran tiempo de fortalecimiento espiritual. Y ¿adivine qué? Mi abuelita, por la que habíamos estado orando, aceptó la salvación ¡hace un mes! ¡Estaba tan sorprendida! A pesar de la poca fe, ¿de acuerdo? (carita feliz) ¡Casi no podía creerlo! ¿No es Dios increíble? Muchas gracias por venir a hablar aquí.

Para adultas y jóvenes, una de las más grandes recompensas de la oración continua con el mismo grupo es la unidad, el gozo y el amor que se desarrolla entre las intercesoras. *El mundo no tiene clubes ni organizaciones secretas que puedan igualarse a esto.*

Un grupo de oración de California nos informó que habían comenzado una cadena de oración con emocionantes respuestas a la oración. Distribuyeron el libro *Qué sucede cuando las mujeres oran* a sus amigas y estas se los dieron a sus esposos quienes comenzaron a leerlo y a orar también. Sin embargo, nos dijeron que el mejor resultado de aprender a orar juntas es el amor y la unidad que se ha desarrollado entre ellas. Se han acercado como hermanas naturales, y el hecho de que puedan compartir sus más profundas necesidades la una con la otra, seguras en sus corazones que sus mentes están unidas en oración, es muy estimulante, nos comentaron.

Jesús oró al Padre por la unidad entre los verdaderos creyentes:

> Más no ruego solamente por éstos, sino también por los que han de creer en mí por la palabra de ellos, para que todos sean uno; como tú, oh Padre, en mí, y yo en ti, que también ellos sean uno en nosotros; para que el mundo crea que tú me enviaste. (Juan 17.20-21)

Cuando el actual movimiento de oración comenzó a principio de la década de 1970, una de nuestras peticiones principales, junto a las miles de mujeres organizadas, era por la unidad en el cuerpo de Cristo. Qué emocionante y también empequeñecedor es ver a Dios contestando esas oraciones *en* todas nosotras.

Sí, ¡está sucediendo! ¿Cuántos siglos ha esperado Jesús para que su oración de Juan 17 sea contestada? ¡Está sucediendo en toda América —y en el resto del mundo— como nunca antes en la historia! Unidad en el cuerpo de Cristo, santa, dulce, unidad de amor cuando oramos juntas. Esta unidad ha sido una realidad en cada grupo donde he participado a través de todos estos años.

Oración unánime

Después que los comités de todas las denominaciones de un seminario de oración habían orado juntos por seis meses, volé allí un viernes y me encontré en medio de la sorprendente unidad en Jesús que tenían. Inmediatamente me sentí una con ellos. Ya no éramos extraños, sino increíblemente uno en Jesús. Sus oraciones y las mías se mezclaron como el cuerpo de Cristo, e imploramos a Dios por las almas perdidas, por oración de poder y limpieza para la tarea del día siguiente. De todas las mujeres, soy la más privilegiada y bendecida por tener inmerecidamente este don de oración de Dios.

Phil me contó de los preparativos y oración para el seminario de Charlotte, Carolina del Norte, que mencioné anteriormente, en el cual cincuenta por ciento de los asistentes oraron para asegurarse que Jesús era su Salvador y Señor.

«Oramos por todo. Aunque había gente de todas las denominaciones (con más de cincuenta iglesias asistiendo), nunca hubo la más mínima disensión. Comenzábamos con diferentes puntos de vista, pero cada decisión era cien por ciento unánime. Aun cuando un malentendido en la agenda requirió trabajar con los programas y horarios de todas esas iglesias para cambiar la fecha, todos convinimos con las instrucciones de Jesús en el Padrenuestro, que queríamos sólo hacer la voluntad de Dios, no la nuestra».

Phil continuó: «El afecto y el amor que sentíamos los unos por los otros era sorprendente. Nadie trataba de opacar a nadie. Era diferente a cualquier otro negocio, iglesia o junta de ancianos en la que hubiese estado jamás». Phil hizo una pausa y exclamó: «¡Y todo eso cambió vidas! ¡Qué poder!»

En respuesta a las oraciones colectivas organizadas, Dios ha producido una maravillosa reconciliación entre diferentes razas e iglesias que auspician y oran juntas por sus seminarios. Siempre les pedimos que comiencen organizando la mayor cantidad posible de representantes de las iglesias del área para orar juntos por seis meses. Mi corazón se regocija al ver que miles de iglesias, organizaciones y comunidades enteras han continuado orando juntas aun después del seminario de oración. No quieren perder el amor y la unidad en Jesús que el orar juntos les dio.

Vicki, de Spokane, Washington, lo describió sonriendo como: «Una sinfonía de oración. Tocar un acorde en oración. ¡Ya no podría orar de otra manera!»

«Orar unánimes» es lo que hicieron los ciento veinte seguidores de Jesús entre su ascensión y la venida del Espíritu Santo, en ese día de Pentecostés, con las mentes y los corazones palpitando al unísono en su pasión por Jesús. Esta ha sido una verdad bíblica básica que hemos practicado y enseñado a través de todo nuestro ministerio, llamando a nuestro método de oración para grupos pequeños «unánimes en oración», según Hechos 1.14:

> Todos éstos perseveraban unánimes en oración y ruego, con las mujeres, y con María la madre de Jesús, y con sus hermanos.

Una nueva dimensión de pastores orando con pastores de diferentes denominaciones de todos los Estados Unidos ha surgido estos últimos años, con un sorprendente beneficio colateral. *Se han convertido en uno en Jesús, no construyendo sus propios reinos, sino el reino de Dios en su área al dejar a un lado las diferencias no esenciales.* Muchos pertenecen a movimientos pastorales de oración de toda la nación, mientras otros sólo se reúnen en sus pueblos o ciudades.

Sam, el esposo de mi sobrina, es pastor de una iglesia episcopal y participa en dos reuniones de pastores. Una es la asociación ministerial local que maneja el lado administrativo, y luego, fuera de esa hay un pequeño grupo de pastores de diferentes denominaciones que se reúnen sólo para orar

A medida que el movimiento de oración se ha extendido por todo los Estados Unidos, hay literalmente miles —quizás millones— de grupos de oración reuniéndose con regularidad para orar por sus familias, iglesias, pastores, escuelas, vecinos y amigos. Y en forma colectiva toda esa oración asciende ante el trono celestial del Padre. *Pero, aun mientras están orando juntos, nues-*

tro omnisciente Dios puede y escucha a cada intercesor, uno por uno.

Lo que produce la oración organizada

Mantener en función toda esta oración, ha requerido una cuidadosa organización, admitir humildemente las necesidades, recibir peticiones de oración continuas e informar con toda fidelidad las respuestas de Dios, las cuales —como siempre— sobrepasan lo que habíamos pedido y por las que damos gracias juntos.

Sin embargo, lo más sorprendente es que Dios tomara la oración ferviente y fiel del Ministerio de Oración Unida, a través de la junta del pequeño grupo de maestros ordinarios, amas de casa, enfermeras, misioneras que regresaron, madres y mujeres solteras —y la sencilla enseñanza de una mujer común y corriente— y usarla en la vida de millones de personas alrededor de todo el mundo, ¡porque oraron!

Con lo mejor de mis habilidades, he dirigido este ministerio en oración... las de ellos y las mías. Un verdadero ministerio requiere humildad. Hay que reconocer con entereza que una no sabe nada y confesarlo ante sus intercesoras. Entonces las intercesoras se hacen cargo de la responsabilidad junto conmigo, bombardean el cielo, y Dios hace el resto.

Y esto da resultado en formas innumerables que hemos podido ver. Pero también obra en sorpresas que todavía no hemos podido ver y que Dios ha reservado para nosotros en el cielo. Esas cosas grandes y poderosas que están más allá de cualquier imaginación humana, suceden cuando oramos.

Cuando mi esposo pastor edificó una nueva iglesia en los años cincuenta, nuestro primer orador invitado fue el Dr. Armin Gesswein, un renombrado líder de oración. Este hombre desafió a nuestros miembros, y a mi corazón en particular, diciendo:

«Busco una iglesia que esté completamente edificada en oración». Me volví a encontrar con él en 1999 y le pregunté si recordaba haber dicho eso.

—Claro, lo recuerdo— replicó.

—¿Alguna vez ha encontrado esa iglesia?—, le pregunté.

—Estuve cerca—sonrió. Fue en la iglesia de oración de Paul [David]Yonggi Cho, en Seúl, Corea, *¡la iglesia más grande del mundo!*

Preguntas de reflexión

Examine su vida

¿Con qué grupos está o ha estado orando con perseverancia? Si con ninguno, trate sinceramente de identificar razones como:

Estoy demasiado ocupada

Nunca me percaté del poder en la oración colectiva

Pensé que la oración era sólo para unas pocas dotadas de Dios con el llamado a ser intercesoras.

No sabía que podía ser una poderosa intercesora *además* de mis otras tareas para Dios.

Pensé que la oración era para quienes no podían hacer las cosas por sí mismas...

Lectura bíblica

Antes de leer, pídale a Dios que abra su corazón a lo que Él quiere decirle. Lea en su Biblia Hechos 12.1-17. ¿Cuál es su reacción a la poderosa respuesta de Dios a la oración organizada, al enviar un ángel para rescatar a Pedro? ¿Es este el mismo Dios al que usted ora hoy día? ¿Acaso Él puede y responde con todo ese poder?

Para hacer

Cuando hay una emergencia en su ambiente cercano, ¿se une automáticamente con otros para orar? Si es así, ¿hubo algunos momentos en los que la oración hizo alguna diferencia? ¿Cómo?

_____

_____

Escriba algunas bendiciones personales, además de las sorprendentes respuestas de Dios, que usted experimenta o podría experimentar cuando ora con otros.

En oración, pídale al Señor que le ayude a encontrar el grupo o grupos que Él ha escogido para usted. Esté alerta para Sus sorpresas.

Para orar

«Querido Padre celestial, gracias por enseñarme tu maravillosa respuesta a la oración ferviente y sincera de un grupo. Perdóname por mi negligencia para unirme con otros para orar con regularidad y cuando surgen emergencias. Por favor, ayúdame a priorizar mi tiempo y mis actividades para incluir la oración persistente, deliberada y organizada. Te prometo buscarte y comenzar a orar de inmediato con el grupo que me has sugerido. En el nombre de Jesús, amén».

CAPÍTULO 5

Los planes de Dios para la oración

CUANDO TODAVÍA ESTABA EN MIS TREINTA, y muchos años antes de escribir *Qué sucede cuando las mujeres oran*, experimenté un abrumador deseo que casi estalló dentro de mí durante mi tiempo de oración. Clamé: «Padre, ¡quiero enseñar a todo el mundo a orar!» De inmediato me arrepentí de mi audacia. ¿Quién pensaba que era yo para orar así? «Perdóname, Padre», supliqué. Estaba tan avergonzada por esa oración que no se lo dije a nadie por treinta años. Pero ahora, luego del milagro de que Dios usara aquel pequeño libro y a mí, para enseñar a orar en todos los continentes del mundo, sé que ese llamamiento era de Dios.

Ahora puedo ver una pequeña parte del increíblemente intrincado plan que Dios tiene para el planeta Tierra, y la parte que sus hijos tienen en este mediante la oración. Este capítulo no es mi grandioso plan, sino una pequeña muestra de cómo Dios nos confió su deseo de multiplicar el poder de la oración de los cristianos. Este capítulo es sobre lo que Dios hizo a través de un ministerio basado en la oración.

La parte increíble del plan de Dios es que *levanta intercesores para generar el poder a través de sus oraciones para lo que Él tiene la intención de hacer.* Aun los proyectos y planes para las organizaciones cristianas pueden hacerse en la carne, sin oración. He aquí cómo Él cumplió con nuestra pequeña parte en su plan de oración: No solo se oró por cada palabra de *Qué sucede cuando las mujeres oran*, sino que hasta este día los miembros de nuestra junta e intercesores del Ministerio de Oración Unida oran por cada persona que lo lee o lo enseña. Esto es lo que Dios hizo cuando oramos.

Distribuido por Dios

Enseñar a orar en cada continente ha sido un gran privilegio, pero se necesitó que Dios distribuyera las enseñanzas de oración del libro a los millones que viven donde nadie podía ir o se le permitía entrar. Jim Lemon, vicepresidente de mercadeo de Victor Books, hizo un maravilloso trabajo presentando *Qué sucede cuando las mujeres oran* en la convención de 1975 de la Asociación de Libreros Cristianos, y sus representantes de mercadeo lo llevaron a otras convenciones. Pero la distribución del libro ha sido un asombroso trabajo de Dios. Sin anuncios en revistas, sin contratar una compañía de publicidad, sin el respaldo de ningún ministerio organizado y con recursos económicos, ni una sola vez hemos escrito una carta o comenzado ninguna gestión para que nos inviten a enseñar a la gente a orar.

Al principio no sabíamos de dónde venían las invitaciones para ministrar, ni por qué. Pero venían. Esto nos ha demostrado que Dios sabe exactamente lo que hace y que su propósito puede cumplirse y se cumplirá. ¡Todo lo que necesita son intercesores!

El primer milagro que oí sobre la distribución que Dios hacía de ese libro sobre cómo orar fue cuando una misionera regresó a su país, donde el cristianismo era ilegal, con una caja de *Qué sucede cuando las mujeres oran*. No trató de ocultarlos cuando llegó.

—¿Qué es esto? —masculló el oficial de aduana— ¿Libros sobre Jesús?

—¡Oh no! —replicó la misionera medio en broma—, enseñan a las mujeres a estar sometidas a sus esposos.

—¡Qué entren entonces!—gritó el inspector.

En una reunión en Carolina del Norte, una mujer me explicó emocionada la nota que me entregaba: «Hice mi primer estudio bíblico de *Qué sucede cuando las mujeres oran* de forma clandestina porque no es legal en mi país. Si nos atrapaban, éramos encarcelados y deportados del país. Reconocí su voz en los casetes. Teníamos también los libros. Nuestro grupo floreció y todos crecimos a través de su enseñanza. El grupo disminuyó a dos o tres durante la Guerra del Golfo, pero dos años más tarde al finalizar la guerra, celebramos el viernes santo con ¡103 personas alabando a Dios!»

La primera vez que estuve en Escocia, una pareja con un ministerio de video me pidió permiso para filmar ese seminario de oración que era gratis para aquellos que no podían asistir a los eventos de las grandes ciudades. Lo aprobé con entusiasmo y me dijeron que luego lo llevaron con un equipo portátil para mostrarlo en aldeas de toda Escocia ¡y vieron surgir un avivamiento en cada una de ellas!

Una sonriente mujer de un país donde el cristianismo era ilegal y que asistía a una conferencia internacional me dijo: «Tuvimos cadenas de oración telefónica, pero tuvimos que usar palabras en clave para comunicarnos. Conversábamos con toda tranquilidad de cosas ordinarias de las mujeres, pero todas nosotras sabíamos que en realidad estábamos pidiendo oración o alabando a Dios por una respuesta sobre el asunto presentado en clave».

En Isaías 55.11 Dios nos dice para qué envía su palabra:

> Así será mi palabra que sale de mi boca; no volverá a mí vacía, sino que hará lo que yo quiero, y será prosperada en aquello para que la envié.

En los miles de ejemplos de cómo Dios distribuyó sobrenaturalmente nuestro material de oración, Él estaba cumpliendo su propósito de enseñar a la gente a orar para que tuvieran poder sobrenatural. Según la promesa, las palabras que salían de la boca de Dios no regresarían *a mí*, sino *a Él*, después de cumplir lo que quería.

Estoy agradecida de no ser la responsable por las respuestas a mis oraciones. Dios es el responsable. Al igual que mi junta, mi familia, amigos y yo orábamos y orábamos veinticuatro horas al día, pero Dios no esperaba que imagináramos lo que planificaba hacer. Él es el único que sabe, e incluso espera que nosotros sepamos que no sabemos. ¡Es por eso que nos dio la oración!

El libro me precedió

Mis enseñanzas sobre la oración en otros continentes no comenzaron hasta septiembre de 1980. Pero Dios ya estaba cumpliendo con su propósito mucho antes de eso. A continuación doy algunos ejemplos:

Después del seminario de oración en Osaka, Japón, el pastor de una iglesia grande dijo que quería llevarnos a mi esposo y a mí a una ciudad cercana para decirme algo. A través de su intérprete, nos contó que había estado en el comité organizador todas las veces que Billy Graham había venido a Tokio. Nos dijo: «La primera vez fue increíble porque sabíamos que necesitábamos mucha oración. Y la segunda cruzada de Billy tuvo grandes resultados en las ciudades donde no había estado antes, y dependían de Dios a través de mucha oración. Pero hubo apatía en nuestro comité cuando Billy Graham regresó a Tokio pues sintieron que ya habían hecho un gran trabajo la vez anterior y ya no necesitaban mucha oración».

Las primeras dos noches, hubo poco público y no sucedió mucho. (Dijo que conocía el poder de la oración porque había comprado treinta copias del libro *Qué sucede cuando las mujeres oran* y había comenzado cadenas de oración en su iglesia). «Desesperado», dijo, «no dormí en toda la noche y llamé a doscientas treinta iglesias en esa sola noche —lo que significó una cuenta telefónica de mil trescientos dólares— pidiéndoles que oraran. Y lo hicieron. La siguiente noche, y el resto de la cruzada tuvimos casa llena y muchas decisiones por Cristo».

La primera vez que enseñé oración en Brasil, me sorprendí cuando me mostraron una copia de cada uno de mis libros en portugués. Se estaban usando muchísimo en ese inmenso país, y ni siquiera sabía de esas traducciones. ¡Era estrictamente Dios! ¿El propósito de Dios? Que fueran parte de una nueva manifestación del poder de Dios que se extendía por todo ese inmenso país.

Quedé impactada cuando viajé a Sudáfrica y descubrí que las cadenas de oración telefónica, aprendidas de mi libro, ya estaban operando con éxito en todo el país. Justo antes de que terminara el apartheid, era un milagro de Dios que negros y blancos oraran juntos en las mismas cadenas de oración. De manera que hubo unidad y poder en medio del terrorismo.

Sin que lo supiera, en una parte del mundo donde la enseñanza de Jesús es prohibida, Dios ha distribuido ese libro en veintidós países, con mujeres que oran en el nombre de Jesús. La mujer que con mucho sacrificio distribuyó esos libros durante muchos años es ahora una gran amiga, pero en esos años ni siquiera la conocía. ¿El plan de Dios? Una cadena de oración funcionando en esas naciones donde no podíamos ir.

El Dr. John Richards de la Fraternidad Evangélica de la India quiso un entrenamiento de oración para su país luego de oír lo que había pasado en Australia. La gira concluyó con una asamblea nacional de oración para pastores y misioneros, que duró una semana, y en la que Dios derramó su Espíritu sobre nosotros mientras estudiábamos y orábamos unánimes.

Dios preparó corazones hambrientos antes del libro

De alguna manera Dios había puesto un anhelo en los cristianos para buscar la intervención divina en sus problemas, creando un vacío que estaban ávidos por llenar con entrenamiento en la oración.

La primera vez que enseñé oración en Inglaterra fue impresionante encontrar que la expectación de ellos excedía a la mía. Esas mujeres parecían determinadas a rescatar a su país del derrumbe moral por medio de la oración, y atestaban los salones de la conferencia para descubrir cómo hacerlo.

En los Estados Unidos era el tiempo del Watergate, y nos habíamos convertido en los «americanos feos» en muchos países extranjeros. Sin embargo, muchos estaban listos para recibir algo de Dios; y con una nueva confianza en la ayuda de Él , el movimiento de oración despegó. ¡El tiempo de Dios fue absolutamente perfecto!

Durante los años que enseñé sólo en nuestro país y Canadá, las invitaciones para hablar promediaban cincuenta por cada una que podía aceptar. De manera que publicamos una guía para líderes de modo que los cristianos pudieran enseñar y organizar la oración por sí mismos. Esto se convirtió en un maravilloso plan de Dios, puesto que ahora las mujeres de todo el mundo han aprendido a orar... ¡sin mí!

¡Dios distribuyó ese libro sin nuestro esfuerzo! Para nosotros, poner *Qué sucede cuando las mujeres oran* en manos de los cristianos alrededor del mundo era la tarea imposible que ni siquiera habíamos intentado realizar. Pero para Dios era tan simple como que alguien enviara un regalo de cumpleaños o de navidad a una misionera, a la familia de un militar transferido, a alguien cuya vida hubiera sido cambiada por la oración en otros continentes, o a alguien que tuvo una visión similar de Dios y que enseñó el libro antes de mudarse a otro país.

Con profunda gratitud, he orado muchas veces: «¡Estoy tan agradecida, Dios, de que no limites tu respuesta a mi capacidad de pedirte!»

Radio Transmundial abre las puertas a la oración

Fue en la cena, luego de un seminario de oración con Joan y Bill Mial, cuando Bill empujó su silla y dijo: «Quisiera proponerle algo. Radio Transmundial tiene muchos mensajes evangelísticos y estudios bíblicos libro-por-libro, pero no tenemos nada para el crecimiento diario de los cristianos. *Nos gustaría traducir los casetes de sus seminarios de oración y transmitirlos a toda la India*». Estaba sorprendida. Mientras vivieron en Hong Kong, Joan había enseñado varias veces *Qué sucede cuando las mujeres oran*, y estaba emocionada con el potencial del libro. Pero transmitir el material de oración grabado era algo que nunca había pasado por mi mente.

India. Dios había preparado a Juliet Thomas para el ministerio de Radio Transmundial, llamándola a un ministerio de oración durante nuestro seminario. Habíamos orado y la habíamos «comisionado» en nuestro cuarto de hotel, sin saber que Dios la estaba preparando para la emisora de radio. Tomó los casetes de *Qué sucede cuando las mujeres oran*, y produjo un programa semanal, primero en el idioma kannada y luego en hindi. Nos emocionamos muchísimo cuando Radio Transmundial obtuvo uno de los radiotransmisores más poderosos del mundo, localizado justo a las afueras de Moscú cuando los comunistas cayeron. Ahora, ellos transmiten en inglés, tamil e hindi, y llegan por lo menos a una sexta parte de la población mundial. Desde que adquirieron ese gran radiotransmisor en Rusia cuando cayó el comunismo, sólo Dios sabe adónde llegan ahora las transmisiones.

En Bombay, India, acercaron a mí a una joven mujer ciega

que pasó sus manos por mi cara y exclamó: «Ah, su voz es la que he escuchado todos estos años. Soy ciega de nacimiento y usted es mi única conexión con el mundo exterior».

También hemos estado transmitiendo en un área de la India donde, por siglos, los padres han dado a sus hijas jóvenes para la prostitución religiosa. Me sorprende cuántas le han dado la espalda a esa religión vil y pagana y han aceptado a Jesús. Hemos recibido muchas cartas, pero la gran mayoría no sabe escribir o no pueden comprar estampillas. ¡Qué increíble manera de Dios para distribuir el material de oración!

Juliet organizó en la India la primera organización exclusiva de mujeres, y ahora está trabajando en la organización de tríos de oración en las principales ciudades de ese país para alcanzar a trescientas tribus.

Cuando, por un milagro de Dios, he entrado a los estados restringidos de la India, veintitrés millones de intercesores de la ventana 10/40 han orado sólo por India. Y nosotros, junto con otros, fuimos los recipientes de todo ese milagroso poder de oración.

China. Esa primera oferta de Radio Transmundial también incluyó toda la China, cumpliéndose un llamado de Isaías 55.5 que un país que no conocía me llamaría. Sabía que Dios estaba diciendo *China* en mi corazón, pero pensé que tener mis tres primeros libros traducidos al mandarín era lo que Él quería decir. Sin embargo, serían los programas de radio recibidos en sencillos radiorreceptores con capacidad para sintonizar sólo esa estación lo que alcanzaría a la otra sexta parte de la población mundial con el poder del entrenamiento en la oración.

Dios sabía por qué abrió esa puerta cuando China cerró sus puertas a todos los misioneros extranjeros en 1950. En ese entonces había un millón de creyentes, pero ahora se estima que hay sesenta millones de cristianos. ¡Aproximadamente veintiocho mil personas se convierten a diario en China![1]

El plan de Dios para nuestras transmisiones en estos veinte años ha sido que miles de personas pudieran aceptar a Jesús y aprender cómo orar donde ninguna de nosotras podría ir. Aunque oramos sin conocer sus nombres, una oyente explicó el poder de nuestras oraciones en una nota: «Soy una oyente regular de su programa. Estoy muy agradecida al Señor Jesucristo que me dio nueva vida. En verdad, si Él no hubiera venido a mi vida, hubiera muerto en pecado».

En un corto viaje a China, la opresión espiritual parecía cernerse a nuestro alrededor. Un pastor cristiano que encontramos evadió todas las preguntas sobre nuestra transmisión. Más tarde envió palabra con un doctor chino: «Dígale a ella que continúe esa buena obra. Es muy, muy importante».

El Caribe, Cuba y Latinoamérica. Cuando ministré en la isla de Bonaire me di cuenta que había mucha hambre por la palabra de Dios y por la oración. Cuando me fui, entregué a Radio Transmundial copias gratis de mis cintas y libros para que los usaran donde quisieran y en la manera que Dios les dirigiera a hacerlo. Acabamos de enterarnos que han estado transmitiéndolos al Caribe, Cuba y Latinoamérica (países donde se habla español y portugués) desde 1989 con un nuevo transmisor sumamente potente.

El poder de la oración para abrir puertas

Sabía que Dios me estaba diciendo «ve» cuando recibí una llamada de Taiwán a comienzos de la década de 1980. Cuatro mujeres, incluyendo a la misionera norteamericana Jeanne Swanson, sintieron la desesperada necesidad de orar por su país. Con mi aprobación inmediata, organizaron un comité de treinta y cinco mujeres. Llenaron todas las instalaciones y sentimos un sorprendente poder de Dios. Cuatro años más tarde, había diez mil intercesoras organizadas en esa pequeña isla.

Sin embargo, todo este poder no era sino la respuesta de Dios a las oraciones. Salí de casa completamente exhausta al otro día de celebrar la Navidad con toda la familia en mi casa, y haber recogido todo. Para empeorar las cosas, mi secadora de ropa se dañó cuando trataba de empacar para Taiwán. Mientras arrastraba mi bolsa de ropa hasta la rampa del avión, gemía: «¡No puedo ir, Señor!» Y sabía que no podía.

Pero de repente ocurrió. Sentí como si pudiera volar a Taiwán sin avión. Tenía mucho poder. Me preguntaba: *¿Qué pasó?* Entonces recordé: *¡Hoy es el día cuando el reloj de veinticuatro horas de oración comienza a orar por mí!*

Cuando llegué a Taiwán, todavía había una lucha entre la gente de Chang Kaishek, que había escapado de la China continental, y los terratenientes de Taiwán. Los dos grupos de cristianos también estaban divididos. La esposa del líder de una denominación importante en Taiwán —quien era preso político— me invitó a comer la primera noche. Cansada del largo viaje en jet, comí y hablé con ella en su humilde y pequeña casa sin calefacción, mientras orábamos juntas. Nunca los dos bandos religiosos habían orado juntas, pero Dios rompió las barreras cuando nos abrazamos diciéndonos adiós. Luego ella dijo a sus seguidores de toda la isla: «Esta señora tiene razón. Vengan al seminario». Y ambos lados fueron, juntándose por primera vez para orar.

Después de nuestro maravilloso seminario en el norte de Taiwán, volé al sur, y quedé impresionada al ver los campos llenos de templos paganos. Ni siquiera la advertencia de que este lugar era una de las más poderosas fortalezas de Satanás en el mundo me preparó para la batalla de nuestra primera noche. Cada vez que hablé, sentí como si tuviera pesadas cadenas, y casi no podía sacar las palabras de mi boca.

Cuando regresé a mi habitación luché muchas horas en oración. Mi anfitriona misionera, acostumbrada a estas batallas, ayunó y oró toda la noche. A la siguiente mañana, le pedí a Dios que me diera un pasaje bíblico para todo el día de enseñanza en esta horrible atmósfera, y Él me dio el Salmo 37.4: *Deléitate así mismo en Jehová, y Él te concederá los deseos de tu corazón.*

«Oh Señor, mi deseo es que rompas esta opresión y derrames tu poder sobre este seminario de oración», oré. Luego el siguiente versículo decía: *Encomienda a Jehová tu camino, y confía en Él ; y Él hará.* Reclamé la victoria, le di gracias, corrí hacia la puerta y... me tropecé con mi anfitriona. Ella había recibido el mismo versículo, con la misma promesa del Salmo 37. Juntas derramamos lágrimas de gozo, regocijándonos por lo que Dios iba a hacer ese día. Y lo hizo. Ni una sola vez su poder fue estorbado durante todo ese día de enseñanzas sobre el poder de la oración. ¡Lo vimos de primera mano!

¡Guerra espiritual! A Satanás no le importa si estudiamos sobre la oración o memorizamos pasajes sobre esta. Pero cuando un creyente hace oraciones fervientes y persistentes en el nombre de Jesús, Satanás se pone muy nervioso. Y con toda razón, pues hemos aprendido que Satanás no puede —en lo absoluto— resistir esa clase de oración. Algunos de nuestros más emocionantes, y más difíciles momentos de oración han sido batallando contra él por la victoria... ¡que siempre llega!

Nos informaron que once juntas misioneras de Taiwán estaban usando este material de oración después de nuestros seminarios.

Estaba agotada y vacía cuando me detuve en Los Ángeles, California, de regreso a casa, para un seminario de un día completo. Pero al estar delante del Señor en ese hotel, Él me recordó Efesios 3.20: «Y a Aquel que es poderoso para hacer todas las co-

sas mucho más abundantemente de lo que pedimos o entendemos, según el poder que actúa en nosotros».

Se lo repetí de vuelta, pero Él seguía enfatizándome la prepo-
sición «según». Entonces lo entendí. Dios es *capaz* de todo, pero
puede hacerlo sólo *según* el poder que actúa en nosotros. Y ese
poder viene del Espíritu Santo por medio de la oración: ¡mi reloj
de oración de veinticuatro horas y todas las otras intercesoras
orando!

El poder de Dios a través de la oración

El Presidente Reagan se había recuperado de la herida de bala resultado del atentado contra su vida antes de hablarnos ese día en
el Desayuno Nacional de Oración. Nos dijo: «Nancy y yo queremos agradecerles sus oraciones. *¡A la verdad que se puede sentir
el poder!*

Mientras trabajaba con la organización «Juventud para Cristo» en una ciudad cercana, me emocioné con los resultados de su
innovador método de oración para los estudiantes locales. Re-
cortaron las fotografías del anuario de la escuela y las distribuyeron entre los cristianos para que oraran por cada estudiante
durante el año escolar. Al final, los administradores informaron
que los problemas de disciplina disminuyeron un setenta y cinco
por ciento.

Mientras autografiaba libros en un seminario en Londres,
una mujer aparentemente desanimada, me preguntó si en verdad
hacía algún bien orar que los esposos aceptaran a Jesús. Una joven de Nigeria alcanzó a oír su pregunta y le dijo en voz alta:
«Cuando las mujeres oran, ¡los esposos se salvan!»

Cadenas de oración telefónica

Mis cadenas de oración telefónica ya habían orado por mí el lunes por la mañana, día en que iba a terminar tres días de enseñanza en la prisión de San Quintín, donde estaban los criminales más violentos en ese tiempo. La mayoría habían sido convictos por horripilantes crímenes sexuales además de otros delitos. Mientras oraba, Dios me dijo enfáticamente que llamara a mis cadenas de oración telefónica. «Hola, ¿Jeanne? Me avergüenza pedirte otra vez que ores, pero sé que debo hacerlo». Asegurándome que todo estaba bien y que no me preocupara, llamó para reactivar la cadena. Pero, ¿por qué?

Mientras ellas oraban, el capellán y yo fuimos a la habitación que estaba en el fondo de las entrañas de esa prisión, para tener allí nuestra reunión. ¡Estaba vacía! El capellán salió un momento para hacer una llamada telefónica y regresó corriendo con su rostro pálido. «Sígame, ¡es un cierre general de puertas!» Milagrosamente, cada una de las puertas que se habían cerrado cuando entramos se abrieron. Una vez afuera y a salvo, me explicó: «Este ha sido el típico patrón en la historia de esta prisión. Primero, consiguen un arma —en este caso, ya tenían el arma— entonces esperan por un rehén, preferiblemente una mujer, y hacen su manifestación. Usted era la única mujer de afuera que estaba allí hoy y hubiera sido su rehén». ¡El poder de las cadenas de oración telefónica!

Otro poderoso resultado de las cadenas de oración telefónica ocurrió cuando Jessie McFarlane y su comité en Escocia estaban demasiado agotadas para otra convención después de una campaña de Luis Palau. Por lo que manifestaron que no querían ser parte del comité de planificación de Escocia durante mi primera gira al Reino Unido en 1981. Pero de repente supieron que Dios les decía que tuvieran el seminario de oración. Con mucha rapidez, reunieron a 650 personas y Jessie se sorprendió al ver que 450 firmaron para una cadena de oración telefónica nacional. Oraron por necesidades locales hasta por los miembros del Parlamento, y las necesidades de todas las Islas Británicas y el mundo. Desde 1989, esto ha estado en operación en todo el Reino Unido.

Cuando regresé unos pocos años después, me emocioné al percatarme que era necesario usar el Glasgow Civic Center, uno de los centros de convenciones más grandes de la ciudad, para reunir a las intercesoras. En esta ocasión, doscientas personas se comprometieron al ministerio de las cadenas de oración. Jessie dice que vio esto como un organismo vivo, no como una organización, y que sólo el Espíritu Santo podía mantener a más de setecientas mujeres orando juntas cada semana. Dios había derribado las barreras denominacionales, con doce denominaciones sólo en Escocia. Recientemente anunciaron su «Conferencia de la Cadena de Oración 2000» para finales de ese año.

Hace poco la presidenta de la cadena de oración de Glasgow, después de manejar las maravillosas respuestas a sus oraciones, me dijo tristemente: «Pasé cuarenta años de mi vida como misionera médica en Napal, pero estaba demasiado ocupada para orar. Sin embargo, ahora veo todo el poder que he desperdiciado durante toda mi vida adulta».

Mientras entrenaba a los capellanes de la Fuerza Aérea en Randolph Field, Texas, sobre el poder y los prerrequisitos en los estilos de vida de oración, uno levantó su mano y preguntó: «¿Por qué no nos enseñaron esto en el seminario?»

Pero se necesita orar

Por años, enseñé cinco prerrequisitos bíblicos para tener poder en la oración intercesora tal como se presentan en *Qué sucede cuando las mujeres oran*: 1) Asegurarse de que no hay ningún pecado conocido en la vida de la intercesora, 2) perdonar *como* somos perdonados, 3) orar de acuerdo a la voluntad de Dios, 4) orar en nuestra vida devocional privada, y 5) asegurarse de que es Dios, y no Satanás, quien se ha acercado. Esto tenía que obedecerse de manera que hubiera poder en los varios métodos de oración intercesora que enseñábamos. Pero cambié ese «de manera» en un prerrequisito final: 6) oración intercesora. *Podemos asistir a seminarios, memorizar pasajes sobre la oración, aun estudiar la oración en el seminario o en la escuela bíblica, pero no hay poder i a menos que en verdad oremos!*

Guía de estudio sobre evangelización

Una de las grandes cosas que Dios hizo fue usar el libro *Qué sucede cuando las mujeres oran* como una fuente para enseñar su máximo deseo de oración para el planeta Tierra: «Dios... quiere que todos los hombres sean salvos» (1 Timoteo 2.3-4). La razón por la que me pidieron el gigantesco proyecto de producir el currículo para el «AD2000 Christian Women United» [Mujeres Cristianas Unidas 2000 d.C.] fue debido a lo que Dios había hecho con la enseñanza sobre la oración de ese libro.

No sólo Dios ha usado en los Estados Unidos *A Study Guide for Evangelism Praying* [Guía de Estudio para la Oración Evangelística], sino que ha sido el curriculum internacional para este movimiento de diez años. Se ha publicado en cuarenta y siete idiomas más todos los dialectos tribales de los lugares hasta donde se ha extendido. Los informes de todos los continentes me llenan de emoción. Me encantaría tener un libro entero para contárselos todos. En el capítulo 12 compartiré más detalles de este emocionante proyecto.

Tríos

El poderoso método del trío de oración preevangelización enseñado en la *Guía de Estudio para la Oración Evangelística* ha echado raíces en todo el mundo. Como mencioné en el capítulo 4, un trío de oración consiste en tres cristianos, y cada uno de estos escoge a tres personas conocidas que no son creyentes y se comprometen a reunirse una vez por semana a orar por la salvación de cada una de sus tres personas, que suman nueve.

Las palabras clave del trío son:

Accesibilidad. Escoja compañeras que vivan cerca o alguien con quien usted adore, trabaje o estudie. Esto elimina cualquier desembolso de dinero y hace posible la oración de sólo quince minutos a la semana.

Responsabilidad. Si una falta, aunque sea por un tiempo, es fácil dispersarse si sólo son dos las que se reúnen a orar, pero al ser tres siempre quedan dos para ser responsables la una de la otra.

Ser específico. Los tríos de evangelización se limitan estrictamente a orar por la salvación de los nueve y sus necesidades. Otras peticiones de oración se manejan en reuniones de oración diferentes.

Protección

Mi anfitriona para la convención de Escuela Dominical en Spokane, Washington, era una reconocida personalidad de la radio. Mientras esperábamos por mi equipaje, ella mantuvo una ridícula conversación con un hombre cuyos ojos estaban enfocados más allá de nosotras. Luego resultó que este hombre era parte de una banda internacional de tráfico de drogas que el gobierno había estado investigando por seis meses y la caja de drogas venía en el mismo avión en el que yo había llegado de Minneápolis. Los detectives estaban ocultos por todo el lugar con las armas listas cuando comenzó a moverse la estera del equipaje. Tomé una caja del mismo tamaño de la que traía llena de libros para regalar, pero retrocedí diciendo entre dientes: «Ah, no, mi caja no tiene tanta cinta adhesiva». Sí, ¡casi reclamé *la* caja con drogas que desarticulaba la banda de narcotraficantes! En el almuerzo, mi anfitriona —que había jurado guardar secreto pues era parte del encubrimiento— podía imaginarse los titulares del periódico local: *¡Mujer de oración atrapada en redada de drogas!* ¡Gracias Señor por la protección de la oración! +

El reloj de oración de veinticuatro horas

Cuando en 1980 fui a Australia para mi primera gira de conferencias internacionales, mi administradora Sally Hanson estaba preocupada porque mi esposo no podía estar conmigo por las primeras tres de las seis semanas. Así que organizó a mil personas cada una con un período de tiempo para cubrir con oración todo el día y la noche. Hasta programaron sus relojes despertadores si les correspondía orar en la noche debido a que el huso horario era opuesto en Australia. Ella no tenía idea de la desesperación con la que se necesitaría esa oración, pero estoy eternamente agradecida por todas esas oraciones, y otras, que han sido hechas con fe y fervor cada vez que viajé a otros continentes.

También he aprendido a tener una increíble confianza en que Dios contesta todas esas oraciones y las mías. A través de cada uno de los incidentes a continuación hubo paz, sabiendo que nuestro Dios omnipotente estaba en control.

La protección de Dios cuando la cadena de oración telefónica se activaba era sorprendente donde en realidad no era seguro ir. En Belfast, Irlanda, una bomba explotó justo donde había estado hablando unos pocos días antes, lanzando al aire los tubos del magnífico órgano de tubos como si fueran fósforos.

Nadie, ni siquiera mi familia ni mi secretaria, esperaban que regresara de Sudáfrica donde poner llantas de autos con gasolina como collares era bien común entre las tribus durante los brotes de violencia del apartheid. Pero estaba a salvo... aun cuando una vez guiamos, sin saberlo, dentro de un campo universitario para tener mi reunión, una hora y media después de que hubieran lanzado gases lacrimógenos y las manifestaciones se hubieran controlado. ¡Salva otra vez!

En un vuelo hacia Sydney, Australia, el piloto habló por el intercomunicador: «Damas y caballeros, tengo algunas malas noticias para ustedes. Nos estamos quedando sin gasolina y no podremos llegar a Sydney». Escudriñando los horizontes a ambos lados del avión, no vi nada sino el Océano Pacífico. Después de varios minutos anunció: «Pero podremos llegar con dificultad a Brisbane. Sin embargo, toda la papelería que tendremos que llenar hará que todos ustedes pierdan sus vuelos de conexión». En mi mente calculé el tiempo que me quedaba para llegar a Perth para mi primera charla. Luego de cincuenta y seis horas de viaje, me ponía de pie para hablar ¡dos horas después que mi avión aterrizó! ¿Qué hubiera hecho si el Señor no hubiera contestado esas oraciones?

En viaje hacia Brasil, necesité la protección de la oración debido al clima... un huracán, para ser exacta. Después de horas de atraso, finalmente abordamos un avión en Miami y esperábamos para despegar. Había un huracán entre nosotros y Brasil, pero el peligro para nosotros era la intensa tormenta eléctrica que azotaba a Miami. El piloto nos explicó que no podíamos recargar gasolina para el vuelo, pues si un rayo daba en nuestra bomba de gasolina, probablemente iría por la manguera hasta el interior del avión y... nos volaría a todos. Después de dos horas de vuelo, habló por el intercomunicador y dijo con tranquilidad: «Damas y caballeros, esa explosión debió haber sido nuestra bomba de gasolina».

Otra vez que necesité oración de protección fue hace varios años durante mi viaje a Bombay. El mero hecho de viajar sola desde Bombay a Puna, mientras mi esposo tomaba un avión a Estados Unidos debido a una enfermedad, fue increíblemente solitario. No podía comer los alimentos, beber el agua o hablar el idioma; ni había encontrado a la persona que debía recibirme y llevarme por polvorientos caminos a Puna, lugar que nunca pudimos localizar en nuestro mapa. Hubiera tenido que hacer sola toda la semana de la Asamblea Nacional de Oración de la India. ¡Pero no estaba sola! Cuando crucé la abrasadora pista, me sentí inundada de paz. Mis intercesoras estaban orando, y Dios no sólo llenó cada necesidad, sino que a la siguiente mañana también me dio una alegría que elevó mi corazón en alabanza rebosante de gozo y adoración hacia Él.

Mientras le pedía a Dios mi oración de cumpleaños de 1980, de pronto vi una mano suspendida ante mis ojos espirituales que sostenía un globo terráqueo. Mi respuesta inmediata fue: «Señor, si me envías, iré» Nunca he dejado de cumplir esa promesa, sin importar lo sacrificado o peligroso que sea el lugar al que tenga que ir. Y por más de veinte años de mi vida me ha enviado a cada continente habitado. Él no sólo me envió, sino que ha ido *delante de mí* y *conmigo*.

Mientras las fieles intercesoras bombardeaban las puertas del cielo noche y día, ¡Dios contestaba! Pero más que eso, he experimentado con increíble gozo el privilegio de depender completamente de Dios, cuando rescatarnos estaba más allá de toda posibilidad humana.

La oración derriba barreras

Fue la primera vez en la historia de la India, me dijeron, que las mujeres de todas las castas oraban juntas. En nuestro seminario de oración en la hermosa catedral blanca de Madras, las pordioseras en sus harapos y las encopetadas damas en sus saris de seda pura con hilos de oro y plata oraron juntas en pequeños grupos ese día. Cuando tuve que salir —contra mi voluntad— antes de que terminaran de orar, me volví para ver un caleidoscopio de color mientras ellas, en su posición de oración, yacían sobre el piso en un círculo, juntas las cabezas. Esto fue el producto de la oración perseverante en su país y en el nuestro.

En Polonia, Dios usó la lección «Perdónanos como nosotros perdonamos» de *Qué sucede cuando las mujeres oran*, mientras las mujeres de los países circundantes, destrozados por la guerra, ponían sus brazos una alrededor de otra, lloraban, perdonaban, y oraban por las horrendas aflicciones de cada una, en ambos bandos. Incluso, una mujer regresó a Alemania para perdonar a quienes habían hecho cosas tan horribles a su familia durante la Segunda Guerra Mundial.

En Yellowknife, el territorio noroccidental, esquimales, indios y caucásicos oraron juntos y muchos aceptaron a Jesús. Muchos eran considerados renegados, pero sus expresiones oscuras y sin esperanza se cambiaron por victoria al terminar el día de oración.

Bien vale la pena repetir una ilustración que compartí en un libro anterior pues es un ejemplo vívido del poder de Dios para superar años de prejuicio con su amor. Cuando se llenó la preinscripción para nuestro seminario en Belfast —ciudad destruida por la guerra en 1981— tanto católicos como protestantes llamaban suplicando: «¡Pero tengo que ir! ¡La oración es la única respuesta para la guerra en nuestro país!» Cuando se encontraron en el gran «Presbiterian Hall» del centro de la ciudad, casi se llenó a capacidad con los dos bandos en guerra interminable. Como de costumbre, los puse en pequeños grupos con personas atrás y frente a ellos, mezclando ambos bandos. Pero cuando les hice orar en alta voz perdonando a alguien, hubo un temblor en todo el recinto casi como en el libro de los Hechos. Como sólo teníamos permiso para quedarnos durante el seminario, corrimos a nuestro avión, sólo para ver los «enemigos de guerra» abrazándose, llorando y cantando de Jesús. Setecientas mujeres de ambos lados formaron cadenas de oración telefónica.

Pero fue dos años más tarde cuando vimos los resultados de esa reconciliación. La organización «Prison Fellowship International» de Charles Colson tenía un simposio en Queens University, y el gran salón estaba lleno de personas de los dos bandos de la guerra que aún continuaba. Liam había matado muchas personas como terrorista, y había sido el último joven en la infame huelga de hambre de Bobby Sands. Ya estaba ciego y en coma por desnutrición cuando su piadosa madre insistió en que lo alimentaran intravenosamente. Después de recuperar la conciencia, fue arrojado de inmediato a confinamiento solitario. Él era uno de los prisioneros liberados esa misma noche para contarnos su historia.

Se paró en la plataforma cerca de Jimmy, un prisionero del bando opuesto de la guerra. Liam contó cómo Jesús cambió su vida. Jimmy había visto un cambio tan grande en Liam, que también quiso aceptar a Jesús. Ante una estruendosa ovación de pie, Liam puso sus brazos alrededor de Jimmy y dijo: «Antes de aceptar a Jesús le hubiera disparado a matar, ahora daría mi vida por Jimmy».

Liam me dijo más tarde: «En mi confinamiento solitario, el único libro que me permitieron tener fue una Biblia. Así que leyéndola, y debido a todas esas oraciones, acepté a Jesús». ¿Todas esas oraciones? Aquellas cadenas de oración formadas dos años antes se habían mantenido orando, por nombre, por *cada* prisionero de guerra ¡en ambos bandos!

Una mujer que acababa de recorrer el norte de Irlanda, me contó emocionada que había visitado una gran reunión de las personas comprometidas en esa cadena de oración, reunidas para alabar a Dios por todas sus maravillosas respuestas. La guerra todavía no ha cesado totalmente, pero ¿cómo sería hoy día sin todas sus oraciones?

Poco antes de la caída del apartheid, yo estaba en Durban, Sudáfrica. Una señora me dijo: «En 1981 estaba en Belfast en su seminario, y oré: "Señor, envía a Evelyn a Sudáfrica"». Pero después de mi seminario allí, luego de enseñar lo que Jesús dijo que debíamos orar por los que con odio se valen de nosotros, una señora inglesa me dijo con odio:

—¡Pero no puedo orar por esos terroristas!

—Pero, ¿quién le dijo que podría?—le respondí.

—¡Ay, Jesús!—admitió ella contra su voluntad—. Pero ¿qué debemos orar?

—Señora, ore para que acepten a Jesús. ¡Entonces nunca más serán terroristas!

Las Escrituras nos dicen que «ya no hay judío ni griego; no hay esclavo ni libre; no hay varón ni mujer; porque todos vosotros sois uno en Cristo Jesús» (Gálatas 3.28). He hecho cumplir esta regla con todas las razas y denominaciones cristianas orando juntos en cada país del mundo, incluyendo los Estados Unidos, y todavía no me he topado con ningún problema. ¡Es la oración!

Oración por el cuerpo físico

Así que, hermanos, os ruego por las misericordias de Dios, que presentéis vuestros cuerpos en sacrificio vivo, santo, agradable a Dios, que es vuestro culto racional. (Romanos 12.1)

Mientras estudiaba ese versículo en 1965, aprendí que el tiempo gramatical de «que presentéis vuestros cuerpos como sacrificio vivo y santo» implica una acción de una vez por todas, no un proceso continuo. Así que entregué a Dios mi cuerpo para siempre. Y ha sido así desde entonces. Nunca lo tomé de nuevo.

¿Un sacrificio vivo? He dicho muchas, muchas veces que es más fácil el sacrificio *muerto*. Pero mi promesa a Dios no era para que Él lo curara, sino para que lo usara —de la forma que quisiera— para su gloria. Pero la oración que me ha mantenido por todos estos años ha sido siempre por su voluntad, no la mía. Esto ha producido respuestas increíbles y sorprendentes.

Dios, por supuesto, es capaz de curar o prevenir cualquier problema físico, pero, mientras mis intercesoras oraban por eso, Él me ha mostrado que hay varias formas en las que usa un cuerpo dedicado a Él.

Sanidad. La respuesta a la oración más deseada por nosotros los humanos, por supuesto, es la sanidad. Estos momentos han producido las emociones más tangibles de mi vida.

Cuando se hizo el experimento de oración de 1968 que produjo *Qué sucede cuando las mujeres oran*, e iba a informar a la conferencia que me había invitado, me desperté con un dolor de garganta que me impedía hablar. Demasiado enferma para orar por mí misma, le supliqué al Señor que mantuviera orando por mí a mis intercesoras y a un gran misionero que conocía. Permanecí todo el tiempo en cama hasta el momento justo en que debía arreglarme. Me incliné para cepillarme los dientes, ¡y cuando me enderecé estaba completamente curada!

El día anterior al seminario más grande que había tenido en Australia, me pasó lo mismo, pero esta vez mi oración fue diferente. Al final de cinco semanas agotadoras, de nuevo experimenté un dolor de garganta que me impidió tragar el pedazo de manzana que iba a ser mi cena. Entonces me arrodillé al pie de mi cama de hotel y oré: «Oh Señor, gracias que no hay ningún ser humano que me pueda curar antes de las ocho de la mañana. Gracias te doy por el privilegio de depender completamente de ti. ¡Qué privilegio tan maravilloso Señor!» Mi corazón saltó mientras me sentía inundada de gratitud y amor por Él. Pero entonces sucedió el milagro. Cuando me levanté de mis rodillas, no tenía ningún rastro del dolor de garganta ni de ningún otro síntoma. *¡Quedé sanada cuando ni siquiera lo había pedido!*

En Brandenton, Florida, había sido tratada de una infección al riñón, cuando Dios hizo otro milagro. Habíamos mantenido funcionando las cadenas de oración telefónica de larga distancia por días, pero mientras intentaba prepararme para ese seminario de 9 a.m. a 4 p.m., seguía sudando frío. Mi esposo estaba conmigo y, casi contra su voluntad, me llevó a la iglesia. Sentado en la última banca esperaba sacarme de allí en el momento que fuera necesario. Tengo grabada la voz débil y apagada con la que comencé a orar. Pero entonces, cuando dije mis primeras palabras, mi voz repentinamente se volvió normal y se mantuvo muy bien durante todo el día.

Sin embargo, Dios tiene siempre sus razones para sanar o no sanar. Esta sanidad era porque Dios quería enseñarnos todo el poder de la oración. Entre la audiencia se encontraba la señora Cam Towsend de Traductores Wycliffe, y durante el receso para tomar café le notificaron que habían encontrado muerto a un misionero de ellos que estaba secuestrado en Sudamérica. Esto ocurrió justo cuando iba a enseñar sobre «morir es ganancia» (Filipenses 1.21) y le pedí que compartiera la experiencia con nosotros para que pudiéramos orar. Pero Dios cambió el tono de todo el seminario, y realizó un milagro mucho más importante que mi sanidad. Nos dijeron que muchas jóvenes comprometieron sus vidas a realizar la tarea que se había quedado inconclusa debido al asesinato, y las mujeres de ese seminario aprendieron la maravillosa profundidad de la oración al comprender que morir puede ser ganancia.

Alivio temporal. A veces Dios alivia de manera temporal una enfermedad física para que podamos hacer lo que Él quiere que hagamos. Fue un ataque de parásitos intestinales en Sudamérica lo que me amenazó peligrosamente poco antes de mi última conferencia el domingo por la noche. Me dieron bastante de su remedio casero —jugo de coco a temperatura ambiente— y sobreviví esa noche y el largo vuelo internacional de regreso a casa. Pero apenas llegué a casa, los parásitos me atacaron con toda su fuerza. Sí, Dios pudo haberme sanado, pero su increíble precisión en el tiempo me enseñó a mí, y a todas mis intercesoras, más acerca de Él que una simple sanidad. Una y otra vez a través de los años lo he visto cambiar lo que podía haber sido un desastre en una oportunidad para terminar lo que me había llamado a hacer.

Fuerza durante la enfermedad. Quizás el milagro más increíble ha sido cuando Dios me ha dado fuerzas estando aún enferma. Esto, parece, es la historia de mi vida... y ha mantenido a mis intercesoras ocupadas.

Tenía una fiebre de 103 grados y era la única oradora para la conferencia de una semana de la Asamblea Nacional de Oración de la India. Después de hablar, me uní a un pequeño grupo de oración y oré por la salvación de la familia de uno de nosotros. Cuando años más tarde lo encontré en Canadá estaba perplejo de cómo Dios había contestado esas oraciones. Me describió cómo Dios había comenzado a obrar en cada uno de los miembros de su familia, cuando cada uno se salvó, y cómo estaban sirviendo a Dios en calidad de ministros de tiempo completo o a través de maravillosas carreras. «He orado todos los días desde esa vez en Puna, India», me aseguró.

Las mujeres habían atestado el Westminster Hall en Londres (el lugar original de las Naciones Unidas) para un seminario de oración, cuando un dolor en la parte baja de la espalda que me había incapacitado completamente en varias ocasiones desde el nacimiento de nuestro primer hijo me atacó con fuerza. Al subir por la escalera de mármol en forma de espiral que llegaba al podio, tuve que mantener mi espalda rígida mientras el punzante dolor persistió todo el día. Al siguiente día, mi esposo tuvo que comprar una faja para la espalda para llevarme de regreso a Nor-

teamérica en avión, pero la audiencia nunca adivinó el maravilloso milagro que Dios había realizado todo el día.

Mis intercesoras personales sabían muy poco de por qué
exactamente estaban orando aparte de las peticiones que les había encargado. *Pero ese día Dios tomó sus oraciones generales por
mí, y las trasformó en una fuerza sorprendente para enseñarnos a
todos nosotros su poder sobrenatural*.

También Dios pudo haber prevenido lo que le ocurrió a mi
corazón, que lo dejó bombeando sólo una tercera parte de mi
sangre a todo el cuerpo, pero en vez de eso decidió realizar un
milagro tras otro, mientras yo cumplía con una agenda increíblemente apretada. A la vez que me ha enseñado a tomar descansos
cortos, Dios siempre ha provisto.

En Hydrabad, India, me llevaban en un jeep abierto para des-
cansar por veinte minutos antes de comenzar otro tópico de oración, cuando un parásito poco amistoso irrumpió en mi tracto
intestinal. Mi esposo enseñó en mi lugar dos materias, pero en la
noche me paré por fe para hablar en las últimas dos horas. De
pronto sentí terribles dolores en medio del estómago. Viendo
cómo me doblaba, una mujer se paró y me dijo: «Soy médico. Si
le doy una píldora, ¿la tomaría?» «¿Me impedirá pensar con claridad?», le pregunté. Cuando me prometió que no, la tomé frente a toda la audiencia.

De pronto todos mis músculos parecieron volverse gelatina.
«¡Ay, no!», gritó ella, «¡olvidé decirle que podría sucederle eso!»
Los hombres saltaron a la plataforma y trajeron dos mesas plega-
bles de ocho pies, una para sentarme con mis piernas levantadas,
y la otra para ponerla en un ángulo que me permitiera apoyarme
de espaldas. Pude terminar las dos horas. No, mi cerebro no dejó
de funcionar... ¡pero el resto de mi cuerpo sí! ¿Dios otra vez? Sí,
Él es capaz de trascender cualquier problema concebible en el
planeta Tierra mientras el poder de Jesús reposa en nosotros.

Desde el comienzo de mi ministerio de oración, he descansado por completo y me he sorprendido del poder de Jesús que reposa en mí, siempre que era para la causa de Cristo y no para la mía. Puedo decir confiadamente con el apóstol Pablo:

> Por lo cual, por amor a Cristo, me gozo en las debilidades, en afrentas, en necesidades, en persecuciones, en angustias; porque cuando soy débil, entonces soy fuerte. (2 Corintios 12.10)

La demostración de su poder. A veces Dios usa mi cuerpo para mostrar a otros el poder de sus oraciones. Llamada por Dios para enseñar sobre la oración, creo que tomó mi palabra en 1965 y usa mi cuerpo, no sólo para enseñar a otros sobre su poder, sino también para darles el privilegio de *ver que sus oraciones son contestadas.* Cuando escribo cartas de agradecimiento a mis intercesoras, siempre concluyo las asombrosas respuestas de Dios con: «¡porque ustedes oraron!» ¡Y es verdad!

No estaba segura de todo lo que Dios estaba mostrándoles a mis intercesoras cuando oraban con fervor para mantener funcionando mi rodilla en Escocia, hasta que volví a casa para someterme a una operación. (Puede haber sido que Dios tiene sentido del humor). El Desayuno de Oración de Escocia tenía por primera vez a mujeres oradoras. La que me precedió estuvo fabulosa, pero los hombres no sabían cómo responder y se mantenían mirando sus menús o hacia afuera de la ventana. Cuando llegó mi turno, traté de ignorar la rodilla mientras subía con valentía las altas escaleras para hablar... sin la barandilla que necesitaba con desesperación. En el último escalón, mi rodilla falló y volé hacia un lado de la plataforma, mientras mis zapatos volaban hacia el otro. Espantados, los hombres (incluyendo uno cuyo oficio está a la altura del primer ministro) saltó para rescatarme. Tratando de arreglarme un poco y poniéndome los zapatos, me pararon.

Gracias a Dios, las intercesoras estaban orando. Sentí completa paz, sonreí sinceramente, y les calmé diciendo: «Por favor, no se preocupen por mí. Jessie (mi anfitriona) y yo hemos tratado de mantener esta rodilla en su sitio por semanas. Esta es mi última conferencia antes de volver a casa mañana para una operación». La gente dijo que Dios nunca había derramado más de su poder a través de ninguno de mis mensajes que esa noche, mientras se movía poderosamente sobre nosotros. Pero la sorpresa vino al final. Me dijeron que estos importantes líderes, algunos en sus faldas escocesas y algunos que leían poesía sólo en latín, nunca en su historia habían aplaudido a un orador. Pero me dieron una ovación de pie. ¿Por qué? Porque Dios utilizó una rodilla enferma para romper viejas costumbres, y para darle a Él toda la gloria.

Nuestra Fkurt, mientras sufría mucho la noche siguiente a una cirugía, me llamó y me dijo: «Ay, mamá, ora. ¡Me duele mucho!» Y lo hice por el resto de esa noche mientras añoraba ir a donde ella estaba. La mañana siguiente pude ir a su cuarto y deslizó su mano fuera de la sábana, tomó la mía y me dijo: «Mamá, la oración es como alguien que te sostiene la mano a través de la distancia».

El valor de un libro

Una de las experiencias más apreciadas que he tenido fue en Calcuta cuando tuve una audiencia con la madre Teresa. Mirándola pacientemente mientras aceptaba y agradecía con mucha gracia los donativos en dinero que le entregaban la gente de todo el mundo, le extendí con humildad mi pequeño libro. «¿Qué es esto?», preguntó. «Es un libro sobre la oración que he estado enseñando en la India», le dije tímidamente. Ella tomó el libro con mucha delicadeza, pasó su nudosa mano con ternura sobre la cubierta y lo apretó contra su pecho, sonriendo con la sonrisa más hermosa que jamás he visto. Ella entendió. Su premio Nóbel de la Paz por rescatar a los pobres no había venido del dinero ¡sino del poder de Dios quien contesta las oraciones!

Una joven se me acercó después de un seminario en Indiana, ansiosa por decirme algo. «Pronto salgo para Japón como misionera. Nadie pensó que calificaría emocionalmente como misionera foránea, debido a mi horrible infancia. Mi padre distribuía drogas y mi madre era prostituta. Había una corriente permanente de hombres entrando y saliendo de nuestro hogar todo el tiempo cuando era pequeña. Pero ninguno de ellos me hizo daño jamás. Cuando presenté toda la batería de pruebas sicológicas que se requiere para ser misionera foránea, todos se asombraron. Las aprobé con las mejores calificaciones. Aun con *esa* infancia, estoy muy bien emocionalmente.

»Nadie podía entenderlo hasta que mi abuela murió. Ella era pobre y lo que me dejó como herencia fue una copia manchada por las lágrimas de *Qué sucede cuando las mujeres oran*. Aunque no podía cambiar a mis padres o mi ambiente familiar, oraba por mí todos los días. Ahora sé que fueron sus poderosas oraciones las que pusieron una cerca a mi alrededor, no sólo para protegerme de daños físicos, sino también de los emocionales, protegiéndome y conservándome para llevar a Jesús —y la oración— como misionera al Japón».

[Oro]... que sepáis... cuál es la supereminente grandeza de su poder para con nosotros los que creemos (Efesios 1.18-19).

Nuestro hijo Kurt tenía catorce años cuando tomó mi primer casete sobre el tema de la oración e hizo una afirmación que ha demostrado ser correcta a través de los años. Durante su corta vida, me había observado estudiar y producir las lecciones para enseñar a mi clase de adultos de la Escuela Dominical las principales doctrinas, muchos libros de la Biblia y una serie de tres años sobre la vida de Jesús. Me había observado mientras producía conferencias sobre cualquier tema que las personas me pedían. Pero cuando leyó en ese primer casete la etiqueta que decía: «Oración por Evelyn Christenson», su cara se iluminó. Me miró directamente a los ojos, hizo una pausa y solemnemente me dijo: «¿Mamá, cómo podías pasar por alto un tema como la oración?»

Preguntas de reflexión

Examine su vida

¿Le sorprende que Dios haya decidido levantar intercesores para orar por lo que Él quiere hacer? ¿Cuánta responsabilidad personal tiene por lo que Dios no hará por falta de oración? ¿Cuánto gozo hay en su vida diaria al orar y verle realizar sus planes divinos?

Lectura bíblica

Lea cuidadosamente Isaías 55.8-11 y permita que Dios hable a su corazón. ¿Ha estado esperando las palabras de Dios en respuesta a sus oraciones para cumplir *sus* deseos personales, o lo que *Dios* desea? ¿Cómo se diferencian los pensamientos de Dios para el planeta Tierra de los suyos? ¿Cuáles producirán los resultados más sobrenaturales?

Para hacer:

Escriba algo por lo que ha estado orando para que Dios haga en su vida.

_____

Escriba cómo usted imaginó que Dios debía hacerlo, y se lo dijo.

_____

De acuerdo a Isaías 55.8-11, ¿se siente animado, reprendido o instruido sobre cómo Dios quiere que cambie su forma de planificar su futuro?

Para orar:

«Padre celestial, me sorprendo al ver cómo tus pensamientos son mucho más altos que los míos. Perdóname por esperar que respondas a mis oraciones sólo hasta lo que soy capaz de pedir. Padre, nunca planificaría ir a lugares restringidos, tener el valor para ir donde humanamente es demasiado peligroso, nunca pensaría derribar barreras que los humanos han levantado, ni lo haría con mi cuerpo físico. Padre, te entrego la planificación de mi vida. En mi oración, siempre confiaré en tus respuestas para cumplir lo que tú deseas y no lo que yo quiero. sólo tú conoces tus planes para que tengan éxito, ¡para que regresen a ti para tu gloria! En el nombre de Jesús, amén».

PARTE DOS

Lo que Dios hace para el intercessor

CAPÍTULO SEIS

¿Pecado en el intercesor? ¡Sorpresa!

DIOS TENÍA DOS IMPORTANTES sorpresas para mí mientras abría las dos principales áreas en mi vida de oración. Para mi asombro, ambas tenían que ver con pecado en la vida de quien trata sinceramente de llegar a ser un mejor intercesor. Estas son oraciones que sólo pueden hacerlas el intercesor por sí mismo o por sí misma.

La primera sorpresa... esa fue para mí

La primera sorpresa fue para mí personalmente y llegó durante mi primer grupo organizado de oración en 1964 cuando Dios nos llamó a Signe, a Lorna y a mí a «orar por la iglesia». Aunque nuestro nuevo edificio estaba ocupado todos los días y todas las noches de cada semana, y habíamos duplicado la membresía en cuatro años, nosotras tres, en forma inesperada, nos abrazamos y lloramos delante de Dios. Él nos estaba diciendo a cada una que, aun cuando todo estaba tan bien, había algo más para esa iglesia.

Prometiéndole a Dios que oraríamos por nuestra iglesia (promesa que cumplimos cada semana por casi cuatro años), comenzamos a ciegas. Sentimos que sería bueno basar cada reunión de oración en un pasaje bíblico, por lo que casualmente —según nosotras— escogimos Salmos 66.18:

> Si en mi corazón hubiese yo mirado a la iniquidad, el Señor no me habría escuchado.

Orar «Padre, perdóname» siempre ha sido una parte importante de mis oraciones personales diarias, pero nunca conecté esto con la respuesta de Dios a las oraciones. Así que mi gran sorpresa fue descubrir que Dios no nos permitiría orar por la iglesia hasta que limpiáramos nuestras vidas.

Cada semana sucedía lo mismo. Dios escudriñaba nuestros corazones para hallar toda cosa grande o pequeña que le desagradara, y nosotras llorábamos y lo confesábamos... durante seis miserables semanas. Cómo nos sorprendíamos cuando Él desenterraba nuestros «pecados cristianos aceptables» tales como el sutil orgullo de haber producido el material de Escuela Dominical, pensar que como intercesoras estábamos espiritualmente un poquito más arriba que el resto de los miembros de la iglesia, actitudes pobres hacia los miembros de la familia —especialmente el choque entre esposos— y las prioridades equivocadas. Creíamos que estábamos haciendo todo para la gloria de Dios, pero Él nos mostró nuestro orgullo y el deseo de crecernos ante los ojos de los demás miembros de la iglesia. Reconocimos que disfrutábamos los pedestales espirituales en los que otros nos habían puesto. Evaluamos los motivos para nuestras oraciones. Por seis semanas pasamos desde sentir vergüenza hasta sentirnos miserables, luego devastadas y más tarde angustiosamente arrepentidas.

Pero resultó que Dios sabía lo que estaba haciendo durante esas seis semanas. Después de liberarnos para orar por la iglesia, el siguiente domingo envió una desbordante audiencia que inundó los pasillos de ese nuevo edificio de la iglesia para postrarse delante de Él, dando comienzo así a un avivamiento que por seis meses llevaría a la gente por ese mismo pasillo a aceptar o confesar públicamente a Cristo como su Salvador.

Por quince años había orado con fervor por un avivamiento y había parecido en vano. Aunque Dios pudo haber movido a otros intercesores que no conocíamos, Él ciertamente enseñó a tres mujeres comunes, contritas y quebrantadas que las oraciones sinceras, profundas y persistentes producen no sólo una respuesta, ¡sino avivamiento!

Con mucho énfasis, Dios nos enseñó que aprender a orar es más que sólo «pedirle algo para alguien», a lo cual llamamos oración intercesora. La confesión por parte del que pide es un factor importantísimo para la oración eficaz. *Una oración de confesión es siempre entre Dios y el intercesor, aun cuando otros estén presentes.*

Mi segunda sorpresa... esa era para otros

La segunda gran sorpresa de Dios sobre el pecado llegó cuando Él comenzó a usar el requisito de «no pecado» para otras personas que venían buscando ansiosamente cómo aprender a orar. A través de los años esto ha producido un natural susto, casi incredulidad, lágrimas frecuentes, a veces sollozos, y hasta gritos implorando a Dios misericordia.

Dios primero usó esto para convencer a las ocho intercesoras originales de *Qué sucede cuando las mujeres oran* —cuyo experimento sirvió como base para el libro— a que oraran una oración sencilla de arrepentimiento en nuestra primera reunión en 1968: «Límpiame, úsame, perdóname, muéstrame».

A medida que se expandió este impactante entrenamiento para orar que Dios nos había enseñado a nosotras tres, se sentaron las bases de la enseñanza sobre la oración que impartiría por los próximos treinta años. Dios rápidamente estableció el primer prerrequisito para responder a la oración: *no puede existir pecado conocido y sin confesar en la vida de los intercesores.*

Dios también los sorprendió a ellos

Los primeros indicios de sorpresa que sentí en las audiencias del seminario llegaron mientras examinábamos qué clase de persona podía reclamar la promesa bíblica de Santiago 5.16: «La oración eficaz del justo puede mucho».

Se sorprendieron al descubrir que la Biblia dice que el poder del intercesor para la oración intercesora —orar por otras personas y cosas— depende de su relación personal con Dios.

Después de conocer que el sorprendente poder de la oración intercesora estaba disponible para ellos (lo que en sí mismo fue una sorpresa para muchos), descubrir que su relación con Dios determinaba el poder de su oración envió ondas de asombro sobre la audiencia. Muchos no apreciaron el descubrimiento que aprender a orar era más que sólo conocer nuevos métodos de practicar cómo pedir y conseguir lo que querían.

Los asistentes al seminario siempre se sorprenden por lo que es el pecado, según la Biblia. Santiago 4.17 nos dice: «Y al que sabe hacer lo bueno y no lo hace, le es pecado». No es una característica personal, o una debilidad de carácter, o un ambiente de necesidad, ¡pecado es no obedecer a Dios!

Fue devastador darse cuenta que cada sermón que habían oído, cada lección de Escuela Dominical que habían enseñado u oído, cada estudio bíblico que habían presentado o escuchado, y cada palabra que habían leído en la Biblia, y que no estaban obedeciendo, era pecado para Dios.

Luego de unos pocos años, las dos condiciones para que las oraciones fueran contestadas de Juan 15.7 se convirtieron en la base de nuestro seminario. En la que es quizás la promesa más poderosa de Jesús en el Nuevo Testamento sobre la oración contestada, Él dio dos condiciones: «*Si* permanecéis en mí, y [*si*] mis palabras permanecen en vosotros, pedid todo lo que queréis y os será hecho».

Me sentí horrorizada cuando recibí en el correo un casete hermosamente empacado con una hora de mi enseñanza sólo sobre la promesa de ese versículo. Aunque en esa cinta había grabado cada ejemplo del poder de la oración, presentar sólo «pedid todo lo que queréis y os será hecho» sin las dos condiciones, era una mentira. No había autorizado la reproducción ni distribución de esa cinta, y ni siquiera sabía acerca de ella. Finalmente detuvimos la producción de ella porque eso no era lo que Jesús decía. Sin embargo, nunca pudimos recoger todas esas mentiras que se habían vendido.

Me pregunté cuántos de nosotros queremos sólo las promesas sobre la oración que están en la Biblia, ignorando las condiciones.

Un día, Nancy, nuestra hija adolescente estaba muy perturbada y me preguntó: «Mamá, las cosas que eran pecado cuando tú eras una muchacha, ¿son todavía pecado hoy día?» Cuando le pregunté qué libro de la Biblia estaba leyendo en sus devociones, me dijo: «Efesios». Para oír lo que Dios tenía que decir hace dos mil años sobre el tema, cada una leía en silencio el primer capítulo Efesios, cuando de pronto ella explotó: «¡Ah, sí, todavía es pecado!» Quizás nunca sepa qué usó Dios en su Palabra para convencerla, ¡pero ella lo supo!

Casi todos los que vienen a aprender a orar, tanto líderes como laicos, se sorprenden al saber que *Dios dice que no todos los pecados son iguales delante de Él* . En el capítulo 2 discutí las dos clases de pecado: 1) el estado original de pecado (singular) con el cual toda persona nace y que es quitado por la sangre de Jesús cuando una persona se convierte en cristiana, y 2) los pecados (plural) cometidos por los cristianos después de que han aceptado a Jesús como su Salvador y Señor. Este es el momento en el que los maestros de la Biblia y los pastores toman notas furiosamente, dejándome ver que es un punto de vista nuevo o pasado por alto por ellos.

El mensaje que Jesús predicó desde su primer sermón en Marcos 1.15 hasta el último consejo que dio desde el cielo a sus iglesias en Apocalipsis 2 y 3, fue el de arrepentimiento de los pecados. «¡Arrepentíos!», clamaba Jesús. El énfasis que la Biblia hace en el impacto del pecado sobre nuestro poder en la oración intercesora es aleccionador.

En 1 Juan 3.22-23 se describen ambas clases de pecado. El apóstol Juan habla de la segunda clase de pecado —pecados en plural— cuando afirma que los cristianos que guardan los mandamientos de Dios reciben respuesta a sus oraciones:

> Cualquiera cosa que pidiéremos la recibiremos de Él , porque guardamos sus mandamientos y hacemos las cosas que son agradables delante de Él ... y nos amemos unos a otros como nos lo ha mandado.

Los cristianos que no obedecen los mandamientos de Dios y no hacen lo que es agradable a Él , por supuesto, cometen pecado. Ya han sido perdonados del estado original de pecado (singular) al creer en Jesús, pero están cometiendo pecados (plural).

El versículo 23 se refiere a la primera clase de pecado, el estado original de pecado en el que nacemos todos los seres humanos desde el jardín del Edén y que es quitado sólo por la fe en Jesucristo (véanse Juan 3.18 y Romanos 5.18). Juan dice que los no cristianos no obtienen respuesta a sus oraciones porque no han guardado su mandamiento de creer en el nombre de Jesús:

> Y este es su mandamiento: Que creamos en el nombre de su Hijo Jesucristo. (1 Juan 3.23)

Sorprendentemente, el manejo personal de ambas clases de pecado es crucial para ser elegible para que Dios oiga las oraciones intercesoras que hacemos por otras personas o cosas. Él siempre escucha el clamor del pecador penitente que viene a Él, aun cuando la búsqueda le haya tomado años. Sin embargo, esto no es como el oír humano, puesto al ser Dios, Él sabe todo lo dicho y hecho. Esto significa que presta atención a las oraciones intercesoras, según la condición espiritual y estilo de vida del intercesor (véase 1 Pedro 3.12).

Pero la sorpresa más convincente de todas llega cuando leemos nuestra lista de pecados. El leer la Biblia de manera consistente y escuchar a Dios en oración nos mostrará los pecados que Él quiere que confesemos. Pero Dios tiene algo más conciso para que lo usemos en nuestro entrenamiento para la oración.

A principios de la década de 1970, alguien me entregó una lista de pecados tomados de la Biblia que Él creía debían ser confesados. Impresionada, ahora tenía una sugerencia para la herramienta más poderosa que he usado en la vida, y son simplemente palabras de Dios que están en la Biblia.

Cada pasaje está seguido de un par de preguntas, expresadas de manera que cada respuesta «sí» revela un pecado en la vida del intercesor que debe ser confesado. En nuestras reuniones leemos la lista completa en voz alta, tomando nota mental y espiritual de las respuestas «sí» en nuestras vidas. Una y otra vez oigo decir: «¡no sabía que eso era pecado!».

En un seminario, mientras leía en voz alta la lista de pecados antes de la oración de confesión, una joven mujer se puso de pronto las manos sobre los oídos y gritó: «¡Basta ya! ¡No puedo soportarlo!».

En un seminario que tuvimos en una prisión, una estimada interna puso su cara entre sus manos, se estremeció, y se lamentó: «¡Oh Dios mío, he cometido todos esos pecados!»

Muy a menudo alguien ora como Pedro, devastado o devastada por haber negado al Señor Jesús por medio de alguna palabra o acción y llora amargamente.

Cómo aplicar lo que aprendemos

La mejor parte de los seminarios de oración es que no sólo hablamos sobre un tópico, sino que practicamos orando por eso. Y las oraciones de confesión sencillas y sinceras de los asistentes (usando discreción) es todo lo que Dios requiere para perdonarles. Casi siempre los he visto abrazarse en sus grupos, radiantes, mientras secan sus lágrimas, y luego salen de los seminarios ¡cambiados! Han sido liberados de la carga del pecado con el que habían estado luchando, ¡son perdonados!

Puesto que hay dos clases diferentes de pecado, hay dos razones diferentes para los cambios que se producen por confesarlos y recibir el perdón de Dios.

Los que ya son cristianos son liberados de la culpa que han estado cargando por años. Son limpiados. Su comunión quebrantada con Dios se restaura y están listos para orar con poder. Muchos no pueden esperar para restituir o para reconciliarse con el perpetrador de algún mal contra ellos. Han descubierto la verdad liberadora de 1 Juan 1.8-9: «Si decimos que no tenemos pecado, nos engañamos a nosotros mismos, y la verdad no está en nosotros. Si confesamos nuestros pecados, Él es fiel y justo para perdonar nuestros pecados, y limpiarnos de toda maldad».

En contraste, aquellos que asisten por primera vez al seminario como no creyentes y luego se arrepienten y aceptan a Jesús, son perdonados por todo el pecado de sus vidas. Ellos han experimentado la promesa de Hechos 10.43: «Todos los que en Él creyeren recibirán perdón de pecados por su nombre».

Sí, Dios está siempre allí para perdonar el pecado original, y para librarnos continuamente de cualquiera y de todos los pecados que bloquean nuestra comunicación efectiva con Él. Nos ofrece perdón a través de la sangre de su hijo Jesucristo en la cruz.

No hay cristianos sin pecado, solamente existen cristianos perdonados. 1Juan 1.8-9 (escrita a cristianos) nos dice claramente que si decimos que no tenemos pecado, nos engañamos a nosotros mismos (y a veces a otras personas), pero nunca engañamos a Dios.

El pecado es en realidad un concepto único. Sólo el cristianismo —no la sicología ni las religiones del mundo— tiene esa palabra en su vocabulario. Somos únicos no porque tengamos derecho a pecar; sino, que cuando lo hacemos, tenemos la única provisión absoluta para librárnos de ese pecado inmediatamente. ¡El perdón está disponible para usted ahora mismo!

No es de extrañar que pongan los brazos unos alrededor de los otros en sus grupos de oración, abrazándose, llorando, riéndose y alabando a Dios. No es de extrañar que todos levantemos nuestras voces celebrando lo que los ángeles celebran en los cielos: ¡que un alma perdida se ha salvado! ¡Muchas almas! ¡No es de extrañar que derrame lágrimas de gozo!

Sorpresas continuas para mí

Las respuestas de los asistentes a los seminarios para aprender a orar y responder a las convicciones de Dios me impactaron mucho al principio. Aunque ahora es algo que espero, todavía me sorprende cuando sucede una y otra vez. Dios nos ha hecho lo que ningún ser humano podría hacer jamás. He aquí algunas de esas sorpresas:

Una sorpresa que siempre me emociona es que casi el cien por ciento de los asistentes a los seminarios de oración oran en alta voz la primera vez que se los pido. Un cálculo aproximado es que cerca de la mitad de las personas que han venido a aprender a orar durante estos treinta años nunca han orado en voz alta y en público frente a nadie más. Pero lo hacen ¡en masa!

Una famosa líder de mujeres cristianas tuvo que faltar a su sesión inaugural de otoño por estar fuera del país. Cuando me pidió substituirla, me dijo: «Pero no les pida que oren en alta voz. Conozco a mis mujeres y no lo harán». Cuando le pregunté si confiaría en mí lo suficiente para dejarme probar, si Dios así me dirigía, aceptó vacilante. Llegó el día, y sabía que todo lo que les enseñara sobre cómo obtener poder para la oración sería inútil si Dios no estaba escuchando sus oraciones. Entonces recordé mi primera gira de enseñanza a Londres y la advertencia de mi editor en este país sobre lo reservados que son los británicos, y luego verles casi explotar en oración cuando les pedí que lo hicieran. Sin inmutarme, le pedí a las mujeres que oraran. Y, como sabía que Dios haría, desató todas sus inhibiciones y perdonó a todas las que estaban en la habitación de ambas clases de pecados.

También me sorprendió el tema de esa primera oración que hicieron en alta voz: ¡confesión de pecados! Se les hizo tan fácil. Dijeron en voz alta conmigo: «Padre, perdóname por... » y todas a la vez confesaron todos los pecados que Dios les había revelado de la lista de pecados, o dondequiera. Algunas veces vacilaban, esperando tímidamente el ánimo que les daría escuchar a otras. Pero, con frecuencia, explotaban como un cañón, ansiosas por deshacerse de esos pecados.

En un seminario al otro lado de la calle de la casa de Bill Cosby (un famoso comediante estadounidense) en Manhattan, vacilé, preguntándome si debía poner un freno a la oración. La iglesia y el auditorio de la planta baja estaban llenos —por primera vez en su historia—, con toda clase de grupos étnicos de la ciudad de Nueva York. Cuando más o menos el cincuenta por ciento oró para asegurarse que Jesús era su Salvador y Señor, golpearon sus pies, silbaron, se abrazaron y lloraron. ¡Estaban celebrando y alabando a Dios en todos los idiomas y culturas imaginables!

El campo misionero de Dios escondido

Que Dios me permitiera descubrir su «campo misionero escondido» fue una sorpresa que ciertamente no esperaba, es más, ni siquiera sabía que estaba allí. ¿Dónde está el escondido campo misionero de Dios? ¿En alguna selva perdida del planeta Tierra, entre alguna tribu desconocida? Oh, no. *Está justo en la iglesia del Señor* (véase Mateo 7.21-23).

Cuando en 1980 ofrecí mis primeros seminarios internacionales en Australia, descubrí que la mayoría de los asistentes ya pertenecían a iglesias respetables y asistían regularmente a un gran estudio bíblico internacional. Para mi sorpresa, no menos del veinticinco y hasta el cincuenta por ciento oraron en cada seminario, asegurándose que Jesús era su Salvador y Señor. La escritora de ese estudio bíblico me dijo que estaba asombrada y que iba a añadir «aceptar a Jesús» a cada serie.

Recuerdo que hace años rehusé escribir el prólogo para un estudio bíblico del evangelio de Juan porque no incluía aceptar a Jesús, aunque tenía a Juan 3.16 en Él. El asombrado editor preguntó: «¿No es cierto que toda la gente que estudia la Biblia conoce a Jesús?» Mi respuesta «no» ha demostrado ser verdad mientras he viajado alrededor del mundo.

Sin embargo, cuando el mismo patrón comenzó a surgir en nuestros seminarios en Estados Unidos, por alguna razón lo encontré mucho más creíble. De alguna manera esto sacudió la imagen que tenía entonces de Estados Unidos como «buenos cristianos». Al principio, el porcentaje de respuestas entre cinco y diez por ciento no me sorprendía mucho, pero cuando de pronto el porcentaje se disparó al promedio actual de veinticinco por ciento, estaba estupefacta. Lo más increíble, por supuesto, es que casi todos los que vienen para aprender a orar son ya miembros de una iglesia cristiana en los Estados Unidos.

Con el pastor de una megaiglesia sentado en la primera banca junto a cerca de dos mil miembros de su congregación, un promedio de dos terceras partes oró en alta voz asegurándose que conocían a Jesús como Salvador y Señor. El pastor salió disparado por la puerta y no lo volví a ver ese día. Asustada, me preguntaba qué había hecho para provocar esa acción. Más tarde, le pregunté a mi esposo qué hubiera hecho si el orador de un sencillo seminario hubiera hecho esa pregunta y las dos terceras partes de su congregación hubiera orado en voz alta asegurándose que Jesús era su Salvador. Él respondió: «Hubiera caído de rodillas y gritado a Dios: "Oh, Dios, ¿en dónde me equivoqué?"»

Cuando seis meses después me encontré a ese pastor y a su esposa en un elevador en Washington, D.C., ambos me abrazaron y en forma efusiva me dijeron: «Usted nunca sabrá lo que hizo por nuestra congregación. Es una iglesia totalmente transformada desde que usted estuvo allí». Les expliqué con firmeza que yo no hice nada; Dios lo hizo. Ahora ese pastor tiene una iglesia llena de cristianos genuinos, ¡nacidos de nuevo!

En un seminario en California, una dama marcó en su tarjeta: 1) que había estado dos años en una cadena de oración telefónica, y 2) que ese día había aceptado a Cristo como su Señor y Salvador. ¡Había estado orando esos dos años sin tener acceso al Padre por medio del sacrificio expiatorio de Jesús!

Una mañana de marzo de 1980, antes de que Dios me mostrara su campo misionero escondido, oraba a Dios pidiéndole la usual fortaleza, el derramamiento de su Espíritu y la sabiduría para ese día. De pronto cambié mi oración: «Padre, ¿cuál es tu primera prioridad para mí? ¿Qué quieres que haga?» Inmediatamente, suspendido en el aire ante mis ojos espirituales vi escrito en grandes letras:

G-A-N-A-R A-L-M-A-S

Al preguntarle si quería que renunciara a mi ministerio de oración para dedicarme al evangelismo, me dijo que no. El siguiente septiembre comencé a descubrir su campo misionero escondido, justo en sus iglesias. ¡Una inmensa sorpresa de Dios para mí!

Qué hizo la limpieza por ellos

Una de mis más grandes alegrías es ver lo que hace la confesión de pecados en la vida futura de los intercesores. Esta es la historia de Vicky y cómo el arrepentimiento bíblico produjo un gran cambio en su vida:

Querida Evelyn:

Hace aproximadamente diez años, preocupadas por el declive moral, espiritual y político de nuestra nación, un grupo de doce mujeres nos reunimos para orar fervientemente por nuestras ideas de lo que Dios debería hacer para enderezar las cosas en nuestra tierra. Rogamos a Dios que no permitiera a ciertas personas permanecer o entrar en los cargos públicos por ser inmorales o liberales, que quitara al director de escuela que se oponía a enseñar abstinencia en la educación sexual, que ayudara a nuestros pastores a ser más espirituales, y *por favor*, que convirtiera a nuestros esposos en los líderes espirituales del hogar.

Dios dice: «Me buscaréis y me hallaréis porque me buscaréis de todo vuestro corazón». Pues bien, un día, en nuestra reunión de oración, Dios mostró —ante nuestro asombro— que el verdadero problema en nuestra nación era con el pueblo de Dios. Por ejemplo: nosotras mismas. Comenzamos a arrepentirnos, y durante el siguiente año, cada vez que nos reuníamos, pasábamos la mayor parte del tiempo arrepintiéndonos. Deseábamos con desesperación estar bien con Dios, y que nos usara al máximo para sus propósitos.

Entonces usamos su *Guía de Estudio para la Oración Evangelística* para prepararnos para orar por aquellos que no conocían a Jesús. Cuando llegamos al capítulo dos, titulado «Nuestra preparación personal», pasé tres días estudiando cada versículo de mi Biblia y pidiéndole a Dios que examinara mi corazón y tratara cada área de mi vida que le causara dolor.

Nunca olvidaré la alegría que experimenté después de ese tiempo con el Señor sabiendo que ahora, hasta donde conocía, estaba limpia delante de mi Dios. Le cambié el nombre a ese capítulo en la guía de estudio por «Mi enema espiritual».

Lo que es tan sorprendente es que ocho años después, cuando miramos hacia atrás todas las que orábamos juntas, vemos que a través del arrepentimiento Dios ha hecho cosas sorprendentes en cada una de nuestras vidas para prepararnos para el ministerio. Dios quería mostrarnos lo que Él vio cuando observó nuestras vidas, para humillarnos y desatar la compasión de Cristo en nosotras para aquellos que están sin el Salvador. Todas podemos decir que *Dios nos entrenó en sus caminos por medio del arrepentimiento de nuestros caminos.* Con amor, Vicky

Vicky es ahora oficial de mi junta, encargada de la planificación futura de la red nacional «Christian Women United» [Mujeres Cristianas Unidas], es síndico de una importante universidad cristiana, y Dios la ha usado en la dirección de innumerables organizaciones nacionales. ¡La limpieza en verdad produce resultados!

¿Puede Dios usarme?

El primero de enero de 1991 clamé a Dios: «Padre, hazme justa delante de ti para que puedas usarme en 1991».

Mientras estudiaba la historia de la Navidad durante esos días festivos, Dios me mostró que todas las personas que escogió para los acontecimientos de la primera Navidad ya habían sido llamados justos por Él. Elizabeth y Zacarías, futuros padres del precursor de Jesús, Juan el Bautista, «ambos eran justos delante de Dios, y andaban irreprensibles en todos los mandamientos y ordenanzas del Señor» (Lucas 1.6). Luego, antes de tomar a la embarazada María para ser su esposa, José es descrito como «un hombre justo» (Mateo 1.19). Y a la virgen María, el ángel Gabriel le dijo: «¡Salve, muy favorecida! El Señor es contigo» (Lucas 1.28). Ella era la joven virgen que Dios usaría para llevar en su cuerpo por nueve meses a su Hijo.

Aunque cuando acepté a Jesucristo, sesenta años atrás, Dios me limpió por la sangre de Jesús, ahora quería que me limpiara de todo lo que pudiera estorbar para que me usara completamente. Más tarde, ese mismo mes, recibí una invitación de Lorry Lutz —coordinadora del Seminario Internacional para Mujeres 2000 d.C.— para ser la directora nacional en Norteamérica. Era un trabajo por diez años, con la meta de ayudar a llegar a cada hombre, mujer y niño en todo el mundo con la oración y con la historia de Jesús para fines del año 2000. Escribí estas palabras al margen de mi Biblia, junto a Mateo 1.19: «¡Cómo Dios contestó!» Acepté el trabajo.

Ocho años después, en enero de 1999, escribí junto a la misma nota de la Biblia: «Aunque en estos ocho años no he podido *vivir* una vida totalmente justa, Dios conocía el deseo de mi corazón de ser justa. ¡Se necesita mucho de la confesión de 1 Juan 1.7-10!» Esta es la historia de mi vida. ¿Sin pecado? ¡Ah, no! ¿Limpiada? ¡Constantemente!

¿Quién está estorbando al Espíritu Santo?

Ser una de las intercesoras para la Conferencia de Pastores de los Cumplidores de Promesas, en el Atlanta Omni Arena fue un maravilloso privilegio.

Mi compañera de oración Kay Hammer y yo, fuimos asignadas a una de esas casetas para la prensa en la parte alta de la arena, e intercedimos con fervor por los cuarenta y tres mil pastores que estaban abajo nuestro, ¡una décima parte de todos los pastores de los Estados Unidos!

Una noche, el Dr. Charles Swindoll dividió estos hombres y los hizo llamarse antifonalmente el uno al otro: «¡Santo, santo, santo!» Me sostuve de la barandilla cuando el poder de esas miles de voces entrenadas para hablar, vibraron llenando el vasto recinto. Entonces alguien más le pedía a esos pastores que oraran intermitentemente para que el Espíritu Santo viniera de una manera especial, lo cual hizo. (Los pastores con los que he hablado desde entonces convienen en que el Espíritu Santo vino de una manera poderosa la siguiente tarde, pero no necesariamente de una manera destacada esa noche).

Cuando Kay y yo oramos por un derramamiento del poder del Espíritu Santo sobre esos pastores, mi corazón se puso más y más pesado. De pronto me arrodillé y grité al Señor una de las oraciones más angustiosas que jamás he orado: *Padre, ¡si soy yo quien está estorbando al Espíritu Santo esta noche, mátame!*

Sí, he aprendido a través de los años que puedo estorbar la respuesta a la oración, ya sea mía o de otros. Puedo contristar al Espíritu Santo por el pecado en mi vida. ¡Mis pecados!

«No contristéis al Espíritu Santo» está justo en medio de una lista de cosas, en Efesios 4.25-32, que los cristianos deben y no deben hacer para no pecar.

En las reuniones de preparación para nuestros seminarios de oración, mientras los miembros del comité manifiestan sus peticiones de oración para el seminario, casi siempre comparto mi petición número uno. Las intercesoras que han estado orando por mí por seis meses se sorprenden cuando les digo: «Por favor, oren esta noche, y durante toda la noche si Dios las mantiene despiertas, para que Él traiga a mi mente todo pecado desconocido que impida a su Espíritu Santo fluir mañana. Puedo confesar los que conozco, pero necesito con urgencia estar limpia por completo, o el poder de Dios no estará aquí. Seré la primera en estorbar al Espíritu Santo». Muchas, a través de los años, me han contado con cuanta seriedad tomaron ese desafío, y con el fervor que oraron por mí, algunas toda la noche. ¡Estoy infinitamente agradecida!

¿Por qué todo ese alboroto sobre el pecado?

Dios nos enseñó por qué la oración de confesión es su medio para que captemos la atención de su atento oído. ¡Es por su santidad!

A través de los años Dios nos ha revelado la persona con quien estamos tratando de comunicarnos: ¡Él mismo! Y cuando pecamos, no importa cuán pequeño nos parezca el pecado, violamos su santidad. Nuestra pecaminosidad rompe la comunión entre nosotros, siempre comenzando con nosotros, no con Dios.

Mi clave para las oraciones contestadas es una simple palabra: *santo*. No hay nadie santo sino la Trinidad.

El único atributo de Dios que se registra en la Biblia en triplicado es su santidad. La primera palabra que usualmente digo cuando comienzo a orar es *santo*, y la mayoría de las veces en triplicado: «¡Santo, Santo, Santo Padre!» En el minuto en que digo esa palabra, Dios trae a mi mente cualquier pecado o pecados no reconocidos que necesito confesar para tener una comunicación perfecta con Él. Yo confieso, el quita el estorbo del pecado, y estoy en su santa presencia.

Dios también nos ha mostrado el ambiente celestial que tratamos de invadir cuando nos acercamos a Él en oración. La palabra que lo describe es también *santa*.

Después de una entrevista en una de las estaciones cristianas de televisión más grandes de los Estados Unidos, me pidieron ir al comedor del personal y guiarles en su oración del mediodía. El personal estaba orando por un avivamiento y tenía un montón de leña listo para encenderse ese próximo sábado por la noche para comenzar el avivamiento. (¡Desearía que encender un avivamiento fuera tan fácil como eso!). Sin tiempo para prepararme, en el vestíbulo, mientras subía, elevé a Dios una oración tipo SOS. Rápidamente me recordó el Salmo 24.3-4:

> ¿Quién subirá al monte de Jehová? ¿Y quién estará en su lugar santo? El limpio de manos y puro de corazón; el que no ha elevado su alma a cosas vanas, ni jurado con engaño.

Por varios minutos adoraron a Dios con alabanzas, la mayoría con sus manos en alto. Me llegó el turno de hablar. Les pedí mirar sus manos y les pregunté: «¿Dónde estuvieron sus manos la semana pasada? ¿En qué canal encendieron el televisor o se detuvieron más de la cuenta para echar un vistazo a algo que sabían que no debían mirar? ¿Fueron de inmediato a la sección de ropa interior femenina cuando llegó el catálogo? ¿Qué toques sutiles e insinuantes hubo en el trabajo o en la iglesia? —¡claro sin soñar con cometer un pecado sexual!— ¿o algo peor? ¡Miren sus manos!»

Seguí presionando: «¿Qué han hecho sus manos esta semana? ¡Y luego tuvieron la audacia de agitar toda esa basura delante del rostro de Dios, de un Dios santo! ¿Y pensaron que Él estaba sonriendo al ver su dulzura en la alabanza? Probablemente Dios se estaba tapando la nariz ante la pestilencia[a].

Después de recordarles que todos los avivamientos desde el tiempo de Cristo han comenzado cuando de uno a once cristianos se han puesto completamente a bien con Dios, pasamos de inmediato a las oraciones de arrepentimiento y a las muchas lágrimas. Muchos regresaron tarde a sus escritorios ese mediodía, pero a nadie le importó. Estaban en camino a ese avivamiento del sábado por la noche.

Tanto Isaías como Juan oyeron el maravilloso sonido de la santidad del cielo.

En Apocalipsis 4, el apóstol Juan describe los sonidos celestiales que se producen alrededor de Dios. Escribió que había Uno sentado en un trono que era como de piedra de jaspe y cornalina, con un arco iris alrededor del trono como una esmeralda. Alrededor del trono había veinticuatro ancianos con vestiduras blancas y coronas de oro. Y del trono salía un resplandor de luces, sonidos y estruendos de trueno, con los siete espíritus de Dios como lámparas, y un mar de vidrio como cristal estaba delante del trono.

Juan continúa diciendo que en el centro y alrededor del trono había cuatro criaturas vivientes, quienes de día y noche no cesaban de decir: «Santo, Santo, Santo es el Señor Dios, el Todopoderoso, el que era, el que es y el que ha de venir» (v.8).

Este es el sonido que Isaías escuchó cuando vio al Señor sentado en un trono, elevado y exaltado, con la falda de su túnica llenando todo el templo. Y los serafines por encima de Él, y el uno al otro daban voces diciendo: «Santo, Santo, Santo, Jehová de los ejércitos» (Isaías 6.3).

¡No hay nadie santo sino Dios!

Cuando Dios abre la puerta de la oración ante nosotros, nos dirige a su ambiente celestial, lleno de su santidad. El salón de su trono está lleno con su presencia inmaculada, pura, sin pecado, penetrante y abrumadora... ¡su santa presencia!

Así que, mientras luchábamos por aprender a orar a su manera, Dios afirmó con más y más profundidad su provisión para hacernos elegibles para entrar en esa maravillosa presencia: su Hijo, Jesús. Como dice Hebreos 10.19:

> Teniendo libertad para entrar en el Lugar Santísimo por la sangre de Jesucristo.

Y una vez que hemos sido limpiados, entramos a orar en una comunicación intacta con el santo Dios del universo, quien escucha y contesta nuestras oraciones según su santa y omnisciente voluntad.

¡Limpios! ¡Elegibles para llevar nuestras oraciones a su santa presencia! ¡Ah, la libertad, el privilegio y el poder potencial de esas oraciones!

Ejemplo de una lista de pecados bíblicos para leerse antes de oración de confesión de pecados

Cada «sí» como respuesta es un pecado en su vida que necesita ser confesado. *Y al que sabe hacer lo bueno, y no lo hace, le es pecado* (Santiago 4.17).

1. Tesalonicenses 5.18: *Dad gracias en todo, porque esta es la voluntad de Dios para con vosotros en Cristo Jesús.*

   ¿Se preocupa por cualquier cosa? ¿Ha fallado en darle gracias a Dios por todas las cosas, tanto las aparentemente malas como también las buenas? ¿No da gracias al momento de comer?

2. Efesios 3.20: *Y a Aquel que es poderoso para hacer todas las cosas mucho más abundantemente de lo que pedimos o entendemos, según el poder que actúa en nosotros.*

   ¿Ha dejado de hacer cosas para Dios porque no tiene suficiente talento? ¿Sus sentimientos de inferioridad le impiden intentar servir a Dios? Cuando hace algo para Cristo, ¿fracasa en darle a Él toda la gloria?

3. Hechos 1.8: *Pero recibiréis poder, cuando haya venido sobre vosotros el Espíritu Santo, y me seréis testigos en Jerusalén, en toda Judea, en Samaria, y hasta lo último de la tierra.*

   ¿Ha fallado en ser un testigo de Cristo con toda tu vida? ¿Ha pensado que es suficiente vivir su cristianismo y no testificar con su boca a los perdidos?

4. Romanos 12.3: *Digo, pues... a cada cual que está entre vosotros, que no tenga más alto concepto de sí que el que debe tener.*

   ¿Siente orgullo por sus logros, sus talentos, su familia? ¿Falla en ver a los demás como personas tan buenas e importantes como usted en el cuerpo de Cristo? ¿Insiste en sus derechos personales? ¿Piensa que como cristiana está haciéndolo muy bien? ¿Se rebela ante el deseo de Dios por cambiarla?

5. Efesios 4.31: *Quítense de vosotros toda amargura, enojo, ira, grite-ría y maledicencia, y toda malicia.*

¿Se queja, encuentra faltas y argumenta siempre? ¿Tiene un espíritu crítico? ¿Siente rencor contra cristianos de otros grupos porque no están completamente de acuerdo con usted en todas las cosas? ¿Habla con poca bondad de otras personas cuando no están presentes? ¿Está enojada consigo misma? ¿con otros? ¿con Dios?

6. 1 Corintios 6.19: *¿O ignoráis que vuestro cuerpo es templo del Espíritu Santo, el cual está en vosotros, el cual tenéis de Dios, y que no sois vuestros?*

¿Es usted descuidada con su cuerpo? ¿Es culpable por no cuidarlo como el templo del Espíritu Santo, en sus hábitos alimenticios y en el ejercicio? ¿Mancha su cuerpo con actos sexuales indignos?

7. Efesios 4.29: *Ninguna palabra corrompida salga de vuestra boca.*

¿Usa siempre lenguaje vulgar? ¿Hace chistes subidos de color? ¿Permite que otros los hagan en su presencia? ¿En su hogar?

8. Efesios 4.27: *No deis lugar al diablo*

¿No se da cuenta que es una «pista de aterrizaje» para Satanás cuando le abre su mente a través de la meditación trascendental, el yoga, las sesiones de espiritismo, las predicciones síquicas, la literatura oculta y las películas? ¿Busca consejos para la vida diaria en los horóscopos antes que en Dios? ¿Permite que Satanás le use para distorsionar la causa de Cristo en su iglesia, por medio de la crítica, el chisme, la falta de apoyo?

9. Romanos 12.11: *En lo que requiere diligencia, no perezosos.*

¿Paga sus deudas a tiempo? ¿Evita pagarlas? ¿Carga a sus tarjetas de crédito más de lo que puede pagar? ¿Es negligente en mantener registros correctos de las contribuciones sobre ingreso? ¿Está involucrado en negocios turbios, ya sea como patrono o como empleado?

10. 1 Corintios 8.9: *Que esta libertad vuestra no venga a ser tropezadero para los débiles*

¿Piensa que puede hacer lo que quiera porque la Biblia dice que es libre en Cristo? Aun cuando es lo suficientemente fuerte para no caer, ¿falla en aceptar responsabilidad por un cristiano más débil que ha caído al seguir su ejemplo?

11. Hebreos 10.25: *No dejando de congregarnos*

¿Es su asistencia a la iglesia irregular o esporádica? ¿Asiste a los servicios de predicación sólo con su cuerpo; murmurando, leyendo, o haciendo planes mientras se predica la palabra de Dios? ¿Falta a las reuniones de oración? ¿Es negligente en las devociones familiares?

12. Colosenses 3.9: *No mintáis los unos a los otros, habiéndoos despojado del viejo hombre con sus hechos*

¿Miente alguna vez? ¿Exagera? ¿No ve las «mentiras blancas» como pecados? ¿Cuenta las cosas a su manera y no como realmente son?

13. 1 Pedro 2.11: *Amados... que os abstengáis de los deseos carnales que batallan contra el alma*

¿Es culpable de mirar con lujuria al sexo opuesto? ¿Llena su mente con programas de televisión, películas, libros o revistas orientados sexualmente? ¿con sus cubiertas? ¿los carteles del centro? ¿Se involucra en cualquier actividad lujuriosa que la palabra de Dios condene: fornicación, adulterio, perversión?

14. Juan 13.35: *En esto conocerán todos que sois mis discípulos, si tuviereis amor los unos con los otros*

¿Es usted parte de una facción o división en su iglesia? ¿Añade leña al fuego en vez de ayudar a apagarlo? ¿Ama sólo a los miembros de su iglesia pues cree que los de otras denominaciones no son el cuerpo de Cristo? ¿Se deleita en secreto con los infortunios de otros? ¿se disgusta por sus éxitos?

15. Colosenses 3.13: *Soportándoos unos a otros, y perdonándoos unos a otros, si alguno tuviera queja contra otro. De la manera que Cristo os perdonó, así también hacedlo vosotros*

    ¿Ha fallado en perdonar a alguien por cualquier cosa que le haya hecho o dicho contra usted? ¿Ha descartado a ciertas personas? ¿Guarda algún rencor?

16. Efesios 4.28: *El que hurtaba, no hurte más, sino trabaje.*

    ¿Roba a su patrono trabajando menos o quedándose en el trabajo menos tiempo que el que le pagan? ¿Paga menos de lo justo?

17. Efesios 5.16: *Aprovechando bien el tiempo, porque los días son malos.*

    ¿Desperdicia su tiempo? ¿el de otros? ¿Desperdicia el tiempo mirando basura en la televisión, leyendo libros tontos o dejando para mañana lo que puede hacer hoy?

18. Mateo 6.24: *Nadie puede servir a dos señores... no podéis servir a Dios y a las riquezas.*

    ¿Es su meta en la vida hacer tanto dinero como sea posible? ¿Acumular cosas? ¿Ha retenido la parte de sus ingresos que le corresponde a Dios? ¿Es el dinero su Dios?

19. Mateo 23.28: *Así también vosotros por fuera, a la verdad, os mostráis justos a los hombres, pero por dentro estáis llenos de hipocresía e iniquidad.*

    ¿Sabe en su corazón que es un falso que pretende ser un verdadero cristiano? ¿Se escondes detrás de la membresía de una iglesia para encubrir una vida llena de pecado? ¿Está falsificando el cristianismo para ganar posición social, aceptación en la iglesia o en la comunidad? ¿Sonríe con piedad durante el sermón del domingo pero vive en sus pecados toda la semana? En su hogar, ¿es la misma persona que intenta ser ante los demás?

20. Filipenses 4.8: *Por lo demás, hermanos, todo lo que es verdadero, todo lo honesto, todo lo justo, todo lo puro, todo lo amable, todo lo que es de buen nombre; si hay virtud alguna, si algo digno de alabanza, en esto pensad.*

¿Disfruta al escuchar chismes? ¿pasándolo a otros? ¿Cree en los rumores o en las verdades parciales, especialmente sobre un enemigo o competidor? ¿Falla en dedicar tiempo diario en leer la Biblia? ¿Falla en pensar en todo momento en las cosas buenas, verdaderas y puras de Dios?

Preguntas de Reflexión

Examine su estilo de vida:

Mientras leía los pasajes bíblicos de este capítulo, ¿le sorprendió el que hayan condiciones para que Dios escuche y conteste sus oraciones intercesoras? ¿Sabía que la Biblia dice que su estilo de vida determina si sus oraciones serán o no oídas y contestadas por Dios? ¿Cree que tiene las manos tan limpias como para esperar que Dios dé la bienvenida a sus oraciones? ¿Qué atributo de Dios podría estar violando mientras busca que sus oraciones intercesoras sean aceptadas por Él?

Lectura bíblica

Lea en su Biblia Isaías 6.1-4 y permita que Dios le muestre cómo es en realidad el lugar de su morada. ¿Cuál es la única palabra que describe en triplicado al Dios del cielo? Ahora, lea Apocalipsis 4.1-8 para conocer el ambiente que rodea al Padre. ¿Qué palabras retumban a su alrededor? Según Apocalipsis 5.8, ¿cómo sabe que sus oraciones van y se preservan en ese ambiente santo?

Para hacer

Lista de pecados. Según Santiago 4.17, ¿cuáles de sus malas acciones, pensamientos, actitudes y obras son en realidad pecado? Lea en oración la lista de pecados, y permita con honestidad que Dios le dé convicción de cualquiera que no haya sido confesado. **Verifique cada uno que se aplique a usted**. Ahora, ¿cuán listo se siente para entrar con sus oraciones al ambiente santo de Dios? Según Hebreos 10.19, ¿cómo puede tener la confianza para entrar en ese lugar santo?

¿Por qué? _____

Para orar:

«Santo, santo, santo Padre que estás en los cielos, soy indigno de venir con mis pecados ante tu santa presencia. Confieso cada uno de los pecados bíblicos que he leído y todos los otros que tú traes a mi mente. Perdóname por:_____(identifíquelos y confiéselos por separado). Gracias por la sangre de Jesucristo que me limpia de todo pecado. Creo por tu palabra que he sido perdonado y soy digno de entrar ante tu santa presencia. Gracias santo, santo, santo Padre por el poder potencial de mis oraciones. En el incomparable nombre de Jesús, amén».

*Si todavía no tiene la seguridad de que se ha arrepentido y creído en Jesús, ore con sinceridad sobre el número diecinueve de la lista de pecados que se refiere a Mateo 23.28, confesando y aceptando a Jesús como su Salvador y Señor.

Capítulo 7

Los intercesores también necesitan oración

Los ministerios de oración por lo general se organizan para orar por algo específico. Esto fue así cuando se organizó el Ministerio de Oración Unida para ser la junta asesora de oración para mi entonces naciente ministerio de oración. Pero pronto descubrimos que aquellos que oraban con tanta fe por mí, también necesitaban oración para sí mismos. ¿Por qué? Porque los cristianos están en una batalla espiritual, y la oración es la manera de obtener el poder de Dios contra el mal en la tierra. Los intercesores amenazan a Satanás con sus oraciones y por eso él trata desesperadamente de detenerlos. No es que él sea nuestro enemigo, ¡sino que nosotros somos sus enemigos! Así que encontramos la respuesta: ¡orar los unos por los otros! Obedecimos el mandamiento de Gálatas 6.2: «Sobrellevad los unos las cargas de los otros, y cumplid así la ley de Cristo».

Orar por los intercesores se convirtió en nuestro regalo mutuo, y mi regalo para todos ellos.

Mi regalo para mis intercesoras

Marlene, la presidenta de nuestra junta por muchos años, tomó la iniciativa de mantener oración continua por mí, intercediendo ella misma profunda y fervientemente. Pero la vida tuvo altas y bajas para ella y su familia. A través de los años, ha sido nuestro privilegio orar por ella a lo largo de esos tiempos difíciles.

Marlene describió muy bien este hermoso proceso que hemos mantenido todos estos años: «Hay veces en que no puedo orar por mí misma. Ahí es cuando el proceso se revierte».

Edith estuvo tan enferma que teníamos que ayudarla a sentarse cuando todavía podía asistir a las reuniones de la junta. ¡Cómo oramos por esta querida ex directora de escuela, mientras ella misma era una maravillosa intercesora! Edith no sólo oraba por nosotras sino que tenía un campo misionero especial en las minas de carbón de un estado sureño. Sus misioneras le enviaban una lista de las personas a las que estaban tratando de ganar para Jesús, y Edith oraba por ellas nombre por nombre, a veces toda la noche pues el dolor no la dejaba dormir.

En cada reunión, Edith se sentaba con un montón de fotografías en su regazo de los que habían aceptado a Jesús esa semana, esperando con ansiedad que le tocara su turno para contarnos quiénes eran. Todavía puedo ver sus ojos chispeantes detrás de sus lentes increíblemente gruesos, alabando a Dios por lo que Él hizo cuando ella oró... y mientras nosotras orábamos por ella.

El otro día, Dorothy —miembro de mi junta— se sentó a la mesa de mi cocina.

—¡Ore por mi hermano!— me pidió con la desesperación pintada en sus ojos—. Está agonizando y en estado de coma. No tiene amigos ni familiares que vayan a su funeral.

—¿Por qué no?— le pregunté.

—Por la horrible vida que ha vivido—replicó.

La había violado cuando ella era una niña y fue a prisión por hacer lo mismo a sus hijas, y la lista de delitos no terminaba. Todavía se estremecía al recordar el rugido de furia casi animal del ataque. «He tratado y tratado de llevarlo a Jesús, pero ya es demasiado tarde. ¡Está en coma!», se lamentó.

Le conté a Dorothy sobre mi hermano Bud, a quien mantuvieron vivo con máquinas, luego de que un auto que iba a cincuenta millas por hora lo atropelló. Desesperada y sabiendo que entraba en la eternidad diciendo que no había Dios, me incliné sobre él y lentamente le dije: «Bud, Dios te ama. ¿Puedes confiar en Jesús ahora?» ¡Y me hizo caso! Confió en Jesús y se quedó con nosotros dos años más antes de que el cáncer se lo llevara al cielo.

Después de oír la historia de Bud, Dorothy salió temerosa a visitar a su hermano. Regresó unos pocos días más tarde. Le había repetido una y otra vez las palabras para que pidiera perdón a Dios y aceptara a Jesús como su Salvador. «Me alegré muchísimo cuando la directora del hogar de ancianos me dijo que había hecho lo mismo. Así que por lo pronto sólo me resta esperar», suspiró con resignación. ¿Habrá escuchado? ¿Habrá respondido a Jesús? sólo la eternidad en el cielo lo revelará.

Por veinte años, mientras Dorothy había orado casi a diario por mi ministerio, nosotras habíamos orado por ella cuando su hijo falleció en un incendio, la muerte de su esposo, la lucha constante con los hijos de su esposo y los de ella, y la recuperación por el apropiamiento de su lucrativo negocio por parte de un socio tramposo.

Pero ahora, tener su mano en la mía, llorar con ella y orar por ella fue un inexpresable privilegio para mí. ¡Sobrellevad los unos las cargas de los otros!

El profundo amor que siento por aquellos que se preocuparon tanto como para darme su tiempo y energía para sostenerme en oración se derrama de mi interior hacia ellos, mientras oro por cada uno. *Esta es una dimensión del amor que sólo el cuerpo de Cristo puede experimentar.*

Familias

Al orar los unos por las familias de los otros, nos hemos convertido en una familia estrechamente unida. Hemos orado mutuamente en nuestra cadena telefónica de oración cuando de repente se presenta una necesidad o esta se torna desesperada. Hemos escuchado lo que han compartido los demás y hemos orado por eso en las reuniones de la junta y en los retiros. Nuestro calendario de oración tiene una o más intercesoras asignadas para orar específicamente por cualquiera que utilice nuestros libros y cintas ese día, y el resto de nosotras oramos por esa intercesora.

Por espacio de seis años, Betty y su esposo no supieron dónde estaba su hija junto con sus dos niñitos. Durante esos largos años, Betty se sentaba en las reuniones de la junta con el corazón roto de una madre y con una sorprendente fe en Dios, y nosotros orábamos. Nos unimos a las cientos de oraciones fervientes de familias y amigos que subían al trono de Dios por ella.

«¡Dios respondió!», me escribió Betty. «Los encontraron en buen estado de salud en una comunidad cristiana. Dios los mantuvo seguros bajo su cuidado e hizo provisión para sus necesidades más allá de nuestras expectativas. Ahora está felizmente casada con un profesor de una universidad cristiana. Sus dos hijos están con ellos y están muy felices en su nuevo y lindo hogar. Este otoño viajarán a Rusia en una oportunidad de intercambio universitario para enseñar. Efesios 3.20-21!»

No todos los problemas eran tan serios. La mayoría eran las cosas normales que suceden a todos los seres humanos en nuestro planeta caído: intervenciones quirúrgicas, niños difíciles, reveses financieros, relaciones difíciles y problemas de salud. Pero todos necesitábamos ayudar a sobrellevar las cargas de los otros.

No todas terminaban en gloriosa victoria. Muchas sí, otras todavía están en proceso y algunas parecían desilusiones para nuestra forma de pensar, pero no para Dios. *Dios nunca prometió que todos nuestros problemas desaparecerían o que nos daría respuestas instantáneas. Pero prometió darnos una maravillosa paz que el mundo no puede dar y la seguridad que Él está en control, y haciendo todas las cosas para nuestro bien.* Aprendimos el increíble gozo de ajustarnos a su perfecta voluntad y ver cómo nos convertía en oro refinado, reconociendo el desastre que hubiera sido si nos hubiese concedido las cosas que le pedíamos a nuestra manera. Y Él ha cumplido sus promesas.

Surgió un patrón

Sin embargo, después de unos pocos años de oración concentrada por parte de mi junta, comenzamos a ver un patrón. No eran sólo los problemas usuales por vivir en un planeta caído, sino un aumento en los problemas personales y familiares en ciertos momentos. Algunas veces éramos todos a la vez. Analizándolo, descubrimos *que había un incremento en las dificultades personales cuando Dios iba a hacer algo importante en nuestro ministerio*: tal como abrir un nuevo continente para nuestra enseñanza o escribir un nuevo libro sobre la oración.

Poco a poco Dios nos mostró algunas de las razones detrás de su extraño patrón. Había una razón mucho más profunda que sólo sobrellevar los unos las cargas de los otros en oración. *Teníamos un enemigo... un enemigo sobrenatural.*

Era obvio que Satanás estaba enojado ante el poder de la oración que Dios enviaba cuando las intercesoras oraban. *Satanás puede resistir todos nuestros planes y programas, ¡pero no puede resistir toda esa oración!* Orar es recibir ayuda sobrenatural para resolver los problemas que Satanás produjo cuando el pecado entró al jardín del Edén. Y la manera de Satanás de contrarrestar el poder de la oración era mantenernos enredadas luchando con nuestros problemas de modo que no pudiésemos pensar en orar por los deseos de Dios para el Planeta Tierra.

Pero lo mejor de descubrir el origen de ese patrón fue experimentar la victoria bíblica sobre el enemigo, que ya era nuestra. Esto nos dio una nueva razón para orar por cada uno como intercesores cristianos.

Luego de describir en Efesios 6 la armadura espiritual para batallar contra las acechanzas del diablo, el apóstol Pablo dio estas palabras de exhortación sobre la oración por los santos (personas que hemos sido redimidas y limpiadas de nuestro estado original de pecado). Nos dio esto a nosotros, los santos, para quienes escribió el libro:

> Orando en todo tiempo con toda oración y súplica en el Espíritu, y velando en ello con toda perseverancia y súplica por todos los santos. (Efesios 6.18)

Con mucha diligencia, comenzamos a *mantenernos alertas* a las necesidades de cada uno, asegurándonos que lo que necesitábamos era oración y no sólo hablar de nuestras necesidades. Nuestra oración esporádica se convirtió más en la oración bíblica «en todo tiempo». Aprendimos cómo apoyarnos más en el Espíritu Santo que estaba en nosotros y a llevar nuestras oraciones al Padre, según su voluntad.

Mis hijos han sentido también este patrón en diferentes ocasiones. Nuestra hija Nancy y su esposo Dan, nos han llamado para preguntarnos: «¿Se movió Dios de una manera sorprendente en la reunión de hoy?» o «¿Dónde estuvieron este fin de semana?» Ellos también sienten el origen de la batalla. Hemos tenido varias conversaciones serias sobre esto, en las que les he preguntado si quieren que renuncie al ministerio para que la vida sea más suave para ellos. Pero su respuesta siempre ha sido un rotundo «¡No, mamá! Pagaremos el precio que sea necesario a fin de que Dios cumpla lo que Él te ha llamado a hacer». Mis intercesoras han orado consistentemente por ellos, mientras que Dan y Nancy oran por mí.

Después de hablar mucho en grupos de jóvenes y en escuelas, sobre el peligro de la participación de los estudiantes en juegos y prácticas de ocultismo, fue nuestro hijo universitario Kurt, quien dio un suspiro de alivio cuando vio mis primeras cintas editadas y publicadas sobre la oración. Nos dijo: «Quizás ahora pueda dormir en las noches».

Mis hijos oran por mí en esta batalla, y mis intercesoras y yo oramos por ellos también. En Aberdeen, Escocia, donde comenzamos una de mis giras, tuvimos una terrible batalla espiritual. Una nube de opresión se cernía sobre las reuniones de oración de nuestro comité, y parecía no desaparecer por completo con nuestras oraciones. Le tocó el turno a nuestra hija Jan de recibir una llamada telefónica en los Estados Unidos, y me dijo: «Mamá, Dios me dio una escritura para ti: los últimos versículos de Romanos 8». (Esto sucedía con frecuencia cuando estaba en otros continentes).

No significó mucho para mí hasta la mañana siguiente cuando la opresión todavía estaba allí cuando desperté. Releí esa porción de las Escrituras y esta vez casi saltaba de la página:

Antes, en todas estas cosas somos más que vencedores por medio de aquel que nos amó. (Romanos 8.37)

Supe inmediatamente que era la respuesta de Dios. ¡No íbamos a ganar una pequeña victoria ese día! Y no lo hicimos. La nube pesada se desvaneció inmediatamente, y todo ese día hubo un increíble mover de Dios y una tremenda libertad.

No es de extrañar que necesitemos orar el uno por el otro, ¡con Dios enviando tal victoria sobre nuestro enemigo!

Secreto

Tomar la espada del Espíritu —que es la palabra de Dios— era un secreto de oración contra nuestro enemigo Satanás que aprendimos de la descripción de la armadura espiritual en Efesios 6. De la lista de armas para derrotar al diablo esta es la única arma *ofensiva* contra él; todas las demás son armas defensivas. La presidenta de nuestra cadena de oración telefónica, Ruth, incluye una porción bíblica con la petición de oración de cada día. Las intercesoras se emocionan cuando cuentan cómo esa palabra de Dios les ayuda en su oración. Y se maravillan de cómo ella consigue siempre la escritura exacta de parte de Dios. Satanás puede citar la Biblia, pero no puede prevalecer contra nosotros cuando la estamos orando.

Pablo añadió su necesidad espiritual de oración en su batalla espiritual para permanecer firme a favor de Jesús. En la última parte de la armadura espiritual para batallar contra las acechanzas del diablo, no sólo le dijo a los santos que oraran los unos por los otros, sino que oraran también por él : «Y por mí, a fin de que al abrir mi boca me sea dada palabra para dar a conocer con denuedo el misterio del evangelio, por el cual soy embajador en cadenas; que con denuedo hable de él, como debo hablar» (Efesios 6.19-20).

Estos son los versículos que Jan me envió cuando estaba luchando con la decisión de escribir lo que Dios me estaba diciendo en mi libro *Battling the Prince of Darkness* [Cómo combatir al Príncipe de las Tinieblas], un libro de evangelismo sobre cómo rescatar a los cautivos del reino de Satanás. Hasta el día de hoy he mantenido estos versículos pegados con cinta adhesiva a mi computadora y ¡los releí mientras escribía este capítulo!

Gracias a las intercesoras

Nuestras intercesoras necesitaron mucha oración por ellas en los momentos en que Dios sabía que iba a haber una batalla espiritual inusual. He aquí algunos extractos de lo que les dije en una carta de «gracias por orar» después de mi convención «Protestant Women of the Chapel» en Europa:

Mientras ustedes y el liderazgo local de ellos oraban, fui a Alemania a ofrecer una convención de una semana sobre entrenamiento de oración para todas las mujeres militares del continente, incluyendo algunos de sus capellanes. Gail Wright, su presidenta, tenía inscritas a líderes de todos los países de Europa, desde Islandia hasta Turquía.

Obviamente Satanás estaba muy nervioso con los preparativos para comenzar una oración organizada en las bases militares de cada país europeo. Y en la noche de Halloween, Dios contestó las oraciones de las intercesoras e impidió que toda la convención fuera un fracaso. Fue la primera vez en mi vida que tenía una reunión interrumpida por las fuerzas satánicas y tuve que poner orden ante el caos que surgió.

Estaba hablando de los pastores y de todas las cosas que hacen que el pastor del Nuevo Testamento, Jesús, fuera diferente a los pastores del Antiguo Testamento que dieron su vida por sus ovejas. El tema: «El Pastor del Nuevo Testamento retoma su vida» cayó en la noche de Halloween. Tomé 1 de Juan 3.8 y expliqué que Jesús murió para derrotar las obras del diablo y «para destruir por medio de la muerte al que tenía el imperio de la muerte, esto es, al diablo» (Hebreos 2.14).

Entonces les di la impresionante lista bíblica de las cosas maravillosas que Jesús logró para el creyente por medio de su muerte: vida eterna, redención y perdón de pecados por su sangre, facultad de pasar del reino de Satanás al reino de Jesús, poder sobre Satanás por medio de la sangre de Cristo, tener al Salvador sentado en los lugares celestiales a la derecha del Padre, y Dios haber puesto todas las cosas en sujeción bajo sus pies.

En ese entonces la brujería, el ocultismo y la adoración de Satanás estaba en su apogeo en Europa, y les expliqué que su única esperanza estaba en el nombre del Salvador resucitado, Jesús, y su sangre derramada en la cruz.

Después de orar toda esa noche en el auditorio, asegurándose que Jesús era su Salvador personal, cantaron alabanzas y, en pequeños grupos de oración, agradecieron a Jesús por morir y dar perdón. Cuando pedí a cada uno de ellos que escogiera una persona o cosa (su iglesia, escuela, etc.) e invocara en oración que la sangre de Cristo le librara del maligno esa noche de Halloween, ¡hicieron oraciones fervientes, poderosas, persistentes y victoriosas!

Pero de repente la atmósfera cambió esa noche de Halloween. Con 135 diferentes denominaciones y muchos idiomas representados, esperábamos variedad. Pero, sentada cerca de mi esposo, una joven mujer asiática que había estado orando con fervor en su idioma nativo, de pronto arqueó todo su cuerpo y abruptamente cambió a una oración alta y casi ininteligible. Una presencia maligna nos envolvió. Muchos dijeron que sintieron un escalofrío por todo el recinto, una dijo que fue como agujas clavándoseles en todo el cuerpo. Con mucha calma me acerqué al micrófono, levanté mi voz por encima del estrépito, y con firmeza invoqué la sangre de Jesús. ¡La confusión cedió y la regocijante victoria fue nuestra!

Parecía que Satanás había ganado cuando casi deshizo el retiro, pero Dios lo transformó en bien. La mayoría de los presentes fueron a sus habitaciones para leer la Biblia y orar juntos por lo que había sucedido. Ninguna enseñanza doctrinal podía lograr jamás lo que Dios hizo al permitir un incidente de experiencia real. ¡Qué oportunidad tan fantástica!

Pero ¿qué hubiera pasado si ustedes no hubieran estado orando? ¡Tiemblo de sólo pensarlo! ¡Gracias intercesoras!

JoAnne, un miembro de la junta que es abogada, publicó por años un periódico cristiano. Cuando escribió y publicó una serie bisemanal sobre los males de la pornografía, todo en su vida comenzó a venirse abajo. Con sabiduría comentó: «En cualquier cosa que esté confrontando directamente al mal, en especial si toma una acción directa para confrontarlo, se pone usted mismo y pone a sus intercesores en riesgo».

¡No es de extrañar, entonces, que necesitemos oraciones los unos por los otros!

¿Alabanza?

Que este era el tiempo de alabar fue una de las más grandes y difíciles lecciones que aprendimos. Dios nos mostró que cualquier cosa que lograra tanta atención de Satanás significaba que estábamos haciendo algo para ponerle nervioso... o aterrorizarlo.

Esto es difícil de captar, especialmente en el momento en que estamos en medio del ataque. Todo lo que podemos pensar es en una solución inmediata para el problema.

Pero mientras más alabamos a Dios y nos concentramos en su perspectiva eterna, más nos maravillamos al ver que Él hace todas las cosas para bien nuestro, según su conocimiento del principio y el fin de todo aquello por lo cual estamos orando. Esto ha cambiado toda nuestra perspectiva, no sólo en cómo oramos, sino en toda nuestra relación con el Señor.

Guerra espiritual

Un ministerio que está alcanzando a quienes no tienen a Jesús, por medio de la oración, y pidiéndoles que lo acepten, es especialmente vulnerable a los ataques de Satanás. ¿Por qué? Porque esa oración es parte del rescate de cautivos del reino de Satanás. Satanás está muy pendiente de los que ya le pertenecen en su reino, y está desesperado por levantarnos de nuestras rodillas.

El ganar almas para Jesús es involucrarse en la batalla entre los gobernadores de los dos reinos espirituales del planeta Tierra: el dominio de las tinieblas de Satanás, y el reino de la luz de Jesús.

¡Pero estamos en el lado ganador! Jesús vino para asegurarnos la victoria, para que pudiéramos tener autoridad y poder sobre Satanás. Como dicen las Escrituras:

Para esto apareció el Hijo de Dios, para deshacer las obras del diablo (1 Juan 3.8).

Y cuando Jesús exclamó: «¡Consumado es!» en la cruz, fue consumado, para entonces y para ahora. ¡Y Satanás lo sabe!

En cada seminario tengo una rutina de silencio antes de hacer una invitación para aceptar a Cristo. Mientras los asistentes oran y confiesan sus pecados en pequeños grupos de cuatro, yo silenciosamente me dirijo a Satanás. (Siempre me aseguro de que he confesado mis pecados antes de comenzar a enseñar, así que tengo libertad para hacer esto). Esto no es orarle a él , ya que sólo los adoradores de Satanás hacen eso. Examino a toda la audiencia visualmente, diciéndole a Satanás que Jesús murió por cada uno de ellos, y que él ya no tiene ningún derecho para estar pendiente de ellos ni mantenerlos en su reino. Entonces oro en silencio pidiéndole a Dios que conduzca a los asistentes a una nueva vida en Jesús. Esto, junto a toda la intercesión, estoy segura, es una razón por la que hemos promediado el veinticinco por ciento —y dos veces alrededor del ochenta por ciento— de personas que oran en voz alta asegurándose que Jesús es su Salvador personal. De manera que es obvio entender por qué Satanás está nervioso.

> El cual [el Padre] nos ha librado de la potestad de las tinieblas, y trasladado al reino de su amado Hijo, en quien tenemos redención por su sangre, el perdón de pecados (Colosenses 1.13-14).

El comité del seminario y la junta de intercesoras han hecho cantidades increíbles de oración por este proceso de salvación, buscando el cielo para los eternamente perdidos. *Una de las principales razones por la que los cristianos trabajan tan duro para una cosecha de almas tan baja es que fallamos en incluir una suficiente porción del poder de Dios en la oración preevangelización.* Pero esas intercesoras necesitan con desesperación muchas más oraciones por ellas, también, para mantenerse fieles, constantes y protegidas.

¡Y funciona! Hemos tenido resultados sorprendentes cuando las intercesoras y los que oran por ellas marchan confiadamente, asidos de 1 Juan 4.4: «Mayor es el que está en vosotros [Jesús] que el que está en el mundo [Satanás]».

Prioridades

Sin embargo, es una lucha constante mantenernos alertas y no emplear todo el tiempo entre nosotros mismos. Las necesidades físicas y materiales son tan obvias y difíciles que a veces perdemos nuestra perspectiva de por qué estamos organizadas para orar; esto es, por la dirección, protección, sabiduría y poder de Dios, a fin de cumplir su voluntad en nuestro ministerio.

Cuando el ex capellán del Senado de los Estados Unidos me pidió dar un taller sobre oración en el culto de oración de su iglesia del miércoles por la noche, incluí mantener el balance en las razones por las que ellos oraban. Les hice esta pregunta: «¿Por qué en la mayoría de reuniones de oración de la iglesia, aun en la Escuela Dominical y los estudios bíblicos, por lo menos el noventa por ciento de las oraciones son para los cristianos quienes, cuando mueran, irán a estar con su Señor en el cielo, mientras que no hay ninguna oración por aquellos no cristianos quienes, cuando mueran, irán a una eternidad sin Cristo?»

Un asistente de pastor que estaba a cargo esa noche se sintió avergonzado al levantarse a dirigir el tiempo de oración de la iglesia. «No me atrevo entregarles estas hojas con peticiones de oración para que oren», balbuceó. «Todas las peticiones son por un cristiano enfermo, excepto una pidiendo sabiduría para comprar una nueva propiedad».

Ausencias temporales de las intercesoras

Jeanne, una enfermera, comenzó como una intercesora original en nuestra junta de 1973. Jeanne nos dejó por varios años cuando fue con su esposo cirujano a Bangladesh a construir un hospital misionero, y ministrar allí. Cuando terminó la tarea, regresó para ser la presidenta de nuestra junta y la anfitriona para nuestras reuniones mensuales. Por años, también estuvo activando la cadena de oración telefónica varias veces a la semana. El liderato de Jeanne fue decisivo en la organización de oración en muchos frentes mientras estuvo con nosotros. Pero entonces Dios la llamó de regreso a Bangladesh para un proyecto de hospital inconcluso.

Cuando regresó a casa otra vez, Jeanne estaba radiante por la diferencia que esas oraciones organizadas habían hecho en ese viaje misionero. He aquí lo que escribió a quienes la habíamos sostenido financieramente y en intercesión:

Para el primer viaje misionero, tuvimos el excelente apoyo de oración que la mayoría de misioneros tienen. Pero esta vez, el apoyo de oración aumentó dramáticamente con todas ustedes en la junta orando por nosotros. Nuestra iglesia, y la iglesia en ese entonces de nuestra hija en Iowa, estuvieron más involucradas en oración, y la «Lutheran Aid to Medicine» en Bangladesh estaba organizada para orar y sostener la misión. Con toda esa oración, vimos las respuesta de Dios con milagro tras milagro. No se puede comparar el poder de Dios en esos dos viajes misioneros.

Nuestra misión era terminar un hospital que habían comenzado diez años antes y buscar el personal. Este proyecto había atravesado por muchas dificultades. Por medio de la oración, la comunidad (incluyendo el magistrado), muchas organizaciones de SIDA, e incluso mujeres de la embajada holandesa se involucraron en la construcción de caminos, equipos, etc. Uno de los canadienses que trabajaba cerca dijo que era un milagro que hubiésemos completado tanto en veinte meses.

Aunque hubo muchos retos, el esfuerzo de oración unida nos capacitó para terminar el hospital, construir instalaciones para el personal y llenarlo de médicos. Incluso pudimos construir una capilla con dinero donado en memoria de alguien...

Al volver a casa, he visto un mayor énfasis en la oración en mi iglesia, en los pequeños grupos y en los comités de búsqueda para reemplazar nuestro personal pastoral que se retira. Lo primero que hizo nuestro nuevo pastor fue buscar hombres para servir como guerreros de oración, y más de cien personas se ofrecieron como voluntarias. Ellos se reúnen con todos los pastores los domingos a las 7:30 a.m., les imponen las manos y oran por todos los servicios. Luego oran por el santuario y otras áreas. Durante nuestros cuatro servicios, algunos oran todo el tiempo, y todos reciben cada mes las peticiones de oración.

Estar en nuestra junta me ha enseñado personalmente la importancia de la oración; los prerrequisitos, el poder de la oración, y la necesidad de perseverar en oración. ¡A Dios sea la gloria!

Cuando Dios mueve a los intercesores

Cuando en ocasiones Dios ha llamado a uno de los miembros de nuestra junta a otro trabajo para Él , en lugar de egoístamente contarlo como pérdida, practicamos una maravillosa clase de oración. Nos reunimos alrededor, mientras ella se arrodilla en el centro, le imponemos nuestras manos y la comisionamos a su nueva aventura.

En vez de enojarnos por el precio de nuestra pérdida, nos sorprendemos por la forma en que Dios nos ha permitido gozarnos al verle a Él llevar nuestra enseñanza práctica de oración a un campo misionero, a un nuevo pastorado, o comenzar a enseñar un ministerio a través de ella. Hemos aprendido a nunca cuestionar un verdadero llamamiento de Dios lejos de nosotros. *Esta ha sido la manera de multiplicar su entrenamiento de oración a través de los años.*

Barb parecía tener una «línea directa al cielo», y yo apreciaba muchísimo sus palabras del Señor para mí y para el ministerio. Había una maravillosa presencia del Señor en ella; cuando entraba a una habitación todo lo demás se detenía. Su ministerio en las calles de la ciudad, en las prisiones y la predicación eran admirables.

Pero la oración tenía dos vías. Barb llevaba una vida increíblemente difícil y también necesitaba nuestro sostén. Tiene ascendencia judía y afroamericana, y aunque había conducido a su madre al Señor, ninguno más de sus familiares había aceptado a Jesús como el Mesías. Al orar por Barb, hemos visto a Dios comenzar a entrar en esa maravillosa familia, y el proceso continúa hoy día.

Las oraciones de Barb por nosotros y nuestras oraciones por ella se mantienen, mientras ella y su esposo ministran a tiempo completo en un poderoso ministerio en los barrios bajos de la ciudad. Y el círculo de amor nunca se ha roto. Hay abrazos de gozo dondequiera que nos encontramos.

Una de mis alegrías más grandes es que Dios me necesite para orar por los que están orando por mí.

Y hemos seguido orando unos por otros: por Liz y un gran ministerio en Alabama, por Doreen para comenzar oración en su esfera de influencia en un estado del oeste, por Peg para que Iowa se convierta en una extensión de nosotras, por Mary para convertirse en líder de una fraternidad de estudio bíblico, por los múltiples ministerios de Jeanne, por Shirlee y su ministerio en Etiopía, las Filipinas y África Occidental. Y la lista continúa a través de nuestros veintisiete años.

Ya no están activas

A medida que las intercesoras originales han envejecido o han ido a hogares de cuidado para ancianos, nuestras oraciones por ellas no han cesado. Pero lo más sorprendente es que sus oraciones por nosotras tampoco han cesado.

A Viola la trajeron en silla de ruedas a nuestra última fiesta de Navidad. Qué maravilloso fue para nosotros abrazar su frágil cuerpo y escucharla orar. Extraño su profunda sabiduría en las reuniones de la junta. Ella se sentaba, y nos escuchaba en silencio a cada una de nosotras, luego, en pocas palabras lo resumía todo con una sabiduría que a menudo parecía venir directamente de Dios.

Cuando me incliné sobre la silla de ruedas para darle un abrazo de despedida, me dijo: «Evelyn, cada día oro una y otra vez por ti. Un día del mes pasado, el Señor me dijo tres veces: «Ora por Evelyn», y lo hice.

Ester, que tiene noventa y cinco años, me envió estas palabras en una tarjeta de Navidad: «Te envío un pequeño cheque para Radio Transmundial. Va con mis oraciones por la extensión del reino de Dios. Estoy pensando en ti, te amo y oro por ti y tu ministerio».

Julia estuvo en el comité de mi primer seminario de oración y ha sido una intercesora increíblemente fiel y miembro activa de la junta desde entonces. Ahora que ya no puede ir a todas las reuniones de la junta, especialmente en la nieve de Minnesota, permanece en la cadena de oración telefónica, respaldando nuestro ministerio con sus poderosas oraciones.

Dios nos ha enseñado que el más grande potencial inexplotado para la iglesia cristiana son nuestros «viejitos en la edad de oro». Ellos tienen una sorprendente madurez espiritual, pero sobre todo tienen algo que necesitamos con desesperación y que desaparece con rapidez: tiempo.

La perspectiva de Dios en la muerte de una intercesora

Unas pocas de nuestras miembros han muerto durante estos largos años. Nuestra oración por esas fieles intercesoras ha terminado. Con la misma profundidad que extrañamos su sabio consejo y su poder maduro de oración, Dios nos enseñó una maravillosa dimensión de sus años de oración: *Él sigue respondien-*

do, mientras sea necesario, para cumplir todo lo que desea con esas intercesoras.

Los esposos de varios miembros de la junta han orado fielmente con sus esposas. La ya retirada Mary Lou y su esposo acostumbraban pasar un par de horas al día en oración, la mayor parte de esto por nuestro ministerio. Cuando me pidieron que hablara en el funeral de su esposo, miré a la doliente familia frente a mí y compartí con ellos el maravilloso secreto que Dios nos había enseñado. «Su abuelo, padre y esposo fue un tremendo guerrero de oración. Le extrañarán grandemente. Pero no extrañarán las oraciones que hacía por ustedes, pues Dios seguirá respondiendo esas oraciones a través de los años. A Dios no le importa si el que oraba está ahora viviendo en el cielo con Él o está todavía en la tierra con nosotros». Los consolé, y me consolé, por la pérdida de un gran intercesor, pero no por la pérdida de las respuestas de Dios.

Cuando mi madre murió a la edad de noventa y un años, acababa de terminar un nuevo libro sobre cómo nuestras oraciones son guardadas en copas de oro en el cielo (véase Apocalipsis 5.8). Puesto que ella había sido mi mejor compañera de oración, y por el tiempo más largo, no podía esperar para que leyera dónde estaban sus oraciones. Pero precisamente antes de que consiguiera que leyera esa parte en el libro, Dios la llamó a casa de repente por medio de un infarto masivo. Mi corazón lamentaba que se hubiese perdido mi tributo a ella en el libro... hasta que Dios convirtió mi lamento en baile. Mi mamá estaba viendo las copas de oro de sus setenta años de maravillosa oración. *¡Las oraciones de los intercesores son acumulativas!*

Mi hermana Maxine y su esposo Rudy tomaron el manto de oración de mi madre por mí. En varias ocasiones ya habían pasado horas en oración por mí cuando estaba en otros continentes y en casa, así que estaban añadiendo esta nueva dimensión. Una hija también me llamó para decirme que estaba tomando el manto de oración de mi madre que Dios le había dejado a ella. De esa manera el ciclo sigue y sigue.

¿Hasta cuándo, Señor Jesús, hasta cuándo?

¿Hasta cuándo debemos luchar en oración y pagar el precio para tener la victoria sobre Satanás?

Convertirse en uno de los siervos escogidos de Dios para interceder, ¿no debería asegurarle un «viaje suave», o por lo menos que la mayoría de los golpes de la vida sean suavizados? ¿Acaso Jesús no derrotó en la cruz a Satanás de una vez por todas? *¿Por qué necesitamos orar todavía; y orar por los que están orando?*

Quizás ya me han oído contar el siguiente incidente, pero vale la pena repetirlo:

En Bangalore, India, el esposo de mi anfitriona, quien había sido el principal consejero de las Naciones Unidas sobre tecnología, sistemas de energía y productividad de su país, me contó esta historia verídica mientras cenábamos una noche. Durante el gobierno colonial británico en la India, en los primeros años del siglo veinte, su padre había sido un oficial de rango y viajaba extensamente con su séquito de sirvientes. Los británicos habían edificado casas para ellos en la selva, donde no había hoteles.

Justo al sur de Calcuta, un sirviente que estaba trabajando en una de esas casas corrió donde estaba su padre, blanco como un papel y hablando incoherencias. Una gigantesca pitón, capaz de tragarse a una cabra, a una oveja o a un hombre, estaba enrollada debajo de la mesa. Aterrorizados, cerraron todas las puertas y ventanas mientras su padre fue a verificar su caja de municiones. Había sólo una bala con el suficiente poder para matar a una pitón de ese tamaño, si se le daba exactamente en la cabeza.

Su padre apuntó con cuidado, disparó y le dio a la serpiente justo en la cabeza. Pero, para sorpresa de todos, la serpiente no murió. Enloquecida con esa bala en su cabeza, la pitón se enroscó y desenroscó con violencia y poderosas convulsiones, rompiendo todos los muebles y las lámparas de la habitación. Entonces, luego de una hora y media de terror, quedó exánime en el piso.

El anfitrión de mi padre era un gran predicador que se convirtió en rector de una universidad teológica después de su retiro. Él lo explicó de esta manera:

Así como nosotros teníamos sólo una bala para matar a la serpiente, Dios tenía sólo una bala para matar a la serpiente, Satanás. La única bala de Dios era su Hijo Jesucristo. Según Génesis 3.14-15, la cabeza de Satanás fue aplastada cuando Cristo lo derrotó en la cruz: «Y Jehová Dios dijo a la serpiente: Por cuanto esto hiciste, maldita serás entre todas las bestias y entre todos los animales del campo; sobre tu pecho andarás, y polvo comerás todos los días de tu vida. Y pondré enemistad entre ti y la mujer, y entre tu simiente y la simiente suya [Jesús]; ésta te herirá en la cabeza, y tú le herirás en el calcañar».

El disparo fatal —dijo el anfitrión de mi padre— fue dado a la serpiente, Satanás. En la cruz, Satanás fue herido de muerte y todo el estrago y dolor que ahora está causando en la tierra se debe únicamente a los estertores convulsivos de su muerte. El último final de Satanás llegará cuando Jesús regrese. Se requiere un segundo advenimiento de Jesús por nosotros para ver el final de Satanás. El primer advenimiento cumplió con todo lo que Dios deseaba. El tiro fatal se disparó. Pero cuando Jesús regrese cesarán todas las palizas y ataques de Satanás.

Sí, estamos viviendo esa «hora y media» donde la oración es todavía el método de Dios para tener cada día la victoria sobre Satanás. ¡Cuán emocionante y alentador es recordar que esta batalla es sólo temporal y que ya estamos en el lado ganador!

Preguntas de Reflexión

Examine su vida:

¿Qué problemas adicionales surgieron en su vida cuando se convirtió en una intercesora ferviente? ¿Acaso esto le sorprendió debido a que Jesús ya derrotó a Satanás de una vez por todas en la cruz? ¿Ha tenido compañeros intercesores orando por usted en estos tiempos? ¿Quiénes?

Lectura bíblica:

Lea Efesios 6.10-20, en espíritu de oración. ¿Por qué piensa que Dios puso en Pablo la exhortación de orar los unos por los otros al final de la guerra espiritual con el reino de Satanás? ¿Hay alguna señal de que nosotros podemos caer en vez de resistir a Satanás? ¿Por qué no?

¿Dios elogió su corazón con un «bien hecho», o le reprobó, cuando leía los versículos 19 y 20? Léalos otra vez, pidiendo a Dios que le hable en cada palabra.

Para hacer:

Haga una lista de los intercesores que ha reclutado para orar por usted, o de los que oran voluntariamente porque le apoyan. (Comience la lista o añada nombres cuando vea que es necesario)

Reclutados _____

Voluntarios _____

¿Por cuáles de *ellos* usted ha orado consistente y fervientemente?

_____

_____

Pregúntele a Dios por cuáles intercesores quiere Él que usted ore? Haga el compromiso con Dios de orar fielmente por las siguientes personas:

_____

_____

Para orar:

«Santo Padre, te alabo porque nuestras oraciones intercesoras son lo suficientemente importantes para poner nervioso a Satanás. Gracias también porque nuestras oraciones mutuas tienen el suficiente poder para resistir sus ataques. Oh Señor, te prometo ser fiel en la oración ferviente por los intercesores que has puesto en mi corazón. Mantenme alerta a sus necesidades. Lléname del gozo por sobrellevar sus cargas al orar por ellos. Gracias por la victoria sobre Satanás hoy y hasta que Jesús regrese a reinar. En el nombre de Jesús, amén».

PARTE TRES

Cómo Dios nos dice qué orar

CAPÍTULO 8

Cómo escuchar a Dios a través de su Palabra

¿ESTAMOS EN PELIGRO DE REEMPLAZAR el método más importante de comunicación en el universo?

Mi cabeza da vueltas al tratar de asimilar todas las nuevas palabras de comunicación: Internet, correo electrónico, *on-line*, sitio en la red... ¿Siente usted también que se ahoga en esta «Era de la Información»? Pitney Bowes, Inc. y el Instituto para el Futuro encontraron que un trabajador norteamericano promedio recibe o envía cada día 201 mensajes de toda clase[1]. ¿Acaso le interrumpen constantemente el correo electrónico, el servicio de mensajes, el fax, los teléfonos celulares, los localizadores electrónicos y todo lo que se supone le haga la vida más fácil?

Nuestra hija Jan y su esposo Skip —ambos médicos— sólo hablan a una computadora, y ésta les da la agenda de trabajo del día ya impresa. (¡Estoy esperando el día en que sólo hable a mi computadora y salgan los libros sin todo este lío!)

Mi madre nos contó cuán emocionada estaba cuando alrededor del fin del siglo instalaron en la pared de su cocina un rústico teléfono receptor pegado a una gran caja, desde el cual podían llamar a sus vecinos y al doctor.

Sí, hemos aprendido a comunicarnos desde que la imprenta Gutenberg multiplicó por veinte el conocimiento disponible. La publicidad casi diaria de los nuevos artefactos nos hacen saber que a duras penas estamos viendo la punta del «iceberg», pero, ¿está nuestra sabiduría a la par de la tecnología?

Tengo una profunda preocupación. *Con toda esta tecnología, estamos absorbiendo sólo lo que otros seres humanos quieren que sepamos.* Puede ser información verdadera y beneficiosa, o puede ser cruda pornografía o descaradas mentiras. Puede ser ayuda financiera honesta o simples trampas para hacer desaparecer los ahorros de toda la vida de los ancianos. Puede ser alguien tratando sinceramente de ser útil o un abusador de niños seduciendo a un ingenuo adolescente. Da miedo pensar que el contenido de toda esta comunicación es lo que la gente ya sabe a nivel humano.

Entonces, ¿cómo podemos adquirir sabiduría que esté a la par con la tecnología? ¿Una verdad fresca y absolutamente confiable?

Un tipo de destreza de comunicación diferente

Hay otro plano de transferencia de información que requiere un tipo diferente de destreza de comunicación que es, por mucho, la más importante en el universo: *escuchar a Dios.*

¿Por qué es la más importante? Porque lo que Dios nos dice contiene la respuesta a todos los problemas de la vida, la diferencia entre lo correcto y lo equivocado, y los pasos seguros para un futuro incierto. *La Persona que se comunica con nosotros es el omnisciente, todo conocedor y todo amante Dios, con instrucciones específicas que nunca podríamos recibir de otro ser humano.*

La Biblia dice: «¡Oh profundidad de las riquezas de la sabiduría y de la ciencia de Dios! ¡Cuán insondables son sus juicios, e inescrutables sus caminos!» (Romanos 11.33).

Sorprendí a los estudiantes de una prestigiosa universidad cristiana al decirles en su capilla que tenía un secreto para adquirir sabiduría que ninguno de sus profesores podía saber. (Tenía la atención de ellos, y las cejas arqueadas de los profesores). Entonces les dije que gran parte de mi secreto era transferible a ellos porque estaba en la Biblia, disponible para todos los hijos de Dios.

Entonces les conté el secreto que Dios le dijo al profeta Jeremías. Si usamos esta clase de comunicación al invocarle en oración, Dios dijo que nos enseñaría *cosas grandes y ocultas que no conocemos (Jeremías 33.3). Nos mostrará cosas que no están en ningún «sitio de la red» ni en ninguna fuente de información producida por humanos.*

Les expliqué que entonces estaríamos escuchando al único que siempre habla la verdad absoluta, que es puro y santo, que es siempre honesto, no tiene prejuicios, y que nunca se equivoca en lo que dice pues sólo Él conoce el futuro, y conoce qué clase de sabiduría o dirección necesitamos.

En una reciente reunión del comité nacional, el joven gerente de mercadeo de una de las organizaciones misioneras más grandes del mundo, me dijo: «Usted debe quedarse en este comité. Tiene una voz muy alta». Desconcertada, traté de explicarle que se debía a que había hablado ante el público por mucho tiempo. Pero él me contestó: «No, no. Nosotros sabemos *cómo* comunicar algo, pero usted sabe *qué* decir».

Perpleja, pasé varias horas tratando de entender lo que quiso decir. Entonces me di cuenta: Era lo que había oído de Dios en las innumerables horas de escuchar en mi cámara de oración lo que ellos estaban ansiosos de oír.

¿Por qué pensó este joven ejecutivo que esta mujer madura tenía algo que decir? Porque hace más de cincuenta años aprendí que es mucho más importante comunicarse verticalmente —con Dios en el cielo— que comunicarse en un nivel horizontal con las personas.

Quizás yo (y la mayoría de nosotros) nunca estaremos al corriente de los métodos sofisticados de la comunicación moderna. Quizás nunca seremos técnicos en computadoras, pero él estaba expresando la desesperada necesidad de un contenido verdadero, confiable y dado por Dios en la comunicación.

¡Escuchar a Dios nunca puede ser reemplazado!

¿Cómo nos comunicamos verticalmente?

Creo que Dios comienza toda oración. Aun cuando hay muchas maneras de orar, hay tres maneras especiales en las que Él es el instigador de nuestras oraciones.

Estas tres maneras de escuchar a Dios se estudiarán en esta sección: 1) escuchar a Dios a través de la Biblia, 2) escuchar a Dios cuando pone sus pensamientos directamente en nuestras mentes, y 3) escuchar a Dios cuando ni siquiera lo pedimos.

Por supuesto, las circunstancias y las necesidades producen muchas de nuestras peticiones de oración, y es cierto que Dios las escucha. *Pero en estos tres métodos recibimos el contenido de nuestra oración directamente del Padre en el cielo, asegurándonos que aquello por lo que estamos orando es puesto en nosotros en forma directa por su mente omnisciente.*

En este capítulo estudiaremos lo que Dios nos dice que oremos a través de su Palabra.

Cómo escuchar a Dios a través de su Palabra

Cuando estuvimos a punto de otra explosión de conocimiento mientras la gente invadía el espacio exterior, hubo gran aprensión y aun temor en Norteamérica. Los rusos se nos habían adelantado al espacio exterior con el aterrizaje del Sputnik con el astronauta Yuri Gagarin en él.

Preparándome para hablar a las damas de mi iglesia en 1961, me arrodillé a orar temprano en la mañana, pidiendo que Dios me diera lo que Él quería que ellas escucharan ese día. Pero nada llegó. El cielo parecía cerrado para mí. Exasperada, finalmente me levanté de mis rodillas y salí a buscar el periódico de la mañana. Los titulares decían: «Los rusos conquistan el espacio exterior». El discurso de primera plana del presidente Eisenhower trataba de calmarnos y darnos seguridad. (Hoy día, luego de haber visto los tropiezos de su nave espacial Mir, lo vemos en forma diferente. Pero entonces había pánico).

Estremecida, tomé mi Biblia. (Ya había vivido la Segunda Guerra Mundial con mi esposo Chris como piloto de bombardero, sin saber de un día al otro día si era novia o viuda, debido a que el correo militar demoraba un par de semanas). Esa mañana, Dios contestó mi oración diciéndome que fuera a Colosenses 1. Lo hice, y en los versículos 16 y 17, leí acerca de Jesús, a cuyo reino habíamos sido trasladados los cristianos al aceptar la salvación: «Porque en Él [Jesús] fueron creadas todas las cosas, las que hay en los cielos y las que hay en la tierra, visibles e invisibles; sean tronos, sean dominios, sean principados, sean potestades; todo fue creado por medio de Él y para Él . Y Él es antes de todas las cosas, y todas las cosas en Él subsisten».

Entonces Dios calmó mi corazón diciéndome: «Evelyn, no es el que conquista el espacio exterior, sino el que lo creó y lo sostiene quien importa». Tuve mi respuesta para ese día, y para todos los días futuros: Dios hablándome por su Palabra, la Biblia.

Ahora nos reímos al recordar ese acontecimiento pasado con la increíble fotografía de lo que puede ser el borde del espacio y lo que quizás, según dicen, puede ser el inicio del universo, junto con nuestra exploración actual de la luna. Pero no importa cuánto avance nuestra tecnología, y no importa si aprendemos a viajar fácilmente y poblamos otros planetas, todavía estaremos pensando sólo los pensamientos de Dios *después de Él*. Él no sólo creó y sostiene todo lo que podamos descubrir, sino que también su mente omnisciente lo descifró todo en primer lugar, dondequiera que esté. Cada ley de la física que no hayamos descubierto todavía, cada ley física que pueda ser diferente en varias partes del universo, cada ley moral y espiritual por las cuales rige la humanidad son sólo suyas, y nos serán reveladas a su discreción y a su debido tiempo.

El secreto es mantenernos al día en el contenido de lo *que* decimos, como también mantenernos al día en los nuevos métodos de *cómo* decirlo.

¿Y qué de usted? *Si las cosas se salen de control en nuestro planeta Tierra con formas de destrucción o de conquista de nuestro país que quizás todavía no se han descubierto, ¿dónde buscará respuestas para usted, y para ayudar a otros?*

¿Sabe a dónde ir para obtener la sabiduría que puede necesitar en el futuro para encontrar una paz mental que lo trascienda todo? Dios tiene todo esto para usted en su Palabra.

¿Cómo obtenemos esta sabiduría de Dios?

Cuando oré: «Señor, cámbiame; no a mis hijos, no a mi esposo, sino a mí», quise decir precisamente eso. Pero no tenía ni idea de *cómo* Dios quería cambiarme. Así que cuando le pregunté en oración: «¿Señor, cómo puedo cambiar?», Él me hizo ver su respuesta en Santiago 1.5:

Y si alguno de vosotros tiene falta de sabiduría, pídala a Dios, el cual da a todos abundantemente y sin reproche, y le será dada.

«Si alguno tiene falta de sabiduría». El primer ingrediente para encontrar sabiduría es reconocer que no la tenemos. En una cena después de un gran seminario en el sur del país, un recién graduado de la universidad se esforzaba por parecer listo. «¿Qué tan inteligente usted es?», me preguntó mirándome a los ojos con una sonrisa en su cara. «Si no nos dice, lo haré yo, pues lo sé». Esa es la mejor manera de echar a perder una fiesta. Así que

le devolví la mirada y le dije: «Muy bien, te diré cuán inteligente soy». Su sonrisa se amplió. «Soy lo suficientemente inteligente para saber que no sé nada, pero (señalando hacia el cielo) también soy lo suficientemente inteligente para saber quién sabe. Y lo suficientemente inteligente para escucharlo».

«Pídala». Tomé a Dios literalmente y pasé catorce meses sólo con mi Biblia y con Él , buscando su sabiduría para saber cómo quería que cambiara. Tengo las Biblias que he marcado cuando Dios me habla desde que tenía dieciocho años de edad. Y lo que había sido verdad todos esos años me inundó como un diluvio de Dios hablándome durante esos catorce meses.

Dios nunca nos obliga. Es cuando nos acercamos a su Santa Palabra con expectativa y esperando ansiosamente oír su voz por medio de ella, que obtenemos sus maravillosas y omniscientes respuestas para nuestra necesidad.

«A Dios». Dios nunca dijo que buscar el conocimiento humano es malo. Pero la sabiduría no es conocimiento en sí. *La sabiduría es la información que aplicamos y que produce nuestro carácter y estilo de vida.* La única fuente segura para algo tan vital es Dios mismo.

Llamo a mi junta del Ministerio de Oración Unida, mi junta de «oración y asesoría». Desde 1973, me han dado las escrituras que Dios les ha dado para el ministerio y para mí. ¡Y les he escuchado! Mis Biblias están llenas con sus nombres junto a esos versículos. A veces les he encargado buscar consejo de Dios, escuchar en la Biblia y luego llamarme o compartir en las reuniones de la junta lo que Él dijo. Tomo sus respuestas como de Dios.

Mi familia también hace lo mismo. Sus nombres también están por todos lados en mis Biblias, junto a un pasaje que Dios les dio para un momento o necesidad específica en mi vida. Esto ha sido especialmente cierto cuando estoy en el extranjero y estos versículos son para mí una preciosa fuente de dirección, seguridad y consuelo. Cuando salía a cualquier viaje ministerial al extranjero, siempre llamaba a mi madre desde la última ciudad de los Estados Unidos para decirle adiós. Sus últimas palabras para mí siempre eran: «No olvides Efesios 3.20». Y salía con la seguridad de que Dios iba a hacer cosas «más abundantemente de lo que pedimos o entendemos», lo que siempre hizo porque había dado a mi madre su Palabra para que me la transmitiera.

«El cual da a todos abundantemente». Mis Biblias, desde que tenía dieciocho años, tienen más y más marcas. Ahora, cuando pongo la fecha y registro en el margen lo que Él me dice tan liberalmente y lo que yo le digo a Él, a duras penas puedo poner otra palabra más.

En una reunión del Comité Nacional de Oración en Washington D.C., Glenn Sheppard, quien recientemente había regresado de un país asiático donde vio a Dios hacer increíbles milagros en respuesta a la oración, dio un vistazo a mi Biblia abierta y bromeó: «¡Esta es la Biblia más desordenada que jamás haya visto!» Su sonrisa fue parte admiración y parte «me alegro por ti».

En el Día Nacional de Oración —celebrado en el Capitolio de Washington y auspiciado por el Comité Nacional de Oración— un rabino judío debía leer del Antiguo Testamento. Justo antes de que comenzara el programa y con los miembros del congreso presentes, un ayudante vino corriendo donde Vonette Bright y yo estábamos: «El rabino no tiene una Biblia consigo, ¿podrían prestarle una suya?» Vonette dijo que no se atrevía. Tenía notas en su Biblia y a ella le tocaba hablar después de él. Bueno, mi turno le seguía al de ella pero sabíamos que la situación era desesperada. Aunque también tenía notas en mi Biblia, se la entregué.

Cuando el rabino hojeó algunas de las páginas llenas de notas y manchadas de lágrimas, en las que ya no cambian más conversaciones con Dios, se volteó para captar mi atención. Me hizo una señal con el pulgar en alto y me dio una sonrisa de «así se hace», y luego buscó Isaías, se puso de pie y leyó, primero en inglés y luego en hebreo, la palabra de Dios del profeta Isaías para nosotros. Vonette agarró mi mano y me dijo: «Oremos». Y oramos en voz baja, pidiéndole a Dios que le hablara al rabino a través de la Biblia por la que Él nos había hablado a través de los años.

Cuando en la década de 1970 nuestro Comité Nacional de Oración comenzaba, y sólo pocas de nosotras estábamos en él, qué precioso era a veces pasar días enteros con nuestras Biblias abiertas y orando por lo que Dios nos estaba diciendo a cada una. *Pienso a menudo en lo mucho que pudimos haber perdido si hubiésemos tenido que mantener tanta comunicación horizontal como en estos días.*

«*Y sin reproche*». La única vez en que Dios se desagrada de que le pidamos es cuando nos increpa o truena: *¡No pidas! ¡Ya te lo dije!* ¿Dónde? *¡En mi Palabra escrita!* Por supuesto, en esa palabra escrita dice terminantemente: «El que aparta su oído para no oír la ley, su oración también es abominable» (Proverbios 28.9). Así que Dios espera que le pidamos... y que escuchemos.

Pero Dios nunca me ha dicho: *¿Otra vez tú? ¡Ya te di alguna sabiduría ayer!*

No, Él no puede esperar para que demos el siguiente paso cuando hemos usado lo que nos dio el día anterior o la hora anterior. Algunas veces casi me disculpo por tomar tanto de su tiempo al bombardearlo con preguntas y clamores por ayuda mientras escribo. Pero mi mente finita no puede comprender el hecho de que su mente infinita pueda recibir y contestar todas las preguntas de todo el mundo al mismo tiempo. *De manera que*

Él , a diferencia de nosotros, puede prestar completa atención a cada persona que está leyendo su palabra al mismo tiempo. ¡Y lo hace! ¡Qué Dios!

El otro día, al revisar algo en una de esas viejas Biblias marcadas, de repente la apreté contra mi pecho llena de amor por ella, y un par de cálidas lágrimas resbalaron por mis mejillas. *¡Qué increíble tesoro de Dios!*

¿Qué es tan maravilloso acerca de la Biblia?

La Biblia es el único libro que hay sobre el planeta Tierra cuyo autor está siempre presente mientras lo leemos. La mayoría de las personas ansían tener un autógrafo de algún escritor famoso. *Dios es el autor del libro más famoso de todos los tiempos y de todo el mundo.* Según un artículo del periódico *USA Today*, del 29 de diciembre de 1999, los libros de mayor venta de todo el mundo, son:

LA BIBLIA	2000 MILLONES
Citas de las obras de Mao Tse-tung	800 millones
American Spelling Book de Noah Webster	100 millones
Libro de Records de Guinness	81 millones
The McGuffey Readers	60 millones

Y el Autor del libro de mayor éxito de librería no sólo se toma el tiempo para hablar con nosotros a través de su Palabra, sino que también se queda cerca el tiempo suficiente para discutirla con nosotros.

Le estaba leyendo un encantador libro de historias bíblicas para niños a James, nuestro nieto de siete años, y le pregunté: «¿Quieres uno de estos libros sobre la Biblia para la Navidad?» Me contestó: «No, abuela, quiero una Biblia *de verdad*. Una de las que tiene romanos y corintios, y todas esas cosas». Recibió su Biblia en Navidad.

¿Nos estaremos convirtiendo en una generación de cristianos espiritualmente pobres porque hemos decidido leer algunos versículos en un monitor de computadora en vez de manejar nuestras Biblias *físicamente*? Tocarla, tenerla, escribir en ella, poner fechas y subrayar lo que Dios dice la hace mi posesión más valiosa.

Cuándo dejar de leer

Leer la Biblia se convertirá en oración cuando dejemos de leer y nos comuniquemos con Dios, el Autor. Esa comunicación con Él es la oración. No significa dejar de leer la Biblia, sino saber cuándo parar para orar y aplicarla.

La norma del *apartheid* fue violada exactamente tres semanas antes de salir a Sudáfrica para ministrar por un mes en medio del violento terrorismo de ese país. Todos parecían temerosos por mi viaje debido a ese trastorno político, y algunos miembros de mi familia creían que no regresaría con vida. Sabía que Dios me había dicho que tanto negros como blancos debían asistir juntos a los seminarios de oración, y ni aun Sally, quien había organizado mis viajes a muchos países en guerra, ordenaría nuevos libros para nuestro inventario, diciendo: «¿Para qué, si ni siquiera Evelyn regresará?»

En medio de sus temores, yo leía el primer capítulo de Apocalipsis. De pronto mis ojos se llenaron de lágrimas. Mi corazón pareció detenerse. Ahí estaba: Dios hablándome a través de su Palabra.

Acababa de leer la increíble descripción que hace Juan del Cristo glorificado y de él, Juan, cayendo como muerto a sus pies. Y luego Jesús puso su mano sobre Juan y dijo: «No temas, yo soy el primero y el último; y el que vivo, y estuve muerto; mas he aquí que vivo por los siglos de los siglos, amén. Y tengo las llaves de la muerte y el Hades» (Apocalipsis 1.17-18).

Las lágrimas bañaron mi rostro mientras decía: «Oh, querido Jesús, ¿vas a poner tu mano sobre mí?» Y supe que lo había hecho. Me dio la seguridad de que aun con terrorismo y todo, *era Él quien tenía las llaves de mi muerte.*

Fue maravilloso ver que tanto negros como blancos ya estaban en las mismas cadenas de oración telefónica, y fue aún más grande ver que todo el cuerpo de Cristo podía, y lo hizo, adorar y estudiar juntos en amor. ¡Y yo estaba segura!

Esperar lo inesperado

La palabra de Dios en 2 Timoteo 3.16 nos habla de cuatro cosas para las que las Escrituras son buenas:

> Toda la Escritura es inspirada por Dios, y útil para *enseñar*, para *redargüir*, para *corregir*, para *instruir en justicia*.

Dios me ha dado abundantemente de todo esto a través de los años. Como siempre he estado abierta a lo que Él me dice al leer la Biblia, *he llegado a esperar lo inesperado.*

«Enseñar». Esperaba aprender doctrina cuando estudiaba la Biblia, pero fue una sorpresa inesperada cuando me mostró una verdad nueva para mí. Nunca era una sorpresa cuando una y otra vez me confirmaba en mi corazón lo que ya creía. Pero fue totalmente inesperado cuando Dios me detuvo en algo que había estado enseñando porque no era de la manera exacta que Él me había dicho.

«Redargüir». Aunque siempre estoy consciente de que en mi vida hay cosas que no son agradables a Dios, nunca espero que

me detenga para decírmelo mientras leo la Biblia. Entonces me llama la atención a las actitudes, prioridades y reacciones que violan su santidad y que son *pecado*, lo que me pone de rodillas rogando: «¡Oh, Padre, por favor perdóname!»

«Corregir». Esto significa que Dios nos dice que demos un giro en nuestro pensamiento o acciones, por lo que casi siempre esto va unido a lo anterior. Es en oración que me someto y comprometo con su inesperado consejo. Sin embargo, es en mis acciones que aplico lo que ha dicho y soy corregida.

«Instruir en justicia». Al mirar hacia atrás, me sorprende ver que Dios me ha llamado a nuevas oportunidades en el ministerio deteniéndome cuando leo la Biblia en mis devociones. Me ha revelado lo que quería que hiciera según su plan para mí, no según el mío.

La primera gran instrucción para el ministerio en mi vida llegó una mañana cuando leía en mis devociones Apocalipsis 3.8 y era esposa de pastor en Rockford, Illinois. Se estaba planificando una gran campaña nacional para orar y evangelizar a los Estados Unidos en dos años y me pidieron que en seis meses descubriera qué sucede cuando las mujeres oran. Sin tener idea de cómo hacer tal experimento, me sentía estancada, hasta que Dios me detuvo en sus palabras: «He aquí, he puesto delante de ti una puerta abierta». Supe entonces que tenía mi respuesta. Fui a orar prometiéndole a Dios que obedecería su llamamiento. Entonces, de inmediato telefoneé a las oficinas centrales y acepté la tarea.

Lo que pensé era una tarea para seis meses se convirtió en un llamamiento de Dios para toda la vida y por todo el mundo. Me estremece pensar lo que hubiera perdido si no hubiera querido escuchar a Dios cuando me habló tan poderosamente y me hizo responder a sus palabras.

La siguiente puerta ministerial llegó cuando dejé toda la oración en esa iglesia y me mudé con mi esposo a St. Paul, Minnesota. Mientras leía en mis devociones, 1 Timoteo 4.6 casi saltó de la página : «Si esto enseñas a los hermanos, serás buen ministro de Jesucristo, nutrido con las palabras de la fe y de la buena doctrina que has seguido». Con la convicción de que quería ser una buena sierva de Cristo, miré los versículos anteriores para ver qué era «esto» que debía enseñar. El primer versículo del capítulo 4 lo explicaba: «Pero el Espíritu dice claramente que en los postreros tiempos algunos apostatarán de la fe, escuchando a espíritus engañadores y a doctrinas de demonios». Esto no era estudiar doctrina *sobre* demonios, era una ¡doctrina *de* demonios!

Ciertamente no esperaba ese llamamiento. En realidad, ni siquiera sabía que el problema existía y mucho menos que Dios esperara que hiciera algo sobre eso. *Pero esa mañana elevé una profunda oración de sumisión, diciéndole a Dios que lo haría, sin importar lo que fuera.*

Para mi sorpresa, comencé a recibir invitaciones de escuelas cristianas, varias universidades y de muchos líderes de grupos juveniles para hablar sobre el tema. Todo se relacionaba con sesiones de espiritismo, levitación, tablas ouija y otras cosas increíbles y sobrenaturales que se daban entre la juventud cristiana. Nunca supe de dónde venían esas invitaciones. No conocía a la mayoría de ellos. De hecho, ni siquiera les había dicho, pero era Dios llamándome a través de su palabra escrita para enseñar a la nueva generación sobre la contaminación con cosas sobrenaturales que Él llama «abominación» (Deuteronomio 18.12). El ver el arrepentimiento de los estudiantes evidenciado al quemar su parafernalia y su música satánica en hogueras hizo que valiera la pena haber escuchadoa Dios en su palabra, aunque de mala gana al principio.

Entonces llegó el momento para otro llamamiento inesperado. Sentía pena por mí pues toda la vida maravillosa de *Qué sucede cuando las mujeres oran* había quedado atrás en Rockford, Illinois, o por lo menos así lo creía. Mientras todavía estaba ocupada extinguiendo las hogueras de lo oculto, una vez más leía en mi tiempo de devociones. Esta vez fue leyendo de la ocasión cuando Pablo escribió al joven Timoteo diciéndole «que avives el fuego del don de Dios que está en ti» (2 Timoteo 1.6) que Dios me amonestó firmemente. Confundida, con inocencia le pregunté: «¿Qué don?» Su pronunciamiento me asombró: «¡La oración, por supuesto!»

Por alguna razón había pensado que aquel experimento original era todo el llamamiento. Entonces una iglesia en White Bear Lake, Minnesota, me llamó para enseñar una serie de seis semanas sobre la oración. Pronto se hizo obvio que era un seminario de oración, así que lo llamamos otra vez «Qué sucede cuando las mujeres oran».

En medio de los ya casi treinta años de un ministerio de oración alrededor del mundo, Dios añadió otro llamamiento por medio de su palabra. Mientras leía el relato de Jesús llamando a Saulo en el camino a Damasco «para llevar mi nombre en presencia de los gentiles, y de reyes, y de los hijos de Israel» (Hechos 9.15), de repente, sentí un llamamiento abrumador de parte de Dios. Ya habíamos promediado un veinticinco por ciento de asistentes a los seminarios aquí y en otras partes, orando para asegurarse que Jesús era su Salvador y Señor. Pero esto era algo más. La oración que registré al margen de mi Biblia dice: «7-6-89: Jesús, quiero hablarle a todo el mundo de *ti*. Trae de nuevo a *Jesús* a nuestras iglesias. Te lo ruego, Señor!»

Esto fue diecinueve meses antes de que recibiera el pedido de Lorry Lutz para ser la directora en Norteamérica de Mujeres Cristianas Unidas 2000 d.C., organización creada para llegar al mundo con la oración y con Jesús para fines del año 2000. Dios había puesto en mí una carga especial para esta tarea. Él sabía que pronto estaría escribiendo *A Study Guide for Evangelism Praying* [Guía de Estudio para la Oración Evangelística] para las mujeres de todo el mundo. Todo porque me habló directamente mientras leía su Palabra.

Querida lectora, ¿qué podría estar perdiéndose si no está leyendo su Palabra, no para ver cuánto puede leer en un día o en un año, no sólo para estudiarla para sus estudiantes, sino para usted personalmente? ¿Qué podría estar perdiéndose si no escucha al soberano Dios del cielo que la llama a ayudarlo a consumar su plan en esta tierra?

Para mí personalmente

Todo lo que Dios me ha hablado a través de sus palabras, dándome el contenido de mis oraciones, no ha sido sólo para ministrar a otras personas. *La inmensa mayoría de ellas han sido para mí personalmente*. ¡Cómo me encantaría compartir miles de ellas con usted! (Cuando escribía mi libro *Cámbiame, Señor*, pasé un mes entero disminuyendo la cantidad de las que había seleccionado; entonces el editor y yo decidimos que el libro debía cubrir otros tópicos también. Puede ver ese para leer las que dejé). He aquí algunas de esas palabras:

Cuando cumplí setenta años, mi cuerpo se estaba cansando de un ministerio internacional de tiempo completo, pero mi oración de cumpleaños de parte de Dios fue Filipenses 2.13: «Porque Dios es el que en vosotros produce así el querer como el hacer, por su buena voluntad». Dios me estaba diciendo que *yo* no estaba haciéndolo de todos modos, y que Él continuaría dándome todo lo que necesitara el próximo año. Con lágrimas llenándome los ojos, oí que Dios me dijo que estaba usándome. Él estaba haciendo el cien por ciento del trabajo. «¡Gracias Señor!», oré con humildad y agradecimiento. Él cumplió su promesa y descubrí que esto era increíblemente cierto cuando publiqué la serie *North America Women for AD2000*, y ese año escribí el currículo internacional de la serie.

El siguiente año me sentí muy sola. Mi equipo de apoyo para nuestra serie AD2000 se había ido: Sally Hanson, nuestra secretaria y tesorera se fue a Arizona, y Kathryn Grant, mi vicepresidenta, se fue a ministrar en Japón. Recordándome el Señor que Él hizo las cosas que yo no podía hacer, Dios me dio mi versículo de cumpleaños temprano, Filipenses 4.13: «Todo lo puedo en Cristo que me fortalece». Habían transcurrido exactamente veinticinco años desde el día en que había comenzado el proyecto de Dios *Qué sucede cuando las mujeres oran*. Me aseguraba con el pronombre «yo» que yo sabía que podía hacerlo.

Pero con rapidez Dios añadió que debía edificar esto en Filipenses 2.13, el versículo de cumpleaños del año anterior, el que decía que Él hacía todo el trabajo. Me invadió una maravillosa confianza. Pude hacerlo simplemente porque Dios estaba haciéndolo en mí. Una nueva resolución me apretó el estómago. *Sí, puedo hacerlo; y lo hice, porque en realidad Él está haciéndolo en mí.*

La primera vez que llegué a Japón estaba aterrorizada. No tenía idea de cómo llegar a la mente asiática. Recordé que tenía que inclinarme al entregar mi tarjeta de presentación y no hacerlo a través de la mesa sino caminando alrededor de ella, etc. Pero la noche anterior a mi primer seminario estaba aterrorizada. Sentía que mi cuerpo literalmente se sacudía. Después de abrir la Biblia en la lectura devocional, Dios me habló con poder a través del Salmo 16.8: «Porque [Él] está a mi diestra, no seré conmovido».

Le tomé la palabra a Dios y me paré a hablar junto a mi traductor de Norteamérica, Chiko Templeman, parado a mi izquierda. Entonces dije que, aunque ellos sólo veían a dos personas en la plataforma, en realidad eramos tres. Chiko, yo, y el Dios del universo, quien la noche anterior me había prometido estar a mi derecha. Y Él me diría qué decir; yo lo diría y Chiko lo traduciría en japonés. De inmediato, toda la audiencia prestó atención. Y Dios se movió con poder en medio nuestro. Repetí la misma introducción en cada seminario de nuestra gira, y al final los pastores y misioneros que me habían invitado, me preguntaron: «¿Cómo se imaginó que la mente asiática era así?» Les dije: «No lo hice, Dios me lo dijo cuando leía el Salmo 16.8».

Retiros y seminarios

Tenemos un pequeño ejercicio para oír a Dios hablar a través de su Palabra que practicamos en los seminarios y retiros con sorprendentes resultados. Todos los que han buscado con sinceridad que Dios les hable no se han sentido desilusionados. Los envío afuera a leer en absoluto silencio (a menos que haya algo más importante de parte Dios que tengan que decirle a esa persona), y les asigno la misma porción a todos.

La fórmula para el ejercicio es simple. Después de pedirle a Dios que quite todas nuestras ideas preconcebidas y nos muestre sus palabras relevantes y verdaderas para ese día o necesidad específica, les envío solos a hacer lo siguiente:

Lea hasta que Dios le hable. ¿Cómo le hablará? Haciendo que algo se destaque en la página, por nuestro sentimiento de sorpresa ante palabras específicas, dándonos el consuelo exacto o la sabiduría que necesitamos en ese momento, o quizás vociferándonos las palabras que revelan un pecado en nuestras vidas.

Deténgase. Esta puede ser la parte más importante de la fórmula. Tenemos la tendencia a anotarnos puntos por leer y leer (y en otros momentos hay razones para hacerlo). Pero en realidad podemos tratar con Dios sólo un punto a la vez. Así que nos detenemos para un siguiente paso muy importante.

Ore. Entonces interactuamos con el Autor de la Biblia que acaba de hablarnos: Dios. Esto no es otra cosa sino hacerle preguntas, pedirle entendimiento y, lo más importante, hacer la promesa de obedecer lo que ha dicho.

Escríbale una carta a Dios. Pedimos a los participantes que escriban una carta a Dios —en la que ellos mismos son destinatarios— confirmando lo que Él nos ha dicho y lo que le hemos prometido. Entonces el comité se la envía por correo al autor en más o menos un mes para una revisión personal. De esta manera examinan si fue sólo una promesa emocional o en verdad fue una promesa genuina; un compromiso que transformó sus vidas.

Todavía en silencio, regresan y se reúnen en pequeños grupos para compartir entre sí lo que Dios les ha dicho. Cuando digo: «¡Pueden irse!», el ruido casi levanta el techo. No sé si es por haber estado en silencio por una hora o, como creo que es, una reacción explosiva luego de haber escuchado a Dios hablarle en forma personal a través de su palabra escrita, a muchos de ellos ¡por primera vez!

Gary Smalley salió del seminario para ser nuestro pastor asociado de la iglesia y me pidió que dirigiera este tipo de retiro inicial de otoño para el personal de educación cristiana pagado y voluntario. Ahora nos reímos al recordar cómo, con todos sus nuevos títulos, él quería trabajar un bosquejo de lo que ellos buscaban. Con firmeza le dije: «Eso lo arruinaría todo».

En ese retiro asigné Gálatas 5.1-6.10. Luego les expliqué que no recibirían instrucciones de parte nuestra pero que debían escuchar a Dios diciéndoles algo de sus planes para el departamento de educación cristiana para el siguiente año. Cuando nos reunimos otra vez, hicimos un gran círculo, nos arrodillamos y cada uno oró compartiendo lo que Dios le había dicho. Pronto estábamos todos llorando, y mi esposo, quien era el pastor general, y Gary, estaban arrodillados y sollozando uno al lado del otro en el sofá. Dios nos había dicho a todos lo mismo. *¡Permitan que el Espíritu Santo dirija más el departamento de educación cristiana de esta iglesia! ¡Qué increíble!*

También he visto a muchos matrimonios sanados en los retiros cuando los esposos y esposas leen y oran por separado lo que Dios les dijo a cada uno mientras estaban a solas con Él. Entonces regresan a orar juntos y a compartir lo que Dios les dijo a cada uno que debía cambiar en su vida. ¡A través de su Palabra Dios da instrucciones infalibles!

El retiro anual de oración de la junta del Ministerio de Oración Unida, en junio de 1991, resultó maravilloso. Ninguno de nosotros podía imaginar lo que Dios había planificado decirnos al hablarnos. Fue un paso increíble en su soberano y sorprendente plan.

Leíamos en Lucas 14.25-35 sobre la enseñanza de Jesús en relación al costo de ser sus discípulos, y la mayoría de nosotros se detuvo en el versículo 27: «Y el que no lleva su cruz y viene en pos de mí, no puede ser mi discípulo».

Mientras nos reuníamos otra vez para compartir lo que Dios nos había dicho, Karalee, la secretaria de la junta, lloró y oró estas palabras: «¡Calculen el costo y luego busquen al perdido!» Ese día, escribí esto en mi Biblia.

Tres años más tarde, el esposo de Karalee, Paul, murió en un accidente al ser triturado entre dos camiones. En la iglesia, el domingo después del accidente, mientras el pastor leía la profecía sobre Jesús de Isaías 53, Dios le habló a Karalee a través del versículo 5: «Más Él herido fue por nuestras rebeliones, molido por nuestros pecados».

Dios le reveló a Karalee que fue su voluntad que su Hijo fuera molido, para que pudiera salvar al mundo a través de su muerte. Él no había perdido el control. Era Dios dándole esta escritura a ella, que quedaba sola y con una familia para criar. He observado a Karalee a través de todo esto sentada serenamente en las reuniones de la junta, con una paz visible en su rostro mientras todos nosotros luchábamos y orábamos.

Dios cumplió su promesa para con su familia. Los corazones de sus tres hijos se volvieron a Dios para servirle en diferentes maneras. Ya una hija viajó a China con un grupo de música cristiana y drama, y ahora está sirviendo en una organización de jóvenes con la Escuela de la Biblia. Al mismo tiempo, Karalee, con valor y fe en Dios terminó una maestría en consejería y servicios sicológicos. Ahora es parte de un excelente servicio de consejería cristiana. Su carta de Navidad, después de decir que hará lo que el Señor quiera que ella haga para su servicio —hasta que Jesús venga o ella sea llamada a casa— concluía con: «Mientras tanto, Él nos ha dado su Palabra y su Espíritu Santo para guiarnos a través de esta vida terrenal».

En 1991, en aquel retiro en que estudiamos Lucas 14, también oré confirmando que Dios me había dicho lo mismo ese día. Pero para mí fue sólo otro paso en esa porción bíblica. En 1988, ya había escrito en el margen de mi Biblia junto a Lucas 14.27: «No importa el costo, terminaré lo que Dios quiere que haga: *ganar al perdido*».

Sin embargo, aun antes de eso mientras leía Lucas 14 en 1982, Dios me había detenido en el versículo 33: «Así, pues, cualquiera de vosotros que no renuncia a todo lo que posee, no puede ser mi discípulo». Esto fue días antes de que saliera para mi primer viaje a la India. Habíamos esperado diez años para tener nietos. Nuestra hija Nancy acababa de tener a Cyndi, y Jan estaba pasada de tiempo en la espera de Jenna. Clamé al Señor: «¿Esto significa que tengo que renunciar a mis nietos también?» Me dijo que sí.

Lloré. El dolor era muy profundo, hasta que leí un poco más. Dios me detuvo en Lucas 15.7, donde Jesús dijo: «Os digo que así habrá más gozo en el cielo por un pecador que se arrepiente, que por noventa y nueve justos que no necesitan de arrepentimiento».

Mi oración cambió a: «Oh Dios, cambia el gozo de tener a mis nuevos nietos en brazos, por el gozo de ver a un pecador venir a Jesús en la India». Escribí a los dos pequeñitos desde la India: «Dios contestó la oración de abuela. Miles están aceptando a Jesús en nuestras reuniones en la India».

¿Habré encontrado que la Biblia es suficiente para todos los viajes internacionales sola, para la pérdida de bebés; y a los que vivieron para traer ocho maravillosos nietos a mi vida?

¿Habré encontrado que la Palabra de Dios es capaz de responder a todas mis preguntas durante mis enfermedades y las de mi familia; en medio de cirugías, incluyendo la de mi esposo enfermo de cáncer; y muchas otras cosas muy personales como para decirlas? ¿Habré encontrado que es adecuada para suplir todas mis necesidades? ¡Ah, sí! *La palabra de Dios no es sólo adecuada, sino también ¡sorprendente, emocionante, arrolladoramente abundante!*

¿Cómo puede recibir de Dios lo que debe orar? sólo tómese el tiempo de escuchar lo que le dice directamente en lo que ya ha escrito en su increíble palabra, la Biblia... y comience a orar.

Preguntas de Reflexión

Examine su corazón:

Haga un inventario honesto de su vida en esta semana pasada. ¿Cuántas horas gastó escuchando a otros seres humanos en la televisión, radio, su computadora, escuela, teatro, conversando, leyendo, recibiendo instrucción?

_____ horas

¿Cuántas horas invirtió escuchando a Dios en la Biblia y en oración

_____horas?

¿Qué porcentaje de su sabiduría ha recibido de los seres humanos?

_____ %

¿De Dios?

_____%

¿Acaso sus respuestas parecen sugerir que sería sabio un mejor balance entre la relación horizontal y la relación vertical?

Lectura bíblica

Lea Romanos 11.33-36, si es posible en su Biblia personal. ¿En qué maneras es Dios—el autor del éxito de ventas más grande de todos los tiempos— superior y digno de confianza para producir más sabiduría para vivir que cualquier ser humano? Piense en algunas de las maravillosas «entradas de información» divinas que podría estar perdiendo en su vida debido a su porcentaje de relación horizontal (con las personas), en lugar de su comunicación vertical (con Dios).

Para hacer

Como Romanos 12 comienza con «así que», se refiere a algo que acaba de leer en el capítulo 11. Debido a que Dios acaba de decirle quien es Él, lea el capítulo 12 con mucha expectativa sobre lo que Dios tiene que decirle personalmente. Deténgase tan pronto sienta que ya lo ha hecho e interactúe con Él en oración sobre esto. Escríbale a Dios una carta, marque dónde le detuvo en la lectura, escriba por qué piensa que lo hizo, y qué le prometió que cambiaría en su pensamiento y acciones a raíz de lo que le dijo.

«Querido Padre Celestial: _____

_____

_____».

Para orar:

«Mi santo, santo, santo Dios, me inclino humildemente delante de ti en adoración porque sé quien eres. Gracias por enseñarme la importancia de escuchar tu infinita sabiduría en lugar de sólo oír a los hombres. Prometo seguir escuchándote en la Biblia, orando y aplicando lo que me dices cada día, hasta que yo compruebe también que tu Palabra no sólo es suficiente, sino sorprendente, emocionante y arrolladoramente abundante. En el precioso nombre de Jesús, amén».

CAPÍTULO 9

Cómo escuchar los pensamientos de Dios para nosotros

UNO DE LOS ASPECTOS MÁS SORPRENDENTES sobre la oración que Dios nos mostró que Él hace cuando oramos es que *con frecuencia contesta nuestras peticiones de oración poniendo sus pensamientos directamente en nuestras mentes.*

Cuando oramos, Dios responde de manera increíble a nuestras peticiones por este método. Cuán emocionante es cuando Dios responde a nuestras preguntas o peticiones no con palabras audibles ni escritas, sino poniendo sus pensamientos en nuestras mentes.

Esto no es un proceso sobrenatural para una élite espiritual; es el don de Dios para todos los cristianos dispuestos a quedarse quietos el tiempo suficiente para que Él responda. Este maravilloso método ha crecido y ha crecido a medida que mis intercesoras y yo, y aquellos a quienes enseño, lo hemos practicado juntos.

El que Dios ponga sus pensamientos en nuestras mentes de esta manera es algo que por lo general tiene lugar cuando ya estamos orando. Dios responde a lo que le hemos pedido.

En nuestro primer viaje a Israel, me encontraba en oración profunda en el Huerto de Getsemaní. Una infección me había impedido subir caminando junto al resto del grupo, por lo que me enviaron adelante en un taxi. Sentada bajo un viejo olivo durante mi espera de una hora, mi corazón se quebrantó al leer el relato de Lucas sobre el arresto de Jesús, en ese mismo huerto. Lloré al recordar los azotes, las burlas, los escupitajos, el cargar su cruz, las mofas, su crucifixión y luego su agonía: todo por mí. Me incliné con reverencia, y me lamenté mientras oraba hasta que pensé que ya no podía más. Me estremecí y dije: «Oh Dios, ¿cómo pudo ser esto?»

De pronto escuché una voz. ¡Era la voz de Dios! *¡Pero hay victoria en este lugar!* Casi pensé que escuchaba el sonido de hierro golpeando hierro, resonando entre los árboles. Pero eran los pensamientos de Dios en mi corazón, reverberando con tanta claridad como si hubieran sido gritados audiblemente. Esto me quitó mi dolor de inmediato y cambió mi llanto en gozo. Y supe que Jesús no estaba allí ni estaba muerto, sino resucitado y reinando supremo a la derecha del Padre. *El Padre cuyos pensamientos habían penetrado en mi alma acongojada.*

¿Pensamientos de Dios?

Durante años me pregunté si este proceso de oración era verdaderamente bíblico. Sabía que funcionaba para mí, pero soy muy rigorosa cuando se trata de tener una base bíblica para lo que pienso, y mucho más para lo que enseño. Pero en octubre de 1992, sus palabras en el Salmo 139.17-18 casi saltaron de la página cuando las leí:

> ¡Cuán preciosos me son, oh Dios, tus pensamientos! ¡Cuán grande es la suma de ellos! Si los enumero, se multiplican más que la arena; despierto, y aún estoy contigo.

Leí esto una y otra vez, examinando con cuidado cada palabra y pidiéndole a Dios que me mostrara la exactitud y la verdad de lo que estaba viendo. Sí, el salmista definitivamente había dicho que era precioso que *los pensamientos de Dios llegaran a él, no sólo que los pensamientos de Dios eran preciosos. Por lo tanto supe que los pensamientos de Dios que llegaban a mí también podían ser preciosos.*

He aquí algunas apreciaciones sobre los pensamientos de Dios:

«Cuán preciosos». Escuchar en silencio su respuesta cuando he venido a Él con una pregunta o una necesidad, es uno de los aspectos más preciosos de mi vida de oración. Mi corazón late ante su voz cuando he esperado con expectación una respuesta a mi petición. Una alegría espontánea surge dentro de mí cuando me siento envuelta en su santa presencia cada vez que esto sucede. *¡Dios me está hablando!*

«Me son» (son para mí). Que el Dios de los cielos se haya molestado en tomar de su tiempo para hablarme, a una simple humana, en vez de disfrutar y dar toda su atención a los ángeles que le están adorando y alabándole es algo que está más allá de mi entendimiento. ¿Cómo puede inclinarse para escuchar y luego tomarse el tiempo para responderme, justo cuando lo estoy pidiendo? «¡Oh Dios, no hay manera de entender tu amor, tu cuidado, tu interés en mí. Pero gracias, mi amado Padre!»

«Tus pensamientos». Sabiendo que los seres humanos nunca podríamos comprender su mente, Dios le explicó sus pensamientos a Isaías para que lo escribiera para nosotros: «Porque mis pensamientos no son vuestros pensamientos, ni vuestros caminos mis caminos, dijo Jehová. Como son más altos los cielos que la tierra, así son mis caminos más altos que vuestros caminos, y mis pensamientos más que vuestros pensamientos» (Isaías 55.8-9).

Los pensamientos de Dios están muy por encima de nuestro entendimiento, infinitamente más altos y más grandes que cualquier pensamiento que pudiéramos tener en nuestras mentes finitas. Sin embargo, Él los derrama en abundancia sobre nosotros cuando lo pedimos.

«¡Cuán grande es la suma de ellos!» ¿Cómo puede el Dios que tiene toda la sabiduría y conocimiento del universo otorgármelos a mí? «Oh Dios, me inclino con humildad a tus pies, soy tan indigna. Sin embargo, ¡tan agradecida!»

«Cuando veo tus cielos, obra de tus dedos, la luna y las estrellas que tú formaste, digo: ¿Qué es el hombre, para que tengas de él memoria, y el hijo del hombre, para que lo visites?» (Salmos 8.3)

Con seis mil millones de personas en el planeta Tierra, ¿cómo es que Dios —quien mantiene el control de cada cabello de cada cabeza cuando tantos se caen y crecen todos los días— se toma el tiempo para responder a nuestras preguntas? Pero así es como se preocupa por ti y por mí. He descubierto que Él no sólo quiere, sino que está ansioso y aún anhela, darme sus pensamientos.

«Se multiplican más que la arena». Cada verano durante los últimos cincuenta años hemos ido de vacaciones a las dunas del lago Michigan. Allí paseamos por las playas arenosas, trepamos por las gigantescas dunas, y ocasionalmente nuestro bote queda atrapado entre los cambiantes montículos de arena. Siento, al igual que el salmista, que todos los pensamientos de Dios para mí durante todos estos años exceden por mucho toda la arena del mundo. Cuando traté de contarlos para este libro, alcé las manos y grité: «No puedo, Señor. No hay palabras humanas que expresen el enorme número de cosas que me has dicho».

Cuando más los necesito

Todo estaba listo para mi entrenamiento de oración en los estados restringidos de la India, pero no pude conseguir una visa. Los organizadores de ese país y los organizadores nuestros lo intentaron todo, con ferviente oración por parte de ambos grupos. El tiempo ya se estaba terminando cuando, en desesperación, supliqué ayuda a Dios. De repente tres asombrosas palabras vinieron a mi mente de parte de Él : *¡Llama a Chicago!* Busqué el número telefónico del consulado de India en Chicago, marqué y me confrontaron con la pregunta: «¿Para qué quiere ir *allá*?», como si fuera el lugar más indeseable del mundo. Contesté con mansedumbre: «Para enseñar a orar». Sin cuestionar en ningún momento qué clase de oración, el hombre dijo de inmediato: «La dejaré entrar». Y la visa extendida en Chicago llegó justo unas horas antes de que mi avión saliera.

Por más de una semana, y mientras ministraba allí, traté en vano de añadir el permiso de Nueva Delhi, al enterarme que era aconsejable obtenerlo. Pero las filas terminaban con la persona que estaba al frente de mí y todas las puertas se cerraban antes de que pudiera presentar mi caso. Así que volé a ese estado restringido utilizando mi visa de Chicago. Interrogándome bajo luces resplandecientes cuando finalmente salí del avión, los oficiales decidieron que podía quedarme, limitándome sólo a su ciudad capital. Pero cuando una doctora llamó a Nueva Delhi tratando de conseguir permiso para que pudiera ir a su casa situada fuera de los límites de la ciudad, la persona gritó por el teléfono: «¿Qué está haciendo ella ahí? ¡Eso es ilegal! ¿Quién le dio visa?» «No, no es ilegal, fue su oficina de Chicago en los Estados Unidos, señor». Puesto que había sólo un avión por semana, y todas las carreteras habían sido bombardeadas en un reciente levantamiento, tuve que quedarme. En una ocasión corrí donde mi anfitriona para informarle que había un hombre armado detrás de un arbusto fuera de mi ventana. «No íbamos a decírtelo», dijo ella con suavidad. «Esa es tu protección policial» *¡Pero Dios me quería allí!*

Todos, con excepción de uno de los estados restringidos, enviaron a mujeres líderes para aprender la oración evangelística. Dormían en el suelo y comían su comida nativa. Llevaron de regreso a sus hogares libros, videos y cintas para comenzar ministerios de oración donde nunca podría conseguir una visa para ir, todo porque Dios contestó mi oración desesperada al poner ese pensamiento en mi mente: *¡Llama a Chicago!*

No todos son tan serios

No todas las necesidades reales son tan dramáticas. El pasado verano, nuestra organización Mujeres Cristianas Unidas 2000 d.C. había solicitado el campus del Wheaton College para un fin de semana largo. Kathryn, la vicepresidenta, estaba todavía en Japón, y Mary Lance Sisk, quien estaba a punto de lanzar su nuevo material *Love Your Neighbor* [Ama a tu prójimo], fue ingresada de emergencia para una cirugía debido a una arteria carótida obstruida. Tratando frenéticamente de reorganizar a los oradores con los vuelos de llegada y de partida, horarios, etc., no pude salir a comprar un vestido que necesitaba con urgencia para presentarme a hablar. (Había reducido varias tallas por orden de mi cardiólogo y nada me quedaba). Y se lo había dicho a Dios en oración.

Había tomado unos pocos minutos para orar y leer la Palabra de Dios y así llenar mi «reserva emocional» que estaba vacía, cuando de pronto Dios me dijo las palabras que quizás son las más chocantes que Dios haya puesto en mi mente: *¡Cierra tu Biblia y ve a la tienda David Edwins!*

Dejé a un lado mi Biblia y manejé hasta una tienda en la que nunca había estado antes. Entonces llegó la verdadera sorpresa.

La vitrina estaba llena de vestidos de verano con diseños de faros (nuestro tema era alumbrar nuestro ambiente con Jesús, como parte del «Mission America's Lighthouse Movement»). ¡Y en mi color favorito! Entré y de inmediato encontré los dos que me quedarían bien para el fin de semana. *Todo porque Dios reemplazó la lectura de su Palabra con su pensamiento para mí, para llenar mi necesidad urgente.*

Al hablar

Había preparado con cuidado el tópico para cada sesión de un retiro en el distrito de los lagos al norte de Minnesota. Precisamente cuando me preparaba para levantarme a hablar, Dios puso una poderosa orden en mi mente. *Cambia tu tema a «orar en mi voluntad».* Sorprendida, subí vacilante a la plataforma, dejando a un lado la conferencia que había preparado e intentando hacer un bosquejo general de por lo menos tres puntos en mi mente. Pero Dios no tenía la intención de dejarme varada mientras obedecía su abrupto pensamiento para mí. Él trajo cada punto y cada pasaje bíblico en el orden que quiso, mientras se movía poderosamente entre la multitud.

Pero lo que no sabía era que luego de mi turno venía el testimonio de una joven mujer destrozada por lo que le había pasado en su vida. La multitud inmediatamente se sintió identificada con ella, y entendieron la enseñanza de Dios en su increíble actitud a través de la Palabra que acaba de enseñar. Entonces Dios derramó su poder en ese retiro; ablandando, transformando y uniéndonos a todos. Ningún mensaje cuidadosamente preparado podía haber hecho lo que Dios hizo al poner esas simples palabras en mi mente. «Gracias Dios, por ese asombroso pensamiento».

Durante años, Dios y yo hemos tenido funcionando un acuerdo con relación a sus palabras y mis palabras cuando hablo.

Le prometí que estaría abierta a que pusiera sus pensamientos en mi mente durante una sesión, aunque estos no estuvieran en mis notas cuidadosamente preparadas. Seré flexible.

En mis oraciones de apertura antes de comenzar a enseñar, por lo general hago una renovación de ese acuerdo. Frente a todos los que esperan oírme, le pido a Dios que ponga en mi mente sólo esos pensamientos que Él quiere que diga. Entonces confío en Él por gracia para ser capaz de ignorar todas mis notas preparadas que pensaba que eran tan importantes.

Y Él toma esa promesa cada vez que estoy frente a una audiencia. Lo mejor, sin embargo, es que casi siempre algún asistente se me acerca y dice «que alguna cosa transformó su vida y que era exactamente lo que necesitaba».Y yo ni siquiera había pensado en eso. Pero Dios sí. *Y Él, no yo, conoce la respuesta para las necesidades de cada persona en la audiencia. Mi parte es escuchar y obedecer.*

Sus pensamientos sólo para mí

Mi primer recuerdo de los pensamientos de Dios llegándome directamente cuando estaba confundida y triste fue cuando perdí mi tercer embarazo. Luego de un aborto y de un recién nacido muerto, ahora estaba en el hospital perdiendo la batalla por conservar al tercer bebé, cuando estábamos ansiosos de comenzar una familia puesto que mi esposo había estado por muchos años en la fuerza aérea durante la Segunda Guerra Mundial. Por lo que acostada en aquella cama, cuestionaba a Dios en oración con mi desconcertado: «¿por qué?»

Entonces Dios puso su respuesta en mi mente, tan claramente como si la hubiera escrito en la pared del hospital. *¡Romanos 8.28!* Eso era todo. Dios sabía que no tenía que citarlo. Lo sabía de memoria y me aferraba a esa promesa en esas horas oscuras:

«A los que aman a Dios, todas las cosas les ayudan a bien, esto es a los que conforme a su propósito son llamados».

No sólo tuve su respuesta inmediata sino que también entendí que con esos tres niños, con mi padre inválido, con la muerte repentina de mi suegro dejando a un hermano y una hermana pequeños por los que éramos parcialmente responsables, nunca hubiera podido regresar a la universidad y Chris al seminario, para prepararnos para el llamamiento de Dios en nuestras vidas. Pero también recibí mi «filosofía de vida» que nunca ha fallado hasta este día: que Dios hace todo para mi bien. ¡Todo debido a los pensamientos de Dios en mí!

Todavía le pregunto con frecuencia dónde quiere que lea en mis momentos devocionales diarios, sin seguir necesariamente algún plan preconcebido de lectura. A través de los años, Él me ha puesto el nombre de un libro de la Biblia, el lugar en una página, o alguna palabra escrita específica. Y siempre cada una se convirtió en una perspectiva increíble de lo que ocurría, o iba a ocurrir, en mi vida en ese momento.

Este libro tendría diez tomos si enumerara cada vez que Dios ha puesto sus pensamientos directamente en mi mente, cuando se lo he pedido. Esta es una de las maneras más importantes en las que me ha enseñado a no apoyarme en mi propio entendimiento. «Fíate de Jehová de todo tu corazón, y no te apoyes en tu propia prudencia. Reconócelo en todos tus caminos, y Él enderezará tus veredas» (Proverbios 3.5-6).

Los pensamientos que me da para otros

Cuando escribo, registro lo que Dios ha dicho, no sólo para mí sino también lo que quiere decirle a otros a través de mí. Cada libro, casete o mensaje que he producido no ha sido pensado por mí misma, sino que se ha originado en el mismo Dios. Sé que no sé, así que le ruego a Él que me diga sólo sus pensamientos para cada tema en cada libro. Y espero en oración cada pensamiento que venga de Él. *Es por eso que el borrador de cada tema llega en mi cuarto de oración.* Luego voy a mi computadora (o a mi vieja máquina de escribir eléctrica cuando recién comencé), y le doy forma final. *Pero todo viene directamente de Él.*

Cuando no me viene a la mente la palabra correcta que debo escribir, mi tendencia es escudriñar hacia atrás y hacia adelante en mi cerebro como si fuera la pantalla de una computadora, buscándola. Pero he aprendido el fantástico secreto de esperar los pensamientos de Dios, y un sentimiento de alivio nace en el centro de mi estómago cuando recuerdo ponerlo en práctica. Con toda intención, me relajo, y le pido a Dios que ponga sus palabras exactas en mi mente. Una sonrisa aparece en mi rostro cuando escribo su palabra y sus pensamientos para mí en la computadora.

Tengo un letrero sobre mi computadora que dice: «Ven, Espíritu Santo, sopla en mí». Dios el Padre, Dios el Hijo y Dios el Espíritu Santo son uno, la divina Trinidad. Uno de los trabajos del Espíritu Santo es recordarnos lo que Dios o Jesús nos han dicho previamente (véase Juan 14.26). Pero este es un paso diferente. Esto es Dios poniendo *nuevos pensamientos* de Él en nuestras mentes, cuando lo pedimos.

La enseñanza de silencio en los grupos de oración

Los «períodos de silencio» de nuestro método de oración, por alguna razón parecen menos importante que otros como «tema por tema», «oraciones cortas», «oraciones sencillas», «peticiones específicas anotadas y fechadas», y los «pequeños grupos por lo general son mejores». Estas son cosas que podemos *hacer*. ¿Pero acaso las estamos *haciendo*? Eso fue difícil de entender, y practicar.

Las intercesoras comienzan a mover los pies, hojear sus Biblias, o a mirar sus notas cuando hay una pausa en la oración. La tos nerviosa o la carraspera en la garganta se extienden por el grupo como si fueran contagiosas. De alguna forma nuestra cultura nos ha programado para pensar que no estamos haciendo nada si estamos en silencio. *Sin embargo, los momentos de silencio entre las peticiones de oración audibles son los momentos para Dios hablar.* Es el tiempo para traernos de vuelta a las prioridades de Él para nuestras oraciones. El momento para decirnos una petición que nunca estuvo en nuestras cabezas. O quizás quiere darnos con urgencia una respuesta inmediata para aquello por lo que hemos estado rogando.

Pero tenemos que escuchar

Sin embargo, este fantástico proceso de Dios de poner sus pensamientos directamente en nuestras mentes no funciona si no estamos escuchando.

Cuán fácil es venir a Él con nuestras peticiones y luego levantarnos rápido de nuestras rodillas y salir corriendo tan aprisa que Dios apenas puede alcanzarnos. Pero es en la espera silenciosa, disciplinando nuestras mentes a no pasar al siguiente pensamiento o a nuestros cuerpos a la siguiente actividad, que le oímos hablar.

También hemos descubierto que es más fácil hablarle *a* Dios que escucharle. Esto es mucho mejor que no orar, pero se queda muy corto de las riquezas celestiales que Él tiene listas para derramar en nosotros cuando le damos una oportunidad.

Aprender también el maravilloso arte de tener una conversación de dos direcciones con Él es muy bueno y es una gran parte de lo que la oración en realidad es. Pero aprender a tener paciencia y gracia para no decir nada después de que hemos pedido una respuesta, es absolutamente impresionante. De repente estamos oyendo la mente de Dios. *Estamos escuchando ininterrumpida-mente al Dios del universo, al eterno Dios del pasado, del presente y del futuro.*

No es sólo reflexionar

Debemos estar constantemente alerta pues podemos pensar que es oración cuando sólo es reflexión. A menos que Dios esté poniendo sus pensamientos en el proceso de alguna manera, los pensamientos serán sólo nuestros. «Extendí mis manos todo el día a pueblo rebelde, el cual anda por camino no bueno, en pos de sus pensamientos» (Isaías 65.2).

Reflexionar es meditar en algo una y otra vez en nuestras mentes, repasar, cavilar y repensar en nuestros pensamientos y soluciones. Este proceso es bueno. Mi padre, un contratista de carreteras estatales por muchos años, tenía todo su día planificado antes de levantarse de la cama, pues había reflexionado en detalle cada paso del día por venir. Pero fue sólo dos años antes de morir que aceptó a Jesús y descubrió lo mejor de ese proceso: dejar que Dios añadiera sus pensamientos a la reflexión. Al quedar inválido, mi padre se sentó durante muchos días con su Biblia abierta, dejando que Dios le hablara por medio de ella y le diera sus pensamientos. *La reflexión se convierte en oración sólo cuando incluimos los pensamientos de Dios con los nuestros.*

Cuatro fuentes de sabiduría

No todo pensamiento que aparece en nuestras cabezas es de Dios. El libro de Santiago nos advierte que no toda sabiduría es de lo alto, de Dios, sino que hay otras tres posibles fuentes. Una vida llena de celos amargos y ambiciones egoístas, produce desorden y toda cosa mala, en contraste con la sabiduría de Dios que produce pureza, paz, amabilidad, es razonable, llena de misericordia y buenos frutos, inquebrantable y sin hipocresía. Santiago dice:

> Esa no es la sabiduría que desciende del cielo, sino que es terrenal, puramente humana y diabólica. (Santiago 3.15 NVI)

Estas tres fuentes falsas de sabiduría están en constante competencia para entrar en nosotros y controlar nuestras vidas. La Biblia nos advierte sobre todas estas otras fuentes, que no son de Dios, y que al escucharlas recibimos malos consejos que influyen en lo que hacemos.

Sabiduría terrenal. Es la constante e implacable descarga de sugerencias que nos disparan desde todas direcciones, tratando de convertirnos en una amalgama de sus mensajes. Romanos 12.2 nos advierte que no nos conformemos a este mundo sino que seamos transformados a la voluntad de Dios para nosotros. Pedro nos dice que «ciñamos los lomos de nuestro entendimiento» para que no vivamos conforme a la manera de vivir que teníamos antes de ser cristianos, la cual nos bombardea desde todos lados.

Mientras un exprofesor universitario de sicología y yo esperábamos que comenzara la línea de autógrafos en una convención, comentábamos sobre los libros de los que cada uno había hablado durante la misma.

—A usted no le va a gustar mi libro, Evelyn —me dijo.

—¿Por qué? —le pregunté.

—Porque tengo mejores respuestas y soluciones en este libro que las que tiene la Biblia.

—Tiene razón. ¡No me gustará su libro! —repliqué con firmeza.

Mi corazón se hizo trizas al ver a los asistentes regresar a sus casas con ambos libros: uno tratando desesperadamente de decir sólo lo que es la verdad de Dios, y el otro exhibiendo con orgullo un mejoramiento humano de Dios. Qué clase de arrogancia, me pregunté, puede producir ese libro cuando Dios es mucho más de un billón de veces más inteligente que todos los seres humanos juntos. Me pregunté cuánta oración se habría invertido en escribir ese libro que se hacía llamar cristiano.

«Mirad que nadie os engañe por medio de filosofías y huecas sutilezas, según las tradiciones de los hombres, conforme a los rudimentos del mundo, y no según Cristo» (Colosenses 2.8)

Sabiduría puramente humana. Los pensamientos que vienen de nuestro yo carnal no son muy hermosos según Jesús en Marcos 7.21-23: «Porque de dentro, del corazón de los hombres, salen los malos pensamientos, los adulterios, las fornicaciones, los homicidios, los hurtos, las avaricias, las maldades, el engaño, la lascivia, la envidia, la maledicencia, la soberbia, la insensatez. Todas estas maldades de dentro salen y contaminan al hombre». Jesús no pensó mucho en la sabiduría humana. No importa cuán grande pensemos que es nuestra sabiduría para dirigir nuestras vidas, podemos estar sólo engañándonos a nosotros mismos. Es chocante lo que dice Proverbios 12.15 que «el camino del necio es derecho en su opinión».

Sabiduría diabólica. La Biblia advierte en 1 Timoteo 4.1: «Pero el Espíritu dice claramente que en los postreros tiempos algunos apostatarán de la fe, escuchando a espíritus engañadores y a doctrinas de demonios». En nuestros seminarios «Qué sucede cuando las mujeres oran», uno de los prerrequisitos que enseñamos para tener poder en la oración es: *Asegúrese que es Dios a quien usted ha traído cerca.* Satanás es un mentiroso y el padre de la mentira, el engañador.

Sabiduría de Dios. Pero entonces existe la absolutamente verdadera, siempre confiable y siempre para nuestro propio bien sabiduría de Dios. Nos es dada de muchísimas maneras, pero cuando Dios pone sus pensamientos divinos directamente en nuestras mentes cuando lo pedimos, es en definitiva una de las mejores.

¿Existe una respuesta para este confuso pantano de voces? Sí. *Pruébelo con la Biblia*. Dios nunca pondrá en su mente ningún pensamiento que se oponga a sus instrucciones escritas. El consejo de las otras tres fuentes sólo es tan bueno como su fuente misma. Si su sabiduría es de Dios y fiel a su Palabra, entonces es segura. Todos los otros consejos no bíblicos deben evitarse, pueden ser muy peligrosos.

Las razones de Dios

Dios ha puesto sus pensamientos en mi mente en todos los tipos de experiencias que he tenido a través de mi largo caminar con Él, y son tan variados como las circunstancias que los provocan.

Como una esposa de pastor con niños pequeños, producía material para la Escuela Dominical cada semana, hablaba sobre los tópicos asignados a los comités de programas, enseñaba un estudio bíblico sobre evangelismo semanal, y cumplía todos los deberes que en ese entonces se demandaban de una esposa de pastor, como asistir a cada reunión a la que no se esperaba que nadie más asistiera. Mi refugio era correr a Dios para oír su voz. Era como volver al jardín del Edén caminando mano a mano con Él, antes de que el pecado de Adán y Eva rompiera esa hermosa comunión.

Hubo una canción que Dios usó cuando mi vida parecía estar cercada. Me hundía en la banca del piano y el estrés se derretía mientras tocaba suavemente y cantaba:

[Vengo al jardín sola, cuando el rocío todavía está en las rosas;
Y la voz que llega a mi oído, al Hijo de Dios revela.
Y Él camina conmigo, y Él habla conmigo, y me dice que le
    pertenezco,
Y el gozo que siento al quedarnos allí, nadie lo conocerá
    jamás].[1]

Ayer por la noche, esos sentimientos me rodearon otra vez mientras esperaba en silencio que Dios vertiera en mi mente más y más de lo que quería que dijera en este capítulo y me recordaba tantos de sus pensamientos para mí. De pronto estaba de nuevo allí. Canté en mi mente esa canción una y otra vez.

Dios estaba tan cerca que sentí que casi podía estirar mi mano y ponerla en la suya. Tan cerca estaban sus pensamientos que fluyeron en mí de forma natural. Tan cerca que lloré lágrimas cálidas, dulces, de agradecimiento. ¡Los pensamientos de Dios para mí!

Preguntas de reflexión

Examine su vida:

¿Básicamente ora *a* Dios, o ha aprendido la increíble emoción de dejarle poner sus pensamientos en su mente y corazón como respuesta a sus oraciones? ¿Ha estado limitando a Dios en su vida de oración al no escucharle pues pensaba que Él terminó de comunicarse con nosotros cuando se escribieron todas sus palabras en la Biblia?

Lectura bíblica:

Abra su Biblia en el Salmo 139. Lea los versículos 1-5, y note que Dios conoce *sus pensamientos* aun antes de que sean palabras en su lengua. ¿Le sorprende esto? Cuando lea los versículos 17-18, note que hay «también» *pensamientos de Dios para nosotros*. ¿Con cuánta frecuencia se ha tomado el tiempo de detenerse y escuchar su divino pensamiento mientras ora? ¿Rara vez? ¿Usualmente? ¿O con tanta frecuencia que los pensamientos de Dios para usted son más numerosos que la arena del mar? ¿Se humilla o se rebela ante ellos? ¿Simplemente ignora los que no le gustan y ama y acepta solo los que le consuelan? ¿Cuán «preciosos» han llegado a ser sus pensamientos para usted?

Para hacer:

Enumere las razones por las cuales este maravilloso privilegio puede no estar operando plenamente en su vida:

Ahora, piense en algo que sinceramente quiera conocer o necesite. Pídale a Dios que traiga sus pensamientos a su mente. Ahora, en absoluto silencio, espere *escuchando*. Discipline su mente para que no pase al siguiente pensamiento o su cuerpo a la siguiente actividad. Esté consciente que su respuesta puede que no llegue en el tiempo que usted pide, así que continúe el proceso yendo diariamente ante Él hasta que le revele su perfecta voluntad, en su perfecto tiempo y a su perfecta manera.

Para orar:

«Santo, santo, santo Dios, perdóname por no escucharte lo suficiente e ininterrumpidamente, a ti el eterno Dios del universo. Perdóname por tal vez no reconocer tu voz. Gracias porque estás ansioso de darme tus omniscientes pensamientos. Anhelo esta preciosa relación contigo. Te prometo hacer mi parte. En el nombre precioso de Jesús, amén».

CAPÍTULO 10

Cómo escuchar a Dios cuando ni siquiera pedimos

OTRA MARAVILLOSA FORMA DE ESCUCHAR a Dios es cuando nos habla sin siquiera haberle pedido. De pronto nos sorprende con algo para orar, aparentemente fuera de contexto. *Sin ninguna preparación, pone en nuestras mentes sus nuevas peticiones para que oremos por ellas.*

Una asignación de Dios

En la mayoría de nuestras oraciones nos acercamos a Dios tratando de superar su aparente resistencia a algo. No es así en este caso. *Sin leer la Biblia y sin preguntas de parte nuestra, Él pone de repente en nosotros una de sus necesidades de oración.* A diferencia de un padre que ora con urgencia al escuchar que su hijo ha tenido un accidente, esta clase de urgencia en la oración viene de Dios sin que sepamos el porqué, y por lo general sin ninguna explicación de parte suya.

De alguna manera, Dios siempre inicia las oraciones pero en esta clase es bien obvio que Él lo hace. *Esta es una asignación de Dios que va directamente a uno de sus hijos.* La petición rara vez es para beneficio del intercesor, hasta que se goza por la respuesta de Dios. Sin embargo, darse cuenta que Dios nos escogió específicamente a nosotros para algo que Él quería y que luego conteste la oración es algo maravilloso. Cuando esto me sucede, todo mi ser clama: «Oh Dios, no soy digna, pero gracias Padre celestial por el privilegio».

Aunque Dios usa muchos métodos para comunicarse con nosotros, este es uno de los más emocionantes *porque implica que Él rompa nuestra rutina normal con algo más importante para Él que lo que ya estamos haciendo*. Esto por lo general nos asombra pues, como intercesores, es muy probable que no tengamos ni idea de que se necesite esta intercesión, y mucho menos de que somos necesarios para ser parte de todo el proceso de Dios. Por supuesto, Él podría hacer todo esto por sí sólo, pero de una forma gentil nos ha dado el privilegio de ayudarle a manejar el planeta Tierra a través de nuestras oraciones, en especial las que Él nos da de manera específica.

¿Esto es todavía para hoy?

La Biblia está llena de ejemplos de Dios entrando de repente en una vida con una asignación: Moisés, Abraham, Josué, los profetas del Antiguo Testamento, Pedro, Saulo en el camino de Damasco, y la lista sigue.

Pero eso fue en aquel entonces, y esto es ahora. *¿Acaso todavía Dios irrumpe en la rutina de nuestras vidas, y hasta en nuestra rutina de oración, para darnos una encomienda u orden?* Una carta recibida desde China y dirigida a nuestra junta del Ministerio de Oración Unida nos mostró que todavía Dios habla así:

Tengo diecinueve años y creo en Dios desde hace un año. Gracias a Dios, Él me guió a escuchar su estación. Sus programas son muy útiles. *Una noche cuando oraba oí una débil voz que me decía que debía escuchar la Radio Transmundial y obtener conocimiento y verdad.* Cuando prendí la radio oí «My Prayer Program» [Mi Programa de

Oración]. Supe entonces que orar era más que la confesión de pecados. Era alabanza y agradecimiento a Dios e intercesión por los no creyentes.

Yo, también, aún oigo la voz de Dios. Después de regresar de un viaje a India en el que vi mucha prostitución, me sentía completamente devastada. Estos son estimados oficiales: Cerca de ciento cincuenta mil prostitutas trabajan en esa área; la profesión más extendida entre las mujeres trabajadoras. Se informa que el veinticinco por ciento de ellas han sido secuestradas y vendidas; el ocho por ciento de éstas por sus padres después de haber sido forzadas a relaciones incestuosas, y otro seis por ciento vendidas por sus esposos. Son arrojadas en edificios deplorables y deteriorados donde son víctimas de cualquier canalla y depredador humano. Quizás el quince por ciento han sido dedicadas a la diosa Yellamma (diosa de la fertilidad), para ser sacerdotisas del templo. Lo que más me dolió fue ver cómo muchas se lamentaban de que esto comenzó cuando sólo eran niñas de ocho años, pese a la intervención del gobierno.

De regreso a casa y acostada en mi cómodo lecho, Dios me despertaba una y otra vez con un sobresalto y me decía que orara por esas niñas. Mi almohada ya estaba mojaba con las lágrimas mientras clamaba a Dios por ellas con un corazón quebrantado. No podía resistirlo. Dios me hacía pensar en mis cuatro nietecitas.

Después de orar noche tras noche por ellas, finalmente clamé: ¡Oh Señor Jesús, ven pronto y sácalas de su miseria!»

Pero su rápida respuesta para mi corazón fue: *Si lo hago, su fin eterno será peor que ahora... ¡a menos que las rescates con mi salvación!*

Este fue uno de los más aterradores mensajes que he recibido de Jesús. Todavía estoy orando por todas las mujeres locales que fueron entrenadas para orar y llegar a ellas cuando yo no puediera hacerlo.

Barb, entonces una empresaria de pompas fúnebres, y una de las más poderosas intercesoras que he conocido, me dijo, mientras estaba sentada en la sesión mensual de la junta comiendo su *croissant* y su ensalada de frutas: «De repente Dios dejó caer en mi cabeza, como si fuera un ladrillo, una petición urgente de oración por la salvación de mi madre». Su madre era judía, y todos nosotros habíamos orado por ella. Durante años, Barb había implorado con fervor a Dios y urgido a su madre para que aceptara al Mesías, y siempre había encontrado una resistencia impenetrable.

A los pocos días, sin embargo, su madre le anunció con firmeza que quería asistir a una conferencia que se llevaba a cabo en la misión hebrea local, ¡un lugar cristiano al que ningún judío fiel iría jamás!

Casi en estado de choque, Barb la llevó y se sorprendió cuando su madre oraba y recibía a Jeshua —Jesús— como su Señor y Salvador personal. Seis meses más tarde, en el Día de las Madres, se fue al cielo para estar con su recién encontrado Mesías.

El plan de Dios para la Tierra

Dios tiene un plan completo para el planeta Tierra. Y aunque ningún humano puede entender lo que Él está planificando, llama a sus hijos de uno en uno para orar por eso.

> Jehová, tú eres mi Dios; te exaltaré, alabaré tu nombre, porque has hecho maravillas; tus consejos antiguos son verdad y firmeza (Isaías 25.1).

La oración es una de las vías principales para Dios comunicarse y completar su plan para el planeta Tierra. No entiendo por qué Dios nos necesita, pero en su soberana voluntad así lo ha decretado. Una de las cosas más grandes que Dios nos enseñó es que Él quiere, y hasta necesita, que oremos por lo que Él desea cumplir aquí abajo. El recibir directamente de Dios el motivo de oración, nos ayuda a evitar que nuestros planes sean los planes del maligno de los que Jeremías escribió: «Y dijeron: Es en vano; porque en pos de nuestros ídolos iremos, y haremos cada uno el pensamiento de nuestro malvado corazón» (Jeremías 18.12).

A veces Dios da una de sus grandes encomiendas; una que intenta usar para cambiar todo un segmento de la sociedad, un ministerio para Él, o un líder cristiano. *Él ha planificado los resultados a largo plazo de estas encomiendas abruptas antes de llamarnos a orar.* Por lo general son fuertes impulsos de orar por algo que no teníamos ni indicios de que necesitaba oración. Estos impulsos pueden parecer relativamente insignificantes en el momento, pero he descubierto que pueden ser parte de los movimientos de Dios en la Tierra.

En abril de 1994, mientras oraba, Dios me interrumpió de pronto con una orden: *Ora porque los Cumplidores de Promesas sean más evangelísticos, que se concentren más en ganar personas para Jesús.*

Asombrada, quise cuestionar la orden puesto que este maravilloso movimiento que se estaba levantando era ciertamente una de las respuestas de Dios a nuestros veinte años de oración por los Estados Unidos. Estaba emocionada por lo que estaban haciendo y ya estaba orando mucho por ellos.

Pero este llamado a la oración era diferente. Sentí que me doblaba ante el gran peso. Varios meses de agonizante oración me tenían casi sin dormir algunas noches. Esta carga persistió a diario por muchos meses, entonces se convirtió en una profunda intercesión por ellos por el siguiente par de años.

Poco a poco, comenzaron a aparecer informes de un aumento en las actividades evangelísticas de sus concentraciones y entre los hombres cuando llegaban a sus hogares. Estaba emocionada, pero la carga todavía estaba allí.

En una reunión del comité en Colorado Springs, mi avión se atrasó y me perdí la presentación de un nuevo miembro. Alguien me informó que era Gordon England, el director de Evangelismo de los Cumplidores de Promesas. Mi corazón se agitó. Esa noche, todos cenamos en casa de Dick Eastman, y yo estaba sentada junto a Gordon. Para iniciar la conversación, le pregunté: «¿Sabe que usted es una respuesta a mi oración?» Curioso, me preguntó cómo. «Bueno, en abril de 1994, Dios me llamó poderosamente para orar porque los Cumplidores de Promesas fueran más evangelísticos, y he estado orando por eso desde entonces. Y ellos le llamaron para que usted dirija su evangelismo».

Asombrado, contestó: «¿Cuándo dice que comenzó a orar esa oración?» Cuando le repetí abril de 1994, contuvo su respiración. «Ese fue el mismo año en que me llamaron para que fuera su director de evangelismo, exactamente el siguiente octubre».

Dios también me llamó con claridad para que orara por Steve Douglas mientras estaba en la Escuela de Administración de la Universidad de Harvard luego de graduarse del Instituto de Tecnología de Massachusetts (MIT). Él había crecido en nuestra iglesia, y yo era la esposa de su pastor. Manteníamos a Steve en nuestra oración regular por los jóvenes de nuestra iglesia durante esos años de *Qué sucede cuando las mujeres oran*, y Él no nos perdía de vista cuando volvía a casa.

Pero de repente un día, Dios casi me gritó: *Ora por Steve*. Mi mente se llenó de algunas cosas que nos habían chocado a las intercesoras, tales como: si tu compañero de cuarto cuelga su corbata en la tiradera exterior de la puerta, quiere decir que está con una chica y tú no puedes entrar. Así que comencé a orar enseguida, rogando que Dios lo protegiera y lo guardara de las tentaciones que le presionaban por todos lados.

Dios estaba conservando a Steve porque tenía grandes planes para Él como asistente del fundador de una de las organizaciones evangelísticas más grandes del mundo: Campus Crusade for Christ (Cruzada Estudiantil para Cristo), que hace poco llegó a mil millones de personas ganadas para Jesús. No es de extrañar que Satanás estuviera nervioso y que Dios estuviera reclutando una oración especial por Steve.

Cuatro años y medio después de comenzar a orar que los Cumplidores de Promesas fueran más evangelísticos, Gordon, Steve y yo íbamos en el mismo auto hacia el aeropuerto de Colorado Springs. Comenzaron a comparar historias. «¿Quiere decir que ella oró por ti también?», preguntó en broma Gordon con un horror simulado. Y Steve, con una gran sonrisa, respondió: «Sí, por mí también». Con un quejido burlón, dijeron al unísono: «¡A la verdad que no tuvimos ni una oportunidad!»

Qué privilegio Dios me dio. Sí, el precio fue alto cuando luché y oré por varios años, a veces con lágrimas, por esos dos: a uno lo conocía, al otro no, pero Dios sí.

Comencé a ser una intercesora seria tan pronto acepté a Jesús a la edad de nueve años. Me concentraba mayormente en los vecinos y amigos inconversos que llevábamos a nuestra iglesia para que el predicador les explicara de Jesús. Al mirar hacia atrás, a los más de setenta años en los que Dios me ha enseñado a orar, me maravillo al ver cómo tenía en mente un plan divino para que ocurrieran cosas increíbles (antes de la fundación de la tierra) y luego usó las oraciones de sus débiles y frágiles santos para que sucedieran. Dios es soberano y sencillamente podría manipular las cosas y las personas a su antojo, pero a menudo decide primero asignar creyentes para orar.

Respuesta a Dios

Estos llamados de Dios para orar no se convierten en oración hasta que respondemos al que nos envía la petición, *y en verdad comencemos a orar sobre eso.*

Estas oraciones entonces cumplen todos los aspectos de la exhortación de Pablo en Efesios 6.18 de orar por todos los santos. Los santos, según la Biblia, son personas ordinarias que fueron redimidas cuando aceptaron a Jesús como Salvador y Señor. Efesios fue escrito *a los santos y fieles en Cristo Jesús* (Efesios 1.1). Y estos santos deben orar por los otros santos de estas maneras:

El Comité Nacional de Oración estaba escogiendo un nuevo director para nuestro Día Nacional de Oración Anual, que se lleva a cabo en el Capitolio el día primero de mayo. Durante muchos meses oramos buscando la decisión de Dios para tan importante trabajo. Puesto que el Congreso había convertido esto en ley, muchos miembros del Congreso asistieron, y por lo menos uno habló, representando al resto. Líderes e intercesores de toda la nación vinieron para orar. Necesitábamos la decisión de Dios.

Mientras cada uno oraba con fervor en el hogar y juntos, en las reuniones de nuestro comité nacional, Dios parecía darnos el mismo nombre: Shirley Dobson. Estábamos emocionados. Pero nuestra emoción fue mayor cuando después de la búsqueda en oración de su propio corazón para que Dios le mostrara si esta era su voluntad para ella, Shirley supo que así era. Meses y meses de intensa oración de parte nuestra y de parte suya, habían dado como resultado esa invitación y esa aceptación.

Pero esa no fue mi única oración por Shirley Dobson. Dios ya me había dado a Shirley como mi asignación especial de oración. Fue una de esas encomiendas importantes que Dios me da cuando ni siquiera lo pido.

Los planes de Shirley y los míos eran partir juntas desde Washington, D.C., después de una reunión, así que tomamos el mismo taxi. De pronto Shirley tomó mi mano. «Seamos compañeras de oración», me dijo casi impulsivamente. Acepté de inmediato y añadí: «Pero ya he estado orando por ti durante seis meses». Sorprendida me preguntó por qué, y le conté del llamado de Dios para orar y de cómo había sido una oración ferviente, incesante, que vino cuando Dios me detuvo en seco y me dio una asignación de oración. Partimos al aeropuerto prometiendo orar. ¡Pero mi promesa había sido hecha seis meses antes!

Orar, no hablar

Guardé mi oración por ella en mi corazón y no hablé sobre ello, sólo continué orando.

No conocía mucho de su ministerio por lo que no sabía qué o por qué Dios me pedía orar. Pero obedecí de todos modos. Entendí un poco más su responsabilidad cuando todos nosotros en el Comité Nacional de Oración, auspiciamos el Día Nacional de Oración y luchamos junto a ella con asuntos tales como: «¿Qué oraciones religiosas oramos como democracia?» y «Orar en el nombre de Jesús». Bombardeamos el cielo junto a ella por respuestas de Dios.

Esta clase de oración no es para que el intercesor influya o persuada a otra persona por medio de la consejería o la predicación. No. Es dejar que Dios conteste nuestras oraciones mientras guardamos silencio y oramos. De otra manera *nosotros* estaríamos dirigiéndoles, *no Dios.*

Sin embargo, Dios puede haber tenido a muchas personas orando por Shirley. Quizás había llamado a cientos de otras personas para que también oraran especialmente por Shirley. Nunca lo sabremos. Pero sí sabemos cuando, con todo su poder, pone una carga de oración en nuestros corazones. Y lo maravilloso de Dios es que siempre nos hace sentir que el peso de la petición y la magnitud de la carga es sólo nuestra.

La esposa de un joven pastor me detuvo después de un seminario para hablarme de su oración secreta. «Tomo una necesidad que absolutamente nadie más conoce y oro mucho por ella. Entonces, cuando Dios responde, sé que mis oraciones lo hicieron».

Sentí que ella estaba luchando con su autoestima estando en esa abrumadora posición por primera vez. *Pero Dios le mostró a ella, y a nosotros, lo que valemos para Él, al contestar nuestras oraciones.*

¡A qué Dios tan sabio y comprensivo servimos!

Una amiga me contó cómo Dios la impulsó a orar y a escribir una nota a una nueva persona de su iglesia a quien apenas había conocido. Aplazó tanto como pudo esta inquietud, hasta que Dios le señaló que escribiera Isaías 41.10: «No temas, porque yo estoy contigo; no desmayes, porque yo soy tu Dios que te esfuerzo; siempre te ayudaré, siempre te sustentaré con la diestra de mi justicia».

La mujer respondió con gentileza a la nota, dio las gracias a mi amiga y le dijo: «No tengo idea por qué Dios te impulsó a escribir esto».

Seis meses más tarde, mi amiga recibió una llamada telefónica de esta mujer pidiéndole oración. El hijo de la mujer se había ahorcado. Le contó cómo Dios la había preparado por medio del versículo que mi amiga le había enviado. Aunque en aquel momento no tenía idea de por qué Dios quería que ese pasaje le fuera enviado, ella lo memorizó y la había confortado en la muerte de su hijo.

¡Dios necesita que oremos!

¿Por cuánto tiempo debemos orar?

Cuando Dios responde, nos permite regresar a las oraciones ordinarias... ¡hasta que nos da una nueva asignación!

Esto es lo que Dios hace por lo general con todas las oraciones, tanto con las repentinas e inesperadas que vienen de Él como con las necesidades familiares, problemas ministeriales, o lo que quiera por lo cual Dios nos llame a orar. *Él sabe que no hay manera en que podamos permanecer orando con la misma intensidad por años y años, así que cambia esas oraciones agonizantes en oraciones perseverantes que duran tanto como la necesidad persista.* Esto mismo ocurre en todas nuestras oraciones importantes por la familia, amigos, iglesia, pastores, colaboradores, colegas, líderes políticos y otros. *¡Y cambia nuestra lucha en oración por alabanza, cuando viene la respuesta!*

Algunas veces la respuesta viene casi de inmediato y la alabanza comienza al momento.

Sin embargo, hay veces que perseveramos años en oración por un ser querido perdido, por un hijo descarriado o por algo igualmente devastador. La intensidad puede ir y venir en esos años, pero a través de todos ellos seguimos orando.

Entonces existen esas otras circunstancias en las que debemos sostenernos de Dios por fe, creyendo que contestará, aun cuando lo sepamos en el cielo.

Otros oran por mí

Muchos padres cuentan que de pronto han sentido que su hijo está en peligro y necesita oración. A veces lo llaman *premonición*. Esto bien podría ser una llamada de Dios para que oren. ¡Y a la verdad que es sabio orar!

Estoy muy agradecida por todos aquellos a quienes Dios les dice: *Oren por Evelyn, ahora mismo.* Y lo hacen. Nunca sabré quienes son la mayoría de ellos. Pero quisiera decirles a cada uno cuán profundamente agradecida estoy. Agradecida por estar dispuestos a interrumpir su tiempo personal para darle a Dios y a mí, algo de este tiempo . Ahora, sólo puedo decirles a ellos y a Dios: ¡gracias! ¿Tendré la oportunidad de darles las gracias personalmente en el cielo? ¿O no necesitaré hacerlo? ¿Será necesario para ellos? ¡Ambos estaremos dando a Dios toda la gloria!

Sin embargo, agradezco mucho cuando levanto el teléfono y alguien me dice: «Dios me dijo que la llamara y orara por usted». Esto siempre sucede cuando el estrés es aplastante, el problema no tiene solución y casi no puedo seguir adelante. Entonces ese amigo, o extraño, al otro lado de la línea llama al Dios del cielo para que intervenga en mi problema. Y la tensión se derrite y sale de mí como un río. ¡Me siento alentada, renovada, revitalizada!

Una de las ocasiones más sorprendentes en que Dios le pidió a alguien que orara por mí fue cuando una mujer que estaba a mil seiscientos kilómetros de distancia llamó y me preguntó por qué Dios la había despertado en ese momento para orar urgentemente por mi familia. Hasta donde yo sabía, mis hijos, sus cónyuges y mis nietos disfrutaban de un retiro de invierno en su cabaña. Pero el deshielo de invierno hizo que el hielo en la chimenea se derritiera, se acumulara en el fondo y se volviera a congelar, bloqueando por completo la salida del monóxido de carbono. Al mismo tiempo que Dios despertó a esta mujer para que orara, nuestro yerno dijo que una voz lo despertó diciéndole: *Sal afuera*. Con dificultad, llegó hasta la puerta, y el oxígeno lo revivió lo suficiente como para evacuar al resto de la familia, menos a Jennifer de tres años. Mientras se acomodaban en el carro para ir al hospital, allí estaba ella sentada en el carro. La nieve tenía tres pies de profundidad y hubiera cubierto su cabeza, haciendo imposible que cualquier niño de esa edad caminara por ella. Estupefacto, su padre le preguntó cómo había salido de la cabaña con la nieve tan profunda. Nadie le cuestionó cuando ella respondió: «Un ángel me trajo, papito».

¿Por qué Dios llamó a una mujer que sólo me conocía como la maestra de un seminario de oración al que asistió en vez de llamarme a mí? Nunca lo sabré. Pero estaré siempre agradecida que fue una de las capaces de discernir la voz de Dios, y estuvo dispuesta a orar fervientemente cuando Dios la llamó para una necesidad específica.

Increíbles respuestas a la oración

El apóstol Pablo nos ruega:

> Orando en todo tiempo con toda oración y súplica en el Espíritu, y velando en ello con toda perseverancia y súplica por todos los santos (Efesios 6.18).

«Velando en ello». Las veces más asombrosas en que esto sucede es cuando un completo extraño llama o escribe una nota diciéndome que Dios le detuvo y le dijo: *Ora por Evelyn Christenson.* Por lo general me preguntan: «¿Por qué estoy orando?» Y cuando les hablo de la circunstancia inmediata que necesitaba oración urgente, casi siempre hay un largo y sorpresivo silencio mientras tratan de comprender por qué Dios les contó como dignos para confiarles la necesidad de uno de sus hijos. ¡De inmediato nos hacemos amigos!

Dos meses después de una cirugía mayor del colon, estaba dando un corto mensaje en una reunión de Misión América en Arizona. La debilidad después de la operación era grande y no me había ayudado nada el largo viaje en avión. Cuando entré a la iglesia, el comité de oración me recibió. «Por favor, venga al cuarto de oración, queremos mostrarle nuestro mapa de oración». Allí, en la pared, había un inmenso mapa con un alfiler por cada persona que era blanco de oración. Y allí estaba mi alfiler clavado justo en Minnesota. Entonces me dijeron que sabían de mi necesidad física, y que Dios les había dicho que separaran todo ese día para orar por mí. Casi no podía hablar de lo conmovida y asombrada que estaba. ¿Cómo estas personas a las que nunca había conocido podían ser tan bondadosas y, como se vio después, tan poderosas en sus oraciones por mí?

Siento una alegría especial cuando un ser querido, amigo, colega o colaborador me llama para decirme que, cuando sintieron que necesitaba ánimo y apoyo con desesperación, Dios les detuvo en sus propósitos y les dijo: *Oren por Evelyn*. El refrescante efecto de la mano de Dios en mi frente acalenturada mientras oran hace desaparecer lentamente la frustración. Sus oraciones me cambian pues se detuvieron para orar cuando Dios les llamó.

He trabajado muy cerca de Kathryn Grant, la vicepresidenta del capítulo nacional de «Mujeres Cristianas Unidas 2000 d.C.». Puesto que Kathryn no sólo conoce, sino que también «vela» por mis necesidades, puedo escuchar su tranquilizante voz orando por mí a través del teléfono mientras trabajamos a larga distancia, y aun con el Océano Pacífico de por medio. También uno de mis más grandes privilegios ha sido interceder profundamente por ella para las tareas de la misión extranjera, cirugías y aun como representante de las Naciones Unidas, cada vez que Dios me detiene y dice: «¡Ora por Kathryn!»

«Perseverancia y súplica por todos los santos». Casi todos mis colaboradores me han dicho por teléfono o me han escrito que en un momento particular Dios le puso el peso de mis necesidades en sus corazones. Todos son líderes extremadamente ocupados con ministerios propios, y sin embargo se detienen para orar por mí. Este es uno de los más grandes privilegios de trabajar con los que pertenecen al cuerpo de Cristo.

La palabra *súplica* en Efesios 6.18, se refiere a una necesidad específica, no es sólo una oración general. Esto es lo que hace únicas las oraciones de los colegas y seres queridos.

En una ocasión hubo un tremendo enredo a causa de Satanás (véase Lucas 22.31) mientras luchaba con un colaborador por mantener la base bíblica en un punto de nuestro currículo «Guía de estudio para la oración evangelística». Sin que le hubiera hablado del problema a ninguno de ellos, tanto María Lance como Bobbye Byerly me llamaron y me dijeron: «Dios nos ha pedido que oremos poderosas oraciones de guerra espiritual por usted». Y lo hicieron. Dios no podía haberles dado una petición más específica que esa, sin siquiera saber sobre esto.

Entonces oraron con toda la perseverancia de Efesios 6.18, hasta que Dios lo resolvió —lo cual lo hizo— casi milagrosamente.

¡Acabo de recibir otra increíble ilustración para este capítulo! Cuando ya se había vencido el plazo de mi editor para este libro, y estaba apresurándome para terminar este capítulo, un gran problema que había estado molestándome por semanas finalmente salió a la superficie. El pasado jueves en la noche, el software de mi computadora se averió, llevándose con él varios capítulos en diferentes etapas de edición y dejándome sólo con copias en papel. *Llamé a mis cadenas de oración telefónica, y a todo el que me llamaba le decía que orara por mí como nunca antes.*

Después de rescribir este capítulo en la computadora, trabajé en él varias horas... sólo para que la computadora lo archivara en un lugar donde no podía encontrarse. Finalmente dejé caer mi cabeza y clamé: «Señor, no puedo hacerlo. No hay tiempo para arreglar la computadora. Por favor, pon el material adentro y cumple el plazo».

Pero nuestro hijo, Kurt, quien tiene un doctorado en computación, vino a mi rescate. Luego de trabajar por casi dos días, finalmente encontró lo que estaba causando los problemas en el software. Pero antes de que lo hiciera, me sucedió una cosa increíble. ¡Sentí paz! ¡Una paz indescriptible! Me pregunté por un minuto si me habría vuelto insensible y ya no era capaz de sentir nada. (Había estado trabajando en este libro un promedio de 14 horas diarias durante semanas, así que pensé que podía ser posible).

Pero entonces lo entendí. *¡Era toda esa oración!* Oraciones de personas a quienes se las pedí, pero también oraciones de personas que estaban orando por este libro, quizás sin saber siquiera por qué estaban orando. Pero el Señor las puso a todas juntas, y envió su increíble respuesta (si está leyendo este libro, conocerá mi computadora y yo lo hicimos).

«Oh Padre celestial, no soy digna, pero ¡estoy tan agradecida!»

Quizás nunca sepamos

Hay momentos en los que no conoceremos por qué Dios interrumpió nuestras vidas para decirnos que oráramos por alguien en algún lugar.

Recuerdo que Dios me despertó de un profundo sueño poniendo en mi mente nublada una urgente orden de parte de Él: *¡Ora por tal y tal persona en esa ciudad!* Dios nombró la persona y la ciudad, y eso fue todo. Completamente despierta, oré la mayor parte del resto de la noche. Era un pariente lejano que ni siquiera sabía que había ido a una convención en esa ciudad. De vez en cuando me preocupé por esto y unas cuantas veces quise preguntar sobre esto pero nunca lo hice. Eso era asunto de Dios. El mío era sólo orar cuando Dios me dijo. Pero es un increíble privilegio orar, pues Dios sabe que puede llamarme en cualquier momento del día o de la noche y que oraré en ese momento. *Él no tiene que decirme por qué.*

¿La voz de quién?

Uno de los ejemplos bíblicos más dramáticos de Dios hablando en forma impactante fue Pedro. Cuando Dios estaba listo para enviar a Pedro —un judío— a los gentiles, fue muy difícil para Dios cambiar su manera de pensar. Por lo que Dios envió una visión con una voz explicando que nada de lo que Él había creado era inmundo. El voluntarioso Pedro argumentó con Dios al principio. De hecho, se necesitaron tres veces para finalmente convencerlo.

Cuando la voz en Hechos 10.13 vino a Pedro en una visión, Él respondió a ella como «Señor» y cuestionó el comer cosas inmundas en la visión. Pero Pedro identificó la voz que le daba instrucciones de ir donde esperaban los hombres como «el Espíritu». ¿Son estas dos voces diferentes? No. *Es el Dios trino en acción*. El Espíritu es el Espíritu de Dios, entregando el mensaje del Padre.

Cornelio ya era un hombre devoto que oraba con toda su casa, aunque todavía no conocía de Jesús. Pero también obedeció la voz del ángel que Dios le envió en una visión, y mandó buscar a Pedro.

Cuando Saulo oyó una voz en el camino de Damasco mientras iba en ruta a perseguir a los cristianos de esa ciudad, esa voz se identificó a sí misma como «Jesús», otro miembro de la Trinidad (Hechos 26.15). Y Saulo —cuyo nombre había sido cambiado a Pablo— le dijo al rey Agripa que *no había sido rebelde a la visión celestial* y que anuncilabaa salvación en Jesús a los judíos y a los gentiles (vv.19-20).

Cuando Dios preparaba a Ananías para buscar a Saulo, quien recientemente había quedado ciego y había sido llamado por Jesús, Ananías también oyó una voz en visión, y respondió: *Heme aquí, Señor* (Hechos 9.10). Ananías tuvo miedo debido al mucho daño que Saulo había causado a los cristianos, pero cuando Dios le dijo: *«¡Ve!»*, Ananías fue.

Mis hijos han dicho a menudo, medio en serio y medio en broma: «Si mamá está segura que Dios lo dijo, eso es todo. Ella lo hará. No deberíamos molestarnos en hablar de eso».

A veces esto ha significado simplemente obedecer cuando pensaba que estaba haciendo algo mejor: como dejar la Biblia a un lado e ir a la tienda David Edwins porque el Señor tenía los vestidos exactos que necesitaba para nuestra conferencia nacional «Wheaton 1999». Pero he aprendido a no cuestionar nunca a Dios cuando me da instrucciones de esa manera. *Él no desperdicia su tiempo hablando sólo por hablar con nosotros.* Cuando interrumpe mi concentración, sé que tiene alguna tarea en mente. ¡Y obedezco!

Dios anhela captar nuestra atención. ¿Estamos escuchando?

¿No obedecer?

¿Qué si Pedro no hubiera obedecido? Su obediencia era parte de la apertura de Dios a todo el mundo gentil para el evangelio de Jesús. ¿Qué si Ananías hubiera tenido tanto miedo de Saulo como para no obedecer la voz de Dios? ¿Qué si Saulo, en el camino de Damasco, hubiera rechazado obstinadamente la voz de Jesús de ir a los judíos, gentiles y reyes? ¿Qué si Cornelio no hubiera respondido y todavía estuviera perdiéndose lo que se estaba perdiendo: Jesús? ¿Qué si nosotros no obedecemos?

La primera vez que recuerdo un llamado claro de Dios fue cuando, después de habernos mudado a nuestro nuevo templo en Rockford, Illinois, la membresía se había duplicado en cuatro años, y la iglesia estaba ocupada con actividades cada día y noche de la semana. Pero, sin ningún aviso previo y sin haber hablado entre nosotras, Dios nos detuvo a tres mujeres, en el auditorio de abajo. La carga fue tan pesada y la urgencia tan grande que pusimos nuestros brazos una encima de la otra y sollozamos. Las tres estábamos oyendo simultáneamente de Dios: *Ora por la iglesia cada semana.*

Nuestra respuesta fue instantánea. Nunca la cuestionamos. Dios lo dijo y nosotras lo hicimos durante cuatro años hasta que nuestro experimento de oración «Qué sucede cuando las mujeres oran» comenzó. (Jesús enseñó que cuando un mayordomo es fiel y hace un buen trabajo no recibe vacaciones ni un año sabático ni retiro temprano. Su maestro le da una tarea más grande).

Esto no fue para llenar las necesidades o las visiones de la iglesia, sino respondiendo a una orden directa de Dios de orar por ella. Dejamos a Dios los temas de la oración y los resultados. Nuestra única responsabilidad era orar. ¡Y lo hicimos!

Pero tratar de permanecer fieles y seguir obedeciendo fue una de las cosas más difíciles que jamás he hecho. Alguien interrumpía las reuniones de oración de los martes por la tarde: un esposo que llegaba a casa para un almuerzo tardío, un reparador no esperado llegaba en medio de nuestra oración, hijos enfermos, nosotras enfermas, lecciones de piano de los hijos cambiadas, prácticas deportivas o juegos. Satanás no desperdiciaba nada tratando de quebrantar nuestra resistencia, pero perseveramos hasta que el experimento más grande «Qué sucede cuando las mujeres oran» tuvo lugar.

¿Qué si no hubiéramos orado? ¿Qué si hubiéramos estado demasiado ocupadas con nuestras familias, iglesia y responsabilidades ministeriales? ¿Acaso Dios nos hubiera dado el privilegio de un ministerio de oración de toda la vida si no hubiéramos hecho aquella primera asignación?

Comprometidas

Para mí la palabra más importante en todo este proceso es *compromiso*. Dios confió uno de sus problemas a nuestra oración semanal cada vez que interrumpió nuestra rutina para pedirnos que oráramos específicamente por una de sus necesidades. A la verdad que no puedo entender esto. Él podía chasquear sus dedos divinos, y hubiera sido hecho. *Pero, con gentileza, Dios escogió dejarnos ser parte de su gobierno del planeta Tierra, al confiarnos lo que Él desea y planifica.*

Esto es un cumplido de Dios, pues sabe en quién puede confiar. Él sabe quiénes de nosotros aceptaremos su asignación para orar con fe de niños... y hacerlo.

Jeanne, en ese entonces editora del periódico de nuestra junta, me escribió la siguiente nota:

> Alrededor de las 11:00, una mañana, Dios me urgió fuertemente para que orara por mi amiga Karen. Mientras oraba comencé a llorar. Durante todo el día oré y lloré sin saber lo que estaba pasando. Esa noche me quedé en cama, orando y llorando suavemente. No pude dormir. Alrededor de la 1:00 a.m., sonó el teléfono. Ted, el hermano de Karen, se había suicidado. Había estado en el carro dentro del garaje todo el día, y nadie lo encontró hasta que su esposa volvió esa noche a casa de una reunión de mujeres. sólo Dios sabía con cuanta desesperación Karen necesitaba mis oraciones ese día.

Parte de la enseñanza «orad sin cesar» de *Qué sucede cuando las mujeres oran*, no es que nosotros, como monjes, trataremos de estar orando veinticuatro horas al día. *Es simplemente permanecer abiertos a Dios día y noche, en caso de que Él decida que necesita llamarnos a orar.* No sólo darle a regañadientes algo del descanso que tanto necesitamos o tiempo en un proyecto, sino esperar su voz con ansiedad.

Muchas veces las personas se quejan que Dios nunca les habla. ¿Podría ser que cuando les habló en el pasado, quizás una y otra vez, nunca respondieron? ¿Rechazaron continuamente la responsabilidad de su asignación, y Él se dio por vencido, sabiendo que era inútil seguir hablando?

¿Qué se podría estar perdiendo?

De la nada

Un sábado por la mañana del pasado mes de abril, mientras oraba, las palabras «he aquí yo estoy con vosotros todos los días» dieron en mi mente como una flecha disparada por Jesús. Recordando que eran palabras de la Gran Comisión de Mateo 28, me sentí muy agradecida y le agradecí a Él, aunque estaba un poco confundida tratando de entender por qué había interrumpido mi oración con ellas.

El siguiente día, añadió de repente las palabras: *Estaré contigo ahora, y cuando mueras estaré allí sosteniendo tu mano. Y entonces estaré contigo por toda la eternidad.* Otra vez me pregunté por qué. Pero a la siguiente mañana, me sorprendí al pasar todo el día en la sala de emergencias del hospital mientras los médicos trataban de entender lo que mi corazón estaba haciendo. (sólo la tercera parte de mi corazón es un músculo que trabaja, y sólo bombea la tercera parte de mi sangre a mi cuerpo). Pero tuve completa paz todo el día.

Tres semanas más tarde, mi esposo fue a dar a la misma sala de emergencia con una fibrilación atrial que no se estabilizaba. Sentada cerca de Él, oraba otra vez esas palabras: «He aquí, yo estoy con vosotros todos los días». Le agradecí al Señor que estaría con Chris siempre, también. Entonces oré: «Señor, esas palabras parecieron llegar de la nada».

No —contestó Dios con claridad— *Right out of the green.* [Nota del editor: En este caso Dios cambió el color azul (*blue*) de la frase original por el color verde (*green*)].

Al principio no entendí lo que Dios parecía estar diciéndome. «¿Qué dijiste, Señor?», pregunté.

De inmediato vino a mi mente el lugar de la página de mi Biblia, en Apocalipsis 4.2-3, en el que el apóstol Juan describe el cielo: «Y he aquí, un trono establecido en el cielo, y en el trono, uno sentado. Y el aspecto del que estaba sentado era semejante a piedra de jaspe y de cornalina; y había alrededor del trono un arco iris, semejante en aspecto a la esmeralda».

¡Verde! ¡Del salón del trono de Dios con su gigantesco arco iris verde de preciosa esmeralda alrededor de su trono!

Esas repentinas y poderosas palabras de asignaciones o instrucciones no llegan del azul del espacio exterior... ¡No! Llegan del verde, ¡del mismísimo trono de Dios!

Preguntas de reflexión

Examine su vida:

En su estilo de vida actual, ¿está disponible para Dios veinticuatro horas al día para sus asignaciones de oración inesperadas o sus oraciones sólo han sido lo que usted quiere de Dios? ¿Con cuánta frecuencia ha experimentado que Dios le encarga personalmente una necesidad que ni siquiera ha pedido, y luego se emociona al ver que Dios contesta, porque usted oró?

Lectura bíblica:

Comprométase a memorizar la corta y sucinta encomienda de 1 Tesalonicenses 5.17: «Orad sin cesar». Al reconocer que ningún ser humano puede estar orando verbalmente todas las horas del día, ¿ve en esto un mandato bíblico imposible de cumplir, o sólo una sugestión irrealista que tiene derecho a ignorar? O ¿qué dice Dios que quiere enseñarle, aunque sea poco, sobre el increíble y poderoso privilegio de orar?

Para hacer

Recuerde alguna ocasión, si es posible, cuando sintió haber recibido una sorpresiva y quizás urgente carga de Dios para orar por alguien o por algo. Admita con honestidad lo que hizo en relación a esto:

- No creyó que Dios hace esto desde los tiempos bíblicos
- No reconoció que vino de Dios
- Lo ignoró pues estaba preocupado por cosas más importantes.

- sólo aconsejó al recipiente sobre su necesidad en vez de orar por Él .
- Refunfuñando, oró una oración corta y pasajera.
- Oró con fervor y perseverancia.

Luego de reconocer que 1 Tesalonicenses 5.17 es estar comprometido a permanecer disponible para Dios todo el tiempo, escriba los cambios que está dispuesto hacer en su estilo de vida de día y de noches:

DÍAS: _____

NOCHES: _____

Para orar:

«Amado Padre que estás en los cielos, me abruma pensar que estés esperando para pedirme orar sobre lo que necesitas aquí abajo en la tierra. Soy tan indigno, Señor. Pero mi corazón rebosa con la esperanza de que me encargues algo de eso. Señor, te ruego que no lo pidas a nadie sino a mí. Te prometo que oraré con fe, independientemente de que no sepa por qué ni tenga ninguna respuesta de ti, hasta que vaya al cielo. En el nombre precioso de Jesús, amén».

PARTE CUATRO

Lo que Dios está haciendo en el nuevo milenio

CAPÍTULO 11
¿Qué han hecho los cristianos con Jesús?

UNA DE LAS EXPERIENCIAS DE ORACIÓN más hermosas que puede ocurrirle a un cristiano es orar *con* Jesús. Estar en su presencia, compartir su amor, su compasión y sus cargas es un raro don de Jesús para sus seguidores. Pero sentir su corazón doliente es aún más maravilloso.

Por más de dos semanas, me despertaba en la noche llorando y orando sobre *lo que hemos hecho con Jesús*. Pero no estaba orando *a* Jesús o *para* Jesús; me parecía que estaba orando *con* Él. Su corazón, también, parecía romperse con el mío, mientras suspiraba tristemente: *¿Qué han hecho conmigo?*

La oración que hacíamos no era sobre lo que los seres humanos hicieron cuando se mofaron de Él y le escupieron y luego lo mataron en una cruz. Pedro explicó esto en el primer sermón a la naciente iglesia después de Pentecostés:

> Sepa, pues, ciertísimamente toda la casa de Israel, que a este Jesús a quien vosotros crucificasteis, Dios le ha hecho Señor y Cristo. Al oír esto, se compungieron de corazón, y dijeron a Pedro y a los otros apóstoles: Varones hermanos, ¿qué haremos? Pedro les dijo: Arrepentíos, y bautícese cada uno de vosotros en el nombre de Jesucristo para perdón de los pecados; y recibiréis el don del Espíritu Santo. (Hechos 2.36-38)

Mi oración con Jesús no era siquiera por lo que habían hecho con Él los que le rechazaron como Salvador a través de los siglos y redujeron su nombre a una palabra maldita.

De lo que se trataba esa oración con Jesús era sobre la pregunta que Él nos hace ahora: *¿Qué han hecho los cristianos con Jesús?*

Esa pregunta ha dado origen a algunas de las más importantes oraciones que Dios nos ha enseñado a elevar en este movimiento de oración de treinta años.

¿Hemos retrocedido a antes de la venida de Jesús?

Observé alarmada cómo hace unas décadas surgió una tendencia entre muchos cristianos: *orar y predicar sin mencionar el nombre de Jesús*. Por años, he orado con fervor cada vez que veo que ocurre esto. Estoy segura que he orado con Jesús nuestro intercesor en el cielo quien ve, también, lo que estamos haciendo y ora por nosotros.

Conté cinco domingos consecutivos en los servicios de la mañana de una buena iglesia en los que las personas oraron desde el púlpito, el talentoso pastor predicó, y el coro cantó magníficos himnos tales como «Dios de nuestros padres», sin que ninguno pronunciara ni una vez el nombre de Jesús. ¡Dejé de contar y multipliqué mis oraciones!

Un buen amigo que es ejecutivo de la denominación en Canadá, me dijo con tristeza: «Evelyn, estoy jugando raquetbol para ganarme la amistad de un hombre que practica una religión pagana, pero no puedo llevarlo a mi iglesia». Cuando le pregunté por qué no, replicó: «Tenemos maravillosos sermones sobre Abraham, Moisés y David. En la puerta mi amigo agradece efusivamente a mi pastor por reforzar lo que Él cree firmemente de nuestra Biblia sobre los personajes del Antiguo Testamento. Pero nunca se ha enfrentado al hecho de que Jesús es el único camino a Dios». Me lamenté con él y me pregunté cuántas de nuestras iglesias han retrocedido a antes del tiempo de Jesús para que los de las religiones paganas no se sientan molestos.

Pablo dice en Hechos 13.32-33: «Y nosotros también os anunciamos el evangelio de aquella promesa hecha a nuestros padres, la cual Dios ha cumplido a los hijos de ellos, a nosotros, resucitando a Jesús; como está escrito también en el segundo salmo : Mi hijo eres tú, yo te he engendrado hoy».

El pasado otoño, en un retiro nacional, la esposa del presidente de una de las más reconocidas denominaciones en los Estados Unidos me dijo que su corazón estaba quebrantado. Me contó que su esposo estaba predicando recientemente un domingo por la mañana en una de las iglesias de su denominación. «Pero», suspiró, «se quedó atónito cuando el pastor le pidió que no hablara de Jesús como el único camino a Dios porque eso ofendería a la gente de su iglesia». Nos hemos hecho tan tolerantes a los problemas humanos que hemos olvidado las palabras de Jesús:

Nadie viene al Padre, sino por mí (Juan 14.6).

Jesús no es simplemente otro Dios

Es fácil para los cristianos hablar de Dios en término general. Todas las religiones tienen un nombre al que llaman su «ser sobrenatural» que ellos mismos crearon para adorarle. De manera que no somos los únicos que hablamos abiertamente de un «dios». Esa palabra no es amenazante, es políticamente correcta, no avergüenza a nadie y nos hace tolerantes ante todas las demás personas que tratan de llegar a Dios a su manera. *Pero la confrontación viene cuando usamos específicamente el nombre de «Jesús».* Él marca la diferencia entre un «dios» al que la gente trata de acercarse, y el único Dios verdadero al que podemos acercarnos por medio de Jesús.

Por supuesto, hay otros «dioses», pero todos ellos son del reino de Satanás. Satanás es llamado el «dios de este siglo» en 2 Corintios 4.4.

Al estar embarazada antes de casarse, la virgen María no sólo enfrentaba la vergüenza, sino también la condena social y la posibilidad de morir apedreada. Me he preguntado a menudo: *¿Qué hubiera pasado si María hubiera abortado a Jesús?* ¿Qué hubiese sido de nosotros? ¿Hemos tratado de esconderlo, ignorarlo o sustituirlo con el nombre general de «Dios», cuando nos sentimos demasiado turbados ante el nombre de Jesús?

Cuánto dolor debe sentir Jesús porque los cristianos —por quienes sufrió y murió— se sientan demasiado avergonzados para decir su nombre. Dolor porque, equivocadamente, hemos asumido que todos deben saber que estamos hablando de *Él* cuando nos avergonzamos de mencionar el nombre de Jesús. Dolor porque oremos con frecuencia citando las palabras de todos los personajes bíblicos, y no las de Jesús. Dolor porque le pongamos los nombres de los héroes del Antiguo Testamento a nuestros cuartos de oración, pero casi nunca el de Jesús. Dolor, y desconcierto, porque hayamos perdido el *gozo* que viene de su nombre: «Hasta ahora nada habéis pedido *en mi nombre*; pedid, y recibiréis, para que vuestro gozo sea cumplido» (Juan 16.24).

Uno de los más grandes legados que Jesús dejó a sus seguidores fue su gozo, disponible para nosotros con sólo orar en su nombre. *El nombre de Jesús, lo que era, lo que es y lo que ha de venir.*

Hace poco, estaba enferma un domingo en la mañana y busqué hasta encontrar el servicio televisado de una iglesia. Me asombré al descubrir que este popular predicador estaba entrevistando a un experto en la materia: «Puesto que ellos [los de otra religión] y los cristianos suman tres mil millones de personas —la mitad de la población del mundo— todo lo que tenemos que hacer para tener paz mundial es juntar las dos religiones». Mientras sostenía en sus manos el libro que explicaba esta solución, dijo que estaba orgulloso de estar en él. Luego anunciaron una convención nacional para juntar a los dos lados y enseñarnos cómo lograr la paz mundial. El razonamiento era que, puesto que las dos religiones tienen mucho en común con todos los profetas del Antiguo Testamento, y ya que ellos creen en Jesús *como uno de los profetas*, en realidad no hay problema en reconciliar a ambas. Dejé caer la cabeza entre mis manos y con estremecimiento grité mientras oraba: «Oh Dios, ¿qué han hecho esos líderes cristianos con Jesús?»

Desde entonces esa oración ha promovido mucho clamor mientras le he pedido a Dios que le muestre a nuestros predicadores y maestros cristianos la verdad sobre nuestra unidad. La verdad de que es sólo nuestro Jesús (a través de su sangre) ha hecho que todos los que creemos en Él seamos *uno en Él* . Como explica el apóstol Pablo:

> Pero ahora en Cristo Jesús, vosotros que en otro tiempo estabais lejos, habéis sido hechos cercanos por la sangre de Cristo. Porque Él es nuestra paz, que de ambos pueblos hizo uno, derribando la pared intermedia de separación, aboliendo en su carne las enemistades, la ley de los mandamientos expresados en ordenanzas, para crear en sí mismo de los dos un solo y nuevo hombre, haciendo la paz, y mediante la cruz reconciliar con Dios a ambos en un solo cuerpo, matando en ella las enemistades (Efesios 2.13-16).

La verdad es que Jesús es la única reconciliación real que puede haber en la tierra. Las guerras, los acuerdos de paz, las organizaciones, marchas y leyes nunca han traído ni traerán unidad. ¡sólo Jesús!

En nuestros seminarios de oración, miles de mujeres han manifestado que tienen la misma carga por la iglesia a la que asisten. Sus corazones se están quebrantando con el mío, y el de Jesús, porque nuestros líderes cristianos escudriñen las Escrituras en el nombre de Jesús, y no como lo que se ajusta a los moldes teológicos en los que le hemos metido.

No es que no haya iglesias que pongan en alto el nombre de Jesús. ¡Hay algunas que son magníficas! Es maravilloso tener el privilegio de enseñar y adorar en ellas. Jesús es el Señor allí. Pero muchas se han sumergido tanto en sus programas y planes que ya Jesús no es su prioridad. Estas son las iglesias por las que Jesús llora.

Por veinte años he orado: «Por favor, Señor, trae de vuelta a *Jesús* a nuestras iglesias». Y todos hemos orado juntos: «Señor, muestra a nuestros predicadores y maestros, y a todos nosotros, la diferencia entre el cuerpo de Jesús y su campo misionero».

El tema para la convención «Protestant Women of the Chapel» de toda Europa fue «El Pastor». Fue emocionante para mí enseñar muchas de las cosas que el Padre planificó que el Buen Pastor, Jesús, fuera e hiciera. Lo más importante, por supuesto, fue que, aunque muchos pastores históricos han dado la vida por sus ovejas, no fue Dios el Padre quien hizo esto. Fue el *Buen* Pastor, Jesús, quien no sólo dio su vida para redimir a la humanidad, sino que también en forma única la tomó de vuelta, para ser el único Salvador *resucitado* del mundo.

Qué maravilloso privilegio tenemos de poder orar de este lado de la cruz, la tumba y la mañana de Pascua. Somos elegibles para todo el poder del nombre del glorificado Salvador del mundo.

«Dios» no es un sustituto para «Jesús»

En nuestra oración, el Padre nos enseñó que «Dios» no es un substituto para el nombre de Jesús, aunque es verdad que Jesús es Dios y parte de la divina Trinidad, como proclama Juan 1.1: «En el principio era el Verbo [Jesús], y el Verbo era con Dios, y el Verbo *era* Dios».

Me encojo cuando oigo a alguien orar: «Padre, te agradecemos por morir en la cruz por nosotros». Jesús habló *con* el Padre *desde* la cruz, preguntándole por qué había abandonado a su Hijo. Si el Padre, (junto con su Espíritu) hubiera muerto en la cruz, ¿qué hubiera sucedido? Hubiese habido una instantánea explosión de caos en el universo, con todo en el espacio exterior saliéndose de su órbita y chocando el uno con el otro sin ningún poder divino que controlara sobrenaturalmente.

Aunque es verdad que Jesús es Dios y parte de la divina Trinidad, sus nombres no pueden usarse de forma intercambiable. *Dios el Padre envió a su Hijo a la tierra*. La vida de oración de Jesús era orar *al* Padre, siempre en obediencia a la voluntad del Padre, incluyendo el morir en la cruz. La oración sumosacerdotal de Jesús dirigida al Padre en Juan 17.11, nos da un sorprendente cuadro de su unidad: «Padre santo, a los que me has dado, guárdalos en tu nombre, para que sean uno, así como nosotros».

«Espíritu Santo» no es un sustituto para «Jesús»

Una tendencia actual que se está dando en los círculos teológicos es reemplazar a Jesús casi por completo con el Espíritu Santo.

El Nuevo Testamento nos enseña los maravillosos roles del Espíritu Santo. Jugó una parte importante *en la vida de Jesús aquí en la tierra*: descendió sobre Él después de su bautismo, lo envió al desierto para ser tentado por Satanás y así durante toda su vida terrenal. El Espíritu Santo también llama a los *creyentes* al ministerio, les envía, les da poder, les da audacia, les consuela, les enseña, les recuerda lo que Jesús les enseñó, y mucho más. Luego *convence* a esos pecadores a quienes los creyentes están tratando de ganar para Jesús. ¡Nosotros no podemos salvar un alma!

Los tres miembros de la Trinidad: Dios el Padre, Dios el Hijo y Dios el Espíritu Santo, siempre han sido y siempre serán. La Trinidad es una perfecta unidad con tres funciones separadas, completando la plenitud de la Divinidad. Cada uno de los tres operaba en perfecta unidad en el misterio de la divina Trinidad en aquellos primeros cristianos.

A continuación, algunos conceptos bíblicos sobre la hermosa y perfecta relación de Dios, Jesús y el Espíritu Santo:

Jesús. En Juan 16.7-14, Jesús explicó que sería bueno que Él se fuera, porque *Él , Jesús, enviaría el Espíritu Santo.* Entonces explicó algunas de las funciones que el Espíritu Santo tendría en sus vidas, concluyendo con *el Espíritu Santo glorificándole a Él mismo, Jesús.* ¡Qué preciosa relación!

Jesús explicó más de esa relación en Juan 14.25-16: «Os he dicho estas cosas estando con vosotros. Más el Consolador, el Espíritu Santo, a quien el Padre enviará en mi nombre, Él os enseñará todas las cosas, y os recordará todo lo que yo os he dicho».

Dios. Luego, en el evangelio de Lucas, *Jesús* ordenó que debían esperar la promesa del Padre, *el Espíritu Santo* (véase Lucas 24.49).

Espíritu Santo. Tanto el Padre como Jesús habían prometido el *Espíritu Santo. Jesús* ordenó «que no se fueran de Jerusalén, sino que esperasen la promesa del Padre, la cual, les dijo, oísteis de mí» (Hechos 1.4).

¡Dios el Padre, Dios el Hijo y Dios el Espíritu Santo, la divina Trinidad! Todos son increíblemente uno en un misterio que ningún ser humano podrá entender jamás, sin embargo operan con poder entre sí sin ninguna imperfección en sus roles entre sí y hacia nosotros.

Y mientras se beneficiaban de todos los roles importantes de los miembros de la Trinidad, los creyentes predicaban a Jesús.

Luego de que Saulo fuera llamado por Jesús en el camino de Damasco y su visión fuese restaurada por Ananías, se unió a los discípulos y «en seguida predicaba a Cristo en las sinagogas, diciendo que éste era el Hijo de Dios» (Hechos 9.20).

Antes de decir a sus seguidores que esperaran al Espíritu Santo en Lucas 24, Jesús les dijo «que se predicase *en su nombre* el arrepentimiento y el perdón de pecados en todas las naciones, comenzando desde Jerusalén» (v.47).

En la Gran Comisión de Mateo 28, Jesús les dijo que bautizaran en el nombre de la Trinidad: Padre, Hijo y Espíritu Santo. Pero Jesús les mandó que les enseñaran «que guarden todas las cosas que os he mandado; y he aquí yo estoy con vosotros todos los días, hasta el fin del mundo» (v.20). ¡Jesús prometió estar con ellos todos los días... aun en el fin del mundo!

Luego, en las últimas palabras a sus seguidores antes de ascender al Padre, Jesús les dijo: «Pero recibiréis poder, cuando haya venido sobre vosotros el Espíritu Santo, y me seréis testigos en Jerusalén, en toda Judea, en Samaria, y hasta lo último de la tierra» (Hechos 1.8).

El Espíritu Santo era absolutamente necesario en sus roles vitales, *pero los creyentes debían ser testigos de Jesús.*

La oración de Pablo por los creyentes de Éfeso nos da un cuadro hermoso y balanceado de cómo nosotros, también, debemos orar por nuestra relación personal con todos los tres miembros de la Divinidad. (He aquí un resumen. Por favor, tome el tiempo para leer todo el pasaje en Efesios 3.14-19).

Por esta causa doblo mis rodillas ante el Padre... para que os dé... el ser fortalecidos con poder en el hombre interior por su Espíritu, para que habite Cristo por la fe en vuestros corazones, a fin de que, arraigados y cimentados en amor, seáis plenamente capaces... de conocer el amor de Cristo que excede a todo conocimiento, para que seáis llenos de toda la plenitud de Dios.

¿Hemos reemplazado el nombre de Jesús?

Es sorprendente con cuántos nombres nosotros los cristianos hemos sustituido el nombre de Jesús. Hacemos cosas en nombre de nuestra iglesia, nuestra denominación, nuestra organización cristiana, nuestro proyecto nacional o local, y aun en nuestro propio nombre.

Cuando leí el libro de los Hechos para ver cuánto de lo que los primeros cristianos hicieron fue en el nombre de Jesús, me sorprendí. ¡Fue todo! Finalmente dejé de buscar pues no pude encontrar en ninguna parte que hicieran algo en otro nombre que no fuera el nombre de Jesús. He aquí algunos ejemplos:

Sanar en su nombre. Pedro y Juan, en camino a orar en el templo, dijeron a un mendigo que había sido cojo desde el vientre de su madre: «No tengo plata ni oro, pero lo que tengo te doy; en el nombre de Jesucristo de Nazaret, levántate y anda» (Hechos 3.6). Cuando el hombre se sanó de forma instantánea y caminó y saltó y alabó a Dios, la gente se amontonó preguntándose de dónde había venido ese poder. Así que Pedro contestó: «Por la fe *en el nombre de Jesús*, Él ha restablecido a este hombre a quien ustedes ven y conocen. Esta fe que viene por medio de *Jesús* lo ha sanado por completo, como les consta a ustedes» (v.16 - NVI).

Entonces el número de los que creyeron fue de cerca de cinco mil. ¡El nombre de Jesús!

En la prisión, a Pedro y a Juan se les ordenó que no hablaran ni enseñaran en el nombre de Jesús, porque había demasiado poder en eso. Pero ellos rápidamente contestaron: «Juzgad si es justo delante de Dios obedecer a vosotros antes que a Dios; porque no podemos dejar de decir lo que hemos visto y oído» (Hechos 4.19-20).

Orar en su nombre. Qué emocionante es leer las propias palabras de Jesús sobre orar en su nombre: «Y todo lo que pidiereis al Padre *en mi nombre*, lo haré, para que el Padre sea glorificado en el Hijo. Si algo pidiereis *en mi nombre*, yo lo haré» (Juan 14.13-14).

¡Qué maravilloso privilegio para nosotros los creyentes! Nuestros nombres no pueden lograr nada sobrenatural, pero Jesús, el Hijo de Dios, nos ha dado su nombre de manera gratuita —el cual incorpora todo lo que Él es— para usarlo en oración.

Orar por la salvación de las almas perdidas. Es debido a toda autoridad que le fue dada a Jesús que vamos y hacemos discípulos de todas las naciones para Él. ¿Cómo? ¡A través de su nombre! La Biblia usa las palabras *creyente, salvado* o *nacido de nuevo* para describir el proceso de salvación. Esta es la oración más importante que cualquiera puede hacer, pues determina no sólo la vida con Jesús aquí en la tierra, sino la eternidad con Él, pues todos sus pecados son perdonados.

Y en ningún otro hay salvación; porque *no hay otro nombre bajo el cielo*, dado a los hombres, en que podamos ser salvos (Hechos 4.12).

Orar contra los demonios. Nuestra nieta Jenna estaba representando a un demonio junto con otras jóvenes de su edad en el drama de Pascua de su iglesia, que todos los años ven treinta mil personas. Ellas eran parte de la escena de Jesús batallando con Satanás para quitarle las llaves del Hades y de la muerte, y usaban fuego real para representar el infierno. La primera noche, las muchachas estaban aterrorizadas por ser parte de una batalla con Satanás, y precisamente antes de que salieran a escena, la hermana de Jenna, Crista, abrió la puerta del camerino. ¡Y todas estaban allí —vestidas como demonios— arrodilladas en círculo haciendo una oración de guerra espiritual! Sabían de dónde venía su autoridad sobre Satanás: ¡de Jesús!

Aun los demonios conocen a Jesús. Un hombre en la sinagoga poseído por un espíritu inmundo gritó con gran voz: «¿Qué tienes con nosotros, Jesús nazareno? ¿Has venido para destruirnos? Yo te conozco quién eres, el Santo de Dios» (Lucas 4.33-34). Jesús echó fuera al demonio. Luego Jesús se detuvo para sanar a la suegra de Pedro que tenía fiebre. Y mientras continuaba, «salían demonios de muchos, dando voces y diciendo: Tú eres el Hijo de Dios. Pero Él los reprendía y no les dejaba hablar, porque sabían que Él era el Cristo» (v.41).

Este es el Jesús que estaban predicando aquellos cristianos esparcidos cuando hubo grandes señales, milagros de demonios echados fuera, cojos andando, paralíticos curados. (Véase Hechos 8.5-7 para un ejemplo). ¡Este es el mismo Jesús que vive en nosotros y que tiene poder sobre el malvado mundo de Satanás!

Nuestro deseo en los entrenamientos de oración es mantener el nombre de Jesús en su justo lugar de autoridad. ¡Qué nunca reemplacemos el nombre de Jesús con ningún otro nombre!

¿Pero hemos dejado que Jesús nos reemplace?

El cumplido más grande que recibo es cuando alguien se acerca a mí después de hablar en una conferencia o seminario y me dice: «Usted sencillamente desapareció. A quien vi allí delante fue a Jesús».

Esta es la respuesta a años de orar por el profundo deseo de mi corazón de que sea Jesús, no yo, el que sea visto. Al orar para comenzar una conferencia, por lo general imploro abiertamente: «Señor, por favor, permíteme desaparecer. Que nadie vea un vestido rosado aquí. *Qué todos vean sólo a Jesús*». Y Dios responde a esa oración. Con frecuencia algunas personas del público se me acercan con temor, para decirme que no se percataron de mi presencia mientras hablaba, sólo de Jesús. ¡Qué hermoso privilegio! *¡Lo que Dios hace cuando oramos!*

En nuestra reunión de oración «Ora Minnesota», alguien del personal que estaba sentada junto a mí me dijo que cuando me dirigía a hablar ella miró y yo no estaba allí. En vez de verme a mí fue como si estuviera viendo a Jesús. Antes de subir a la plataforma por última vez, un grupo de adoración que sostenía unos relucientes estandartes dorados con el nombre de Jesús en cada uno, nos dirigió en maravillosa y santa adoración a Jesús. Cuando la música paró, pensamos al principio que a alguien se le había olvidado dar vuelta al casete. Pero fue intencional. Los adoradores se quedaron como congelados, sosteniendo sus estandartes de Jesús.

En aquel silencio impresionante, poco a poco la gente comenzó a llorar. Luego comenzaron a desfilar al frente y a arrodillarse en oración, en arrepentimiento y adoración de Jesús. De pronto algunos estaban postrados delante de Jesús, profundamente arrepentidos y en reverencia ante su santa presencia. Me quedé sin habla, tratando de discernir cómo terminar la reunión. Como el grupo de adoración pronto iba a llevar los estandartes a

Jerusalén para decir «Bienvenido Jesús a Jerusalén» en el próximo milenio, oramos que los resplandecientes estandartes fueran la luz de Jesús en la ciudad donde antes le habían rechazado. Y el reto que todos nos comprometimos a cumplir fue llevar a este santo Jesús, la Luz, a nuestras propias ciudades y pueblos.

No has negado mi nombre

Cuando escribía el capítulo 3, les referí a este capítulo para la tercera de las tres razones por las que nadie ha podido cerrar la puerta de la oración que Jesús me abrió en 1967. Esa tercera razón es «porque... no has negado mi nombre».

Este era Jesús en el cielo hablando al apóstol Juan en la isla de Patmos, diciendo a la iglesia de Filadelfia que nadie podría cerrar la puerta que Él , Jesús, había abierto para ellos, porque 1) «tienes poca fuerza», 2) «has guardado mi palabra», y 3) «no has negado mi nombre» (Apocalipsis 3.8).

Había recién comenzado a escribir de la pasión de mi corazón desde el día que acepté a Jesús a los nueve años de edad. Desde entonces he dado toda mi vida, incluyendo mi vida de oración, a Jesús. Estoy en lucha constante para perder mi vida por su causa, y entonces experimentar su extático gozo a cambio de mis humanas insuficiencias. Me sostengo con tenacidad del nombre de Jesús, sin importar la dirección en que vayan otros cristianos. Lloro con Jesús por el menosprecio del nombre que es sobre todo nombre, el precioso nombre de Jesús que aprendí a orar cuando niña.

Sin embargo, muchos cristianos no se dan cuenta que están negando el nombre de Jesús. Por lo general lo hacen en feliz ignorancia.

Hay momentos y maneras en que nosotros, quizás sin saberlo, lo negamos. Cuando construimos nuestros propios reinos *en nuestros propios nombres*, en vez de construir el reino del querido

Hijo de Dios en nuestro servicio a Él, negamos su nombre. Cuando *olvidamos* su Nombre mientras nos consumimos por el nombre de nuestros equipos favoritos de fútbol, básquet o jockey, negamos su nombre. *Ignoramos* su nombre cuando explicamos una verdad bíblica que tiene su culminación y aplicación debido a la muerte, resurrección y ascensión de Jesús. Esto es negar el nombre de Jesús.

He aquí algunas maneras posibles en las que los cristianos negamos su nombre:

- Cuando nuestra música *en el carro o en el hogar* no incluye canciones sobre Jesús.
- Cuando nuestros *estantes* están atestados de libros, algunos buenos y otros no tan buenos, sin que den testimonio de que somos cristianos.
- Cuando todas las *revistas y obras de caridad* que apoyamos son seculares.
- Cuando *el material de lectura* en *nuestra mesa de noche* nunca incluye a Jesús.

Éstas no son negaciones deliberadas de Jesús. Pero el que ve todos estos lados nuestros, está llorando: *¿Qué han hecho conmigo?*

Entonces existen esas ocasiones cuando los cristianos niegan el nombre de Jesús deliberadamente. No todos los cristianos están ansiosos de que las personas vean a Jesús en ellos. En esas ocasiones cuando ser cristiano puede que no sea «políticamente correcto» y tratamos con cuidado que no se note, estamos negando a nuestro Jesús. Nos convertimos en Pedro.

Después de que Pedro alardeó que, aunque todo el mundo le fallara a Jesús, Él nunca lo haría, Jesús le advirtió: «De cierto te digo que esta noche, antes que el gallo cante, me negarás tres veces» (Mateo 26.34). Esa noche, cuando Jesús fue arrestado y conducido al sumo sacerdote Caifás, Pedro le siguió a la distancia y permaneció en el patio mientras juzgaban a Jesús. Cuando le reconocieron, Pedro fue desde negar que había estado con Jesús hasta negarlo con un juramento. Luego, lo confrontaron con la acusación: «Verdaderamente también tú eres de ellos, porque aun tu manera de hablar te descubre», Pedro comenzó a maldecir y a jurar: «No conozco al hombre» (vv. 73-74).

Por supuesto, estos serán a los que en el día del juicio Jesús dirá:

Nunca os conocí; apartaos de mí (Mateo 7.23).

Los cristianos de hoy día rara vez llegan a maldecir y a jurar negando a Jesús; por lo general se abstiene de vivir abiertamente con Jesús y de hablar de Él.

Jesús tuvo palabras muy fuertes contra aquellos que lo niegan delante de la gente:

A cualquiera, pues, que me confiese delante de los hombres, yo también le confesaré delante de mi Padre que está en los cielos. Y a cualquiera que me niegue delante de los hombres, yo también le negaré delante de mi Padre que está en los cielos. (Mateo 10.32-33)

Pero este Jesús a quien negamos es el mismo que nos invita a ser perdonados. Aun Pedro, cuando salió y lloró amargamente por la horrible negación de su Señor, recibió el perdón de Jesús.

Este Jesús no sólo nos invita a que permitamos que nos perdone, sino que también pagó el precio en la cruz para que pudiéramos ser perdonados. Aquel cuyo nombre tenemos vergüenza de mencionar derramó su sangre por el perdón de *ese pecado.* Lo que estamos negando es lo que hizo posible nuestro perdón y salvación: Jesús y su muerte en la cruz.

Este es el mismo Jesús que más tarde usó a Pedro para predicar el primer sermón, comenzando así el movimiento cristiano para todo el mundo hasta el fin de los tiempos.

Este es el mismo Jesús que nos perdona cuando le negamos al orar arrepentidos, y nos restaura para que seamos útiles a su servicio.

Queremos ver a Jesús

En un retiro de mujeres en la Florida, hicimos un ejercicio en el que cada una salía sola, en absoluto silencio, leía una porción de las Escrituras y oraba que Dios nos cambiara a través de esa lectura. Había orado mucho y pensé que Dios me había asignado cierto capítulo para que leyéramos. Pero cuando me disponía a hablar, el Señor me dijo convincentemente: *¡Mateo 28!*. Un poco preocupada porque este capítulo sobre la mañana de Pascua y la Gran Comisión era muy familiar, obedecí a Dios, lo anuncié y las envié a leer y a orar Mateo 28.

Cuando regresaron todavía en silencio, formamos pequeños grupos de cuatro para relatar nuestras experiencias. Les di la señal para comenzar a hablar de nuevo y casi explotaron. En nuestro grupo estaba una de las oficiales de la organización. Estaba atónita y su rostro resplandeciente. Dijo: «¡Vi a Jesús! Más tarde, fue ella quien dirigió la oración desde la plataforma, y varias me dijeron: «¿Ve que su rostro resplandece?» ¿Por qué? ¡Había visto a Jesús!

Las demás también habían encontrado a Jesús en ese capítulo, ¡cada lado imaginable de Él! En el receso de almuerzo se suponía que concluyera esta parte, pero sabía que todavía tenían mucho más que decir. Por lo que a pesar de que me quedaban dos horas y media de enseñanza, les pasé el micrófono inalámbrico por la siguiente hora y media. El mensaje se hacía cada vez más claro al hablar una a una.

Algunas aprendieron que debían buscar a Jesús çomo las mujeres lo hicieron en la tumba, otras se detuvieron al encontrar al Jesús resucitado, y otras simplemente se quedaron con Él. Algunas se detuvieron para adorarle como las mujeres lo habían hecho esa primera mañana de Pascua, otras estaban asombradas que toda autoridad le hubiera sido dada a Jesús, y otras vieron que debían esperar que el mundo rechazara su resurrección. Muchas sintieron que Él las comisionaba, otras prometieron obedecer su Gran Comisión, y otras se aferraron a su promesa de estar con ellas todos los días, aun hasta el fin del mundo. Fue maravilloso.

Después que las asistentes se fueron, las oficiales tuvieron su acostumbrada reunión con su portavoz para decidir qué hacer el año siguiente. Después de todas las sugerencias de cada una de ellas, pidieron mi opinión. Les dije que no me atrevería ni siquiera a aventurar una conjetura, pues ya tenían el mandato de Jesús, directamente a sus miembros. Debían dirigir a sus seguidoras con más profundidad hacia Jesús ese año siguiente, al Jesús al que acababan de ver en Mateo 28.

El secreto para mantener nuestra oración pública centrada en Jesús, es pasar suficiente tiempo con Él en privado.

Orar en el nombre de Jesús produce un gozo que es humanamente indescriptible. (Repase el capítulo dos para estudiar la magnitud sobrecogedora que contiene la oración d.C.) Qué necios somos como para engañarnos a nosotros mismos cuando todo este *poder*, la *respuesta a las oraciones* y el *gozo* han estado disponibles por dos mil años. Pero no sólo que todo esto está disponible, sino que Jesús nos instruyó para orar en su nombre, para que nuestro gozo sea cumplido. Otra vez Jesús nos lo dice aquí: «Hasta ahora nada habéis pedido en mi nombre; pedid, y recibiréis, para que vuestro gozo sea cumplido» (Juan 16.24).

Necesitamos amar ese nombre, necesitamos querer pronunciar ese nombre, necesitamos practicar decirlo, cantarlo, orarlo: ¡Jesús! Esto es lo que inunda todo nuestro ser con su gozo.

¿Hay esperanza?

Sí, ¡hay esperanza! Parece que hay un deseo general hacia la restauración de Jesús en el movimiento de oración que tiene lugar en nuestro país. Vemos muchas indicaciones de personas buscando a Jesús para tener más significado en sus vidas.

Hay señales de que se le está dando a Jesús no sólo el lugar correcto, sino que también está siendo exaltado. Muchas organizaciones e iglesias que han fundamentado la mayoría de sus enseñanzas y doctrinas en los principios del Antiguo Testamento (sin darse cuenta de lo que están dejando fuera), de pronto están exaltando a Jesús como el Redentor, el Salvador y el Rey de Reyes que viene. Se están ahora concentrando en los maravillosos resultados de su encarnación, muerte, resurrección y ascensión, con emocionantes respuestas a las oraciones.

Dios está dando más y más respuestas a las oraciones que oramos en el movimiento de oración hace treinta años. Ha habido una persistencia constante en la oración mientras que cada vez más miles de personas oran con fervor, ¡y Dios ha escuchado!

Un enorme comité del que he sido parte durante muchos años me preocupó profundamente por su énfasis, cada vez más constante, en la teología de lo que era antes de que Jesús viniera a la tierra. He orado profunda y persistentemente —con Jesús— sobre lo que estábamos haciendo con Él . No estaba sola en mi oración. Otros me han contado que también han hecho esa oración por varios años. Uno me dijo que se salió de ese comité hace un par de años por esa razón.

Pero Dios contesta la oración. Mi corazón casi estalló de gozo en nuestra última reunión anual. ¡Se había dado una vuelta dramática! Había un resplandor de Jesús en nuestros líderes, mientras uno a uno hablaba de Él y no sólo como una buena lección de otro personaje bíblico. Los nuevos planes, proyectos y renovados objetivos se centraban en Jesús. Fue la mejor reunión que hayamos tenido jamás. Un miembro nos contó que luego escuchó el mensaje de un líder que «se quemaba» por dar a conocer a Jesús en maneras aún más profundas.

Cuando llegó mi turno de hablar, traté de contener mi emoción. Abrumada y emocionada por la respuesta de Dios a tantos años de oración, dije: «Me parece que en los Estados Unidos hemos cambiado de un movimiento de oración humano inspirado por Dios a un mover divino de Dios, ¡en el nombre de Jesús!»

De un *movimiento* de oración, a un *mover* de Dios. ¡Está ocurriendo!

Preguntas de reflexión

Examine su vida:

Haga un rápido inventario mental de qué música escucha en su auto, en su hogar, en su trabajo. ¿Qué libros hay en su mesa de noche y en sus estantes? ¿Cuáles revistas llegan a su buzón? ¿Qué obras de caridad sostiene? ¿Qué cuadros están en sus paredes? ¿Encuentra más fácil hablar de Dios en general, que identificarlo con Jesús por nombre? ¿Está Jesús feliz y sonriente, o se queja: «¿Qué has hecho conmigo?»

Lectura bíblica

Busque en su Biblia Juan 20. Ore a Jesús pidiéndole que quite de usted todas las ideas preconcebidas, y le dé una visión nueva y fresca de Él. Lea la primera parte hasta que sienta un poderoso y agudo toque de Él en su corazón. Deténgase y ore *a* Jesús o *con* Él, si es posible. Dedique tiempo a permanecer en la presencia de Jesús, concentrándose en lo que le ha revelado. (Si lo desea, finalice el capítulo en este momento, o continúe usándolo de esta manera hasta que complete el proceso).

Para hacer:

Anote dónde Jesús le detuvo. En sus propias palabras, escriba qué imagen fresca de Él le dio. ¿Cuál es su respuesta a Él?

Para orar:

«Santo, santo, santo Jesús, por favor perdóname por reemplazar tu nombre con el de mi ministerio, mi iglesia o el mío propio. Perdóname por tener vergüenza de pronunciar tu nombre cuando no era «política ni socialmente correcto». Jesús, te ruego que reemplaces mi ego y mis ambiciones con tu persona. Gracias por sufrir y morir por mí. Ayúdame a amarte tanto que quiera decir ese nombre, cantar ese nombre, orar en ese nombre —tu nombre— JESÚS, siempre y dondequiera. Sí, en tu nombre oro, amén».

CAPÍTULO 12

¿Qué estamos haciendo con Jesús?

La idea de que había «ALGO MÁS» que las mujeres podíamos hacer por Jesús estuvo ardiendo en mi corazón por varios años. Muchas veces había clamado a Dios por un poderoso ejército de mujeres cristianas que orara y llegara al mundo en nombre de Jesús, ansiosos de revertir mucho de lo que tantos cristianos estaban haciendo con Él.

Ese «algo más» que el mundo necesitaba era Jesús. Y el poder para traerle a nuestro mundo era la oración.

El 7 de julio de 1989, mientras leía sobre la aparición de Jesús a Saulo en el camino de Damasco, sentí el poderoso llamado de alcanzar a los perdidos que estaban sin Jesús en todo el mundo. La oración: «¡Oh Jesús, quiero hablarle a todo el mundo de *ti*!» estallaba en mi corazón. Entonces, en enero de 1991 recibí una invitación de Lorry Lutz, directora de Mujeres Cristianas Unidas 2000 d.C. para que fuera su coordinadora de mujeres para Norteamérica: una respuesta directa a esa oración.

El movimiento internacional 2000 d.C. era exactamente por lo que había estado orando todos esos años. Las cristianas de todo el mundo venían con una meta y un itinerario: orar para alcanzar a cada hombre, mujer y niño en el mundo con un evangelio culturalmente entendible de Jesús para el año 2000. (Luego se añadió otro año, convirtiéndose en «2000 d.C y más» en el año 2001).

Kathryn Grant tenía la misma carga, y por varios años cuando ministrábamos nos arrodillábamos juntas, pidiéndole a Dios que nos permitiera ser parte de la organización de mujeres en los Estados Unidos para hacerlo. En nuestra primera reunión de directoras de 2000 d.C. internacional ese mayo, le pedí a Kathryn que fuera mi vicepresidenta.

Quizás ustedes no hayan oído de este interesante movimiento. Si es así, este capítulo les mostrará la participación de las mujeres en el sorprendente llamado de Dios a millones de personas en todo el mundo a ser parte del movimiento internacional 2000 d.C. que Él estaba levantando. Desde finales de la década de 1980, Dios había estado poniendo cargas individuales sobre líderes y laicos de todo el mundo con la misma urgencia de orar y de alcanzar a todo el mundo para Jesús para el año 2000. Ellos estaban listos, y nosotros también.

Nuestro «algo más» para las mujeres era simplemente añadir la oración y el compartir a Jesús (evangelización) a lo que Dios hubiera llamado a hacer a su organización o iglesia. Teníamos que ser una *red*. No organizar mujeres, no apartarlas de su actual llamamiento, sólo añadir ese «algo más»: evangelización.

Sin embargo, convertirnos en «algo más» necesitaría extraordinaria oración. *Tendría que ser Dios dando poder y haciéndolo en respuesta a una nueva y más profunda dependencia de Él en oración.*

Nuestras primeras oraciones

De repente la inmensa tarea de intentar juntar a las mujeres cristianas de Norteamérica en una causa común parecía ominosa. De manera que Kathryn y yo comenzamos a orar nuevamente. Por meses oramos usando listas de mujeres que estaban en el liderazgo, bombardeando el cielo con peticiones y rogando a Dios por sabiduría. Él nos aseguró cada una de sus selecciones, y cuando las llamamos por teléfono, todas (excepto una) respondieron: «Sabía que había algo más, pero no sabía qué era. Ahora ya sé. Es esto».

Sesenta y cuatro de nosotras nos juntamos para nuestra primera reunión en Washington D.C., en mayo de 1992, todavía inseguras de lo que *esto* podría ser. Habíamos recibido instrucciones de incluir todas las creencias teológicas cristianas y variedad étnica como fuera posible, y eso hicimos. Pero la mayoría de ellas nunca se habían encontrado con alguien de «esa» iglesia antes. Estaban escépticas y nosotras aprensivas.

La oración trajo sorprendente reconciliación

Cuando me enfrenté a todas estas líderes, admití ante ellas que no estaba segura si este proyecto era la voluntad de Dios. Así que les pedí a todas que nos arrodilláramos y oráramos en silencio, preguntándole a Dios si debíamos continuar y cómo hacerlo. También les pedí no orar en voz alta hasta que en forma individual tuviéramos una respuesta de Dios. Tomó como veinte minutos de silencio antes de que hubiera un brote de oraciones, todas afirmativas. *Sí, Dios dijo que debíamos unirnos con nuestros recursos, apoyo, oración y unidad para alcanzar a nuestro país para Jesús.*

De inmediato, las invisibles barreras que nos habían dividido se derritieron. Fue como si todos los ministerios que habíamos edificado se convirtieran en castillos de arena en la playa... y una gigantesca ola los barriera. ¡De repente el terreno se hizo plano al pie de la cruz!

Mucha oración por sabiduría, junto a planes para cooperar, compartir materiales, edificarnos y orar unas por otras, nos mantuvieron ocupadas hasta la oración inicial.

Entonces nos dividimos de dos en dos, por lo que cada una tenía sólo una compañera de oración. La gente rara vez permite que los líderes tengan el privilegio de admitir que tienen necesidades, y estas mujeres no eran una excepción. Así que pedí que cada una compartiera sus necesidades personales con su compañera, esta oraría por ella y luego cambiarían los papeles. Su rápida respuesta me sorprendió, puesto que todas tenían diferencias en teología y métodos de oración. Dejé de orar por un momento, levanté lo ojos y vi a dos poderosas líderes (cada una representando a cientos de miles de seguidoras) que jamás se habían comunicado de ninguna manera, llorando juntas. Abrazadas entre sí, las lágrimas de gozo rodaban por sus mejillas. Mujeres que en realidad no habían confiado en las diferencias que había entre ellas, ahora se amaban mutuamente para cumplir la Gran Comisión de Jesús en este día. ¡Dios había hecho nuestro primer milagro! ¡Había nacido el capítulo de mujeres para Norteamérica 2000 d.C.! Estábamos a punto de ver lo que Dios haría con una red totalmente enfocada en Jesús y dirigida por la oración.

La construcción de nuestra red de oración

Las siguientes reuniones en las oficinas centrales de Kay Arthur's Precept, y el aumento en la asistencia, multiplicaron el gozo. Los abrazos y gritos de gozo están todavía a la orden del día cuando nuestras líderes se reúnen. Y el mismo amor y unidad se ha derramado en todas nuestras mujeres, no sólo en nuestro país sino en todo el mundo, a medida que hemos visto la unidad del cuerpo de Cristo en acción.

Orar juntos produce unidad. Planificar, trabajar y tener reuniones juntas puede producir una maravillosa unidad, *pero hay un profundo amor que nace sólo a través de la oración*.

Aunque en términos organizacionales hemos estado bastante «sueltas», hemos sido fuertemente entretejidas en la unidad de

Jesús. Nuestros momentos de larga y profunda oración cada vez que nos reunimos se han convertido en la parte más preciosa de nuestra relación. A menudo nos sobrecoge un temor reverente ante la presencia de Jesús. Las lágrimas fluyen, los corazones rebosan de gozo y canciones de alabanza brotan de nuestros pechos. *¡Qué sucede cuando las mujeres oran!*

La gente a menudo nos pregunta a Kathryn y a mí cuál es el secreto de dos mujeres trabajando juntas, que siempre llegan a la misma respuesta de Dios para nuestros puntos de vista a veces diferentes. *La respuesta es la oración: cada una desear con urgencia la voluntad de Dios, no la nuestra.* Por veinte años nos hemos arrodillado en oración en el estudio de Kathryn y rogamos al Padre por una respuesta, o juntamos las manos y elevamos una rápida oración de auxilio en una prisión. Hemos luchado por las interminables necesidades y decisiones de nuestra red de mujeres de oración y evangelización, y orado a larga distancia con Kathryn viviendo en Florida, Carolina del Norte, Japón o Singapur, y yo en Minnesota. Pero Dios siempre ha trascendido los kilómetros con unidad en pasión y propósito, uniéndonos en el maravilloso amor de Jesús, para hablar de Él.

La otra oficial original, la secretaria-tesorera Sally Hanson, se unió a nosotras en oración, con su especial compañera de oración Jeanne Wagner, para sostenerla con su pesada tarea administrativa, y a nosotros también. JoAnne Jankowski, nuestra oficial y consejera legal, ha sido una de nuestras más fieles intercesoras. Nuestros corazones, como los de los ciento veinte en el aposento alto después de que Jesús ascendió, en verdad latían al unísono.

Por todos estos nueve años, sin descanso, el personal de la junta del Ministerio de Oración Unida ha orado por cada necesidad del 2000 d.C., y por cada decisión mía. En las reuniones mensuales de la junta, ellas toman nota mientras les explico en detalle cada faceta de nuestra red, y luego oran por mí hasta la siguiente reunión. Tres veces por semana, nuestras cadenas de oración llamaron con peticiones específicas y oraron con fervor hasta que la respuesta vino de Dios. Cada mes, ochenta intercesoras seleccionadas de nuestro calendario de oración reciben por correo necesidades detalladas ya presentes o anticipadas. ¡Fieles, persistentes, firmes, fervientes intercesoras!

Conferencia de oración nacional y regional

Hay diferentes tipos de oración que han producido el poder de Dios que hemos visto en nuestras conferencias.

Oraciones por mujeres. Todas la mujeres involucradas en conferencias organizadas de oración oran constantemente por las conferencias nacionales y regionales. El local, los temas, las conferencistas, talleres y música se deciden luego de mucha oración de nuestras oficiales, y la presidenta y sus comités buscan a cada momento la guía y voluntad de Dios mientras trabajan el año anterior a las reuniones.

Antes de nuestra conferencia en julio de 1995 «Mujeres en Evangelización I» en el Wheaton College, (Illinois), nuestra oración fue un ruego especial a Dios por un derramamiento de su Espíritu. Esa universidad estaba en medio del avivamiento que se había extendido desde Texas esa primavera, y cada noche, los estudiantes esperaban horas en fila para confesar sus pecados y depositar bolsas de basura llenas de la parafernalia de su pecaminosa manera de vivir anterior. Dios estaba barriendo el plantel. Recuerdo con claridad cuántas de nosotras agonizábamos en oración rogando a Dios que mantuviera el avivamiento en Wheaton, o que lo encendiera de nuevo cuando llegáramos en julio.

Barbara Blanchard, la presidenta de nuestra junta nacional de oración, es exalumna de Wheaton y consiguió una habitación en el plantel y estuvo intercediendo por nosotras durante diez días por un derramamiento de Dios. ¡Y Dios respondió! El director de la Escuela de Evangelismo de Billy Graham nos dijo que habíamos tenido el más grande poder del Espíritu Santo que cualquier otra reunión celebrada allí. ¿Por qué? Por la oración; profunda, agonizante y suplicante oración.

Oración por cada convención. Cada convención ha contado con su propia oración, pues sus directoras reclutan a intercesoras locales poderosas. Cada una de nuestras directoras se selecciona debido a su firme creencia en la necesidad de oración y su capacidad para organizar y sostenerla. ¡Y lo han hecho!

Oración preconferencia el día anterior a cada evento. Las mujeres pagan para venir un día antes con el fin de orar. Barbara, nuestra presidenta de oración, nos informó lo siguiente sobre el día de preoración en nuestra segunda conferencia en Wheaton en 1999: «Hubo éxtasis, exhuberancia, silenciosa meditación, convicción y compromiso, y todo esto resultó en oración y alabanza. Experimentamos el derrumbe de las barreras denominacionales y culturales, y el calor del amor y la aceptación». Una comentó: «La parte más conmovedora de la conferencia fue la profunda oración ofrecida entonces y durante todo el fin de semana en el lugar por cerca de veinte hombres».

Como resultado de toda esa oración, las mujeres nos dijeron: «La oración preconferencia puso un tono de emoción y anticipación. Mis ojos y oídos se abrieron para entender».

Otras dijeron: «Esto fue asunto de Dios. Ni siquiera puedo expresar con palabras lo que sucedió. ¡Fue increíble, sorprendente!» «Entendimos el poder de la oración. Todo fue bañado con oración».

Todavía otra comentó: «No esperaba que el Señor me hablara con tanta claridad. Ahora no quiero pararme delante de mi Dios con una lista de excusas baratas sobre por qué no le obedecí».

¡Alabe a Dios con nosotros por lo que Él hizo cuando oramos!

Lo que produce la oración

Nuestras convenciones han sido diseñadas para enseñar a las mujeres sobre la compasión de Jesús por los perdidos, y luego Dios las envía de regreso a sus esferas de influencia para poner en práctica lo que aprendieron. Los milagros que Dios ha hecho cuando las mujeres han corrido a casa para comenzar a orar y testificar de Jesús son maravillosos.

Individuos. Nuestra conferencia de Wheaton 1999 fue planificada con cuidado alrededor del libro de Mary Lance Sisk, *Love Your Neighbor* [Ama a tu prójimo]. Pero pocos días antes de que comenzara, Mary fue operada de la arteria carótida. Pensamos que todo se había echado a perder. Mientras orábamos con desesperación y nos reunimos para elaborar un nuevo programa, el Señor nos dijo a las dos: *sólo Jesús*.

Al mirar hacia atrás, nos sorprendemos del poco tiempo que hemos empleado en libros y procedimientos, y cuánto de nuestro tiempo se ha enfocado en Jesús. Su pasión por los perdidos, su amor, su sacrificio, su autoridad, su poder, sus mandamientos y sus promesas; mientras hablaba una conferencista tras otra, todo esto se hizo nuestro. Lo más increíble de todo es que un gran porcentaje de las asistentes aceptaron con ansiedad, *no nuestra humana persuasión*, sino el *llamado de Dios* a orar, amar y hablar de Jesús a sus vecinos y amigos. ¡Todo aquello por lo que habíamos orado y esperado estaba allí!

Iglesias enteras. La propia ciudad de Barb Blanchard fue profundamente impactada por las cuarenta y dos mujeres de su iglesia que asistieron a la Conferencia Wheaton 99. He aquí algunas de las cosas que están sucediendo, según nos cuenta Barb:

El grupo comenzó a testificar en el aeropuerto de Chicago en el viaje de regreso. El fervor para testificar con denuedo ha aumentado. Muchas oportunidades inesperadas para «rociar agua limpia» (según el mensaje de Esther Burrough) han surgido entre motociclistas, marineros, residentes de apartamentos, los pobres y personas sin hogar, inmigrantes, y en los trabajos. Se han formado tríos de oración, han comenzado caminatas de oración, se han tenido eventos en el vecindario, se han hecho mapas de la ciudad y muchos compromisos. Trece mujeres están comenzado a dirigir estudios en el vecindario. Una maestra que fue salva en agosto empezó una fraternidad de oración en una escuela secundaria. Quince miembros entusiastas de la facultad y del personal han comenzado a orar, compartir, y ayudar a formar un grupo estudiantil de oración. Han comenzado nuevos estudios bíblicos en dos escuelas elementales de la ciudad. Una de ellas ha adoptado el tema «Ama a tu escuela». Investida con el poder del Espíritu, una mujer en Wheaton ha compartido verdades espirituales cada día desde su regreso. Además, está discipulando a los dos que aceptaron a Cristo. Toda la iglesia ha sido entrenada en oración y evangelización.

Una refugiada del Congo, víctima de abusos, con dos hijos, huyó de su hogar en África y terminó en esta iglesia. Cuando vino a nuestra conferencia Wheaton 99 sobre oración evangelística, dijo que el Espíritu Santo la encendió con su fuego para dar a conocer a Jesús dondequiera que fuera. Su madre, que vivía en el Congo, había sido evangelista, y Dios encendió en ella el don de la evangelización en Wheaton. Está muy interesada en la comunidad de inmigrantes y ahora dirige un estudio bíblico para veintidós mujeres, a muchas de las cuales ha conducido a Jesús. Sorprendentemente, el hombre que tenía la custodia legal de sus dos hijos en el Congo, terminó como un refugiado en la misma ciudad, y mientras la iglesia oraba por esto, ella recuperó a sus hijos. Ahora planifica asistir a una escuela bíblica aquí y luego regresar para llevar a Jesús a su gente.

Grupos en pueblos pequeños. La siguiente nota es de un grupo que todavía está orando con grandes resultados: «Gracias por la manera que me han ministrado. Wheaton 95 fue un momento decisivo en mi vida. Dios quiere que nos movamos con Él , no que esperemos por la iglesia organizada».

Tríos de oración

Desde 1984 mi sueño ha sido ver vecindarios enteros, ciudades, naciones, y aun a todo el mundo formando equipos con los cristianos para orar en pequeños tríos, y entonces, mientras los aman con ternura, alcanzarlos con la salvación de Jesús.

El método de la oración preevangelización en tríos, es la oración básica que enseñamos. Como mencioné en el capitulo 5, el método de tríos de oración consiste en que tres cristianos escogen cada uno a tres no cristianos que conocen o aman y oran juntos un mínimo de quince minutos a la semana por la salvación de sus nueve. El secreto es responsabilidad y accesibilidad, sin grandes desembolsos de finanzas ni programación.

Cuando preparaba a las intercesoras para la «Misión Inglaterra I» con Billy Graham y Luis Palau, Brian Mills viajó con nosotros y reclutó intercesoras para su programa de tríos y orar por los perdidos antes de las cruzadas. Habían comenzado dos meses antes de que yo llegara, y me preguntaba cuántas (luego de orar por lo menos dos meses) ya habían visto por lo menos a uno de sus tres aceptar a Jesús. No menos del veinticinco por ciento levantaron sus manos. Noventa mil cristianos oraron en tríos durante un año antes de sus campañas evangelísticas. Y ambos evangelistas informaron que tuvieron los resultados más grandes de almas ganadas que jamás habían tenido, al menos hasta ese momento.

La revista *Decisión* de Billy Graham informó que antes de que Billy y Luis llegaran allí, muchos tríos vieron a las nueve personas por las que estaban orando aceptar a Jesús. ¡Los tríos de oración funcionan!

Esme Bowards, coordinadora internacional de 2000 d.C. en Sudáfrica, informó que en 1997 organizó tríos de oración para un grupo de quince personas en una pequeña iglesia al este de Londres, y vio que sus caras se iluminaban. A fin de mes, el pastor llamó por teléfono para decirle que tenía diez nuevos convertidos que se iban a bautizar ese domingo y que eran producto de los tríos de oración. Diez meses después llamó por teléfono para decir que ahora tenía setenta miembros como resultado de los tríos de oración que habían adoptado como su programa. ¡Él no había bautizado a nadie en diez años!

Esme dijo sobre su iglesia en 1998: «Entrené a veinticinco personas durante un curso de diez semanas con la "Guía de estudio para la oración evangelística". Al final del curso, treinta convertidos habían conocido al Señor como resultado de los tríos de oración. Ocho de estas personas habían sido musulmanas. Las mujeres se me acercan en la iglesia para decirme que pueden ver que el corazón de la gente se "está ablandando"». Ahora Esme tiene más de mil quinientos tríos de oración, y ha enseñado desde 1995 ochenta y cinco seminarios basados en la «Guía de estudio para la oración evangelística». ¡El poder de los tríos de oración!

Nueva plataforma de oración

Cuando en 1991 me asignaron la tarea de producir material de entrenamiento en oración para todas las mujeres de 2000 d.C. alrededor del mundo, literalmente lo escribí en mi cuarto de oración. Escribí lo que Dios sabía que se necesitaba para esta nueva plataforma de oración de la década de 1990. Esto iba a cambiar nuestro usual énfasis de oración por nuestras propias necesidades en una oración por los perdidos espiritualmente. Sin remuneración y dándolo todo gratis para que fuera usado internacionalmente por nuestras mujeres, escribí a aquellos que usarían mi «Guía de estudio para la oración evangelística»:

El deseo más profundo de mi corazón es que todas las naciones se llenen con tríos de cristianos orando, amando, cuidando, testificando, hasta que todo el mundo esté lleno de nuevos creyentes en Jesús. Este currículo contiene el corazón de lo que Dios me ha enseñado a través de toda una vida de ministerio, y he visto a Dios hacer grandes y poderosas cosas cuando personalmente he enseñado estos preceptos bíblicos a cientos de miles. Este es el corazón del evangelio de Jesús condensado en estas pocas páginas.[1]

La oración evangelística fue también el deseo del corazón de Pablo después que Jesús lo llamó en el camino de Damasco. Como dice en Romanos 10.1:

Ciertamente el anhelo de mi corazón, y mi oración a Dios por Israel, es para salvación.

Con toda intención mantuve el currículo simple para que así toda la gente alrededor del mundo pudieran entenderlo, sin embargo, lo suficientemente profundo para incluir todas las verdades esenciales de la Biblia necesarias para llegar al mundo con la salvación de Jesús. Lo mantuvimos corto y barato, condensándolo en forma de bosquejo en un libro pequeño. Entonces prometí que si seguían sus instrucciones bíblicas paso a paso, tendrían el indescriptible gozo de ver el poder de Dios llegar a aquellos por quienes habían orado por nueva vida en Jesucristo. Los informes siguen llegando de todo el mundo a medida que el poder de esta clase de oración se manifiesta en todos los continentes. He aquí las seis sencillas secciones de la guía de estudio:

1. ¿Por qué evangelizar? Jim Weidman, director ejecutivo del Día Nacional de Oración de los Estados Unidos, mientras asistía a su primera reunión del Comité Nacional con nosotros, me dijo: «Soy un hombre "por qué". Todas estas organizaciones de evangelización son sólo métodos de enseñanza. Ninguna nos dice *por qué* debemos hacerlo». «Excepto la nuestra», le respondí.

Había buscado la clara dirección de Dios para comenzar nuestra guía de estudio con: *¿Por qué evangelizar? ¿Por qué* llevar a Jesús a todo el mundo? Por supuesto que existe la tan conocida Gran Comisión de Jesús (la que no se ha cumplido en casi dos mil años). Pero Dios quería desafiarnos a nosotros los cristianos con los serios pensamientos de que Jesús había hecho su parte en la cruz —que nos había dejado a nosotros el alcanzar al mundo— y que Jesús dijo que el final no llegaría hasta que termináramos esa tarea (véase Mateo 24.14) porque en el cielo estarán representadas todas las naciones (véase Apocalipsis 5.8-9).

Dios también quería llevarnos a nosotras, las intercesoras, al hecho de que la Biblia en realidad dice que todas las personas que no han aceptado a Jesús, aun de otras religiones, están condenadas y necesitan ser evangelizadas (véase Juan 3.18). Esto es para alertarnos ante la falsa doctrina de la tolerancia que está ganando terreno hoy en día. Todavía más devastador, Dios quiso reforzar la enseñanza de la Biblia de que el futuro de los que no creen en Jesús es un lugar de eterno tormento y castigo (véase Apocalipsis 20.15).

Nuestra vida de oración cambiará de forma radical cuando entendamos esto; bíblicamente, todo el que no es creyente en Jesús pertenece al dominio de las tinieblas y necesita ser trasladado al reino de luz por el perdón de sus pecados (véase Hechos 26.15-18). Y Jesús vino como luz para que ninguno tenga que quedarse en esa oscuridad espiritual (véase Juan 12.46). Lo que en verdad nos motiva a cambiar nuestra oración es la provisión de Dios para todos los que están todavía en oscuridad espiritual, y la indescriptible vida abundante disponible para ellos, con Jesús viviendo en ellos aquí y teniendo vida eterna en el cielo con Él .

2. Nuestra preparación personal. Algunas de las enseñanzas más importantes que no se han vuelto obsoletas desde *Qué sucede cuando las mujeres oran*, es que hay unos requisitos para el estilo de vida personal a fin de que nuestras oraciones sean contestadas por Dios. (Véase el capítulo 2 para las dos clases de pecados, que nunca se vuelven obsoletos). Es sorprendente cuántos quieren orar que otros se salven y descubren que ellos tampoco conocen a Jesús personalmente.

3. El poder de Dios para alcanzar al mundo. Se ha hecho mucho énfasis en ganar personas para Jesús a través de proyectos y programas, pero Jesús advirtió a sus seguidores que no debían tratar de alcanzar al mundo hasta haber recibido el poder del Espíritu Santo (véase Lucas 24.48-49). Entender que el Espíritu Santo obra en nosotros con poder para darnos audacia y valor y que sólo Él puede convencer a un pecador (véase 1 Tesalonicenses 1.5), cambia drásticamente nuestra oración para alcanzar a los perdidos para Jesús.

4. Cómo orar por los perdidos. Dios nos ha mostrado que la oración preevangelización es absolutamente necesaria, pues con frecuencia vemos pocas almas salvadas en proporción a nuestros esfuerzos financieros y organizacionales porque hemos fallado en involucrar primero a Dios en sus vidas por medio de la oración. El método de los tríos de oración es muy efectivo porque insiste en la responsabilidad y la accesibilidad. Jesús enseñó que el diablo ahoga la semilla del evangelio tan pronto como la sembramos, y Pablo nos muestra que Satanás pone vendas en las mentes de los incrédulos para que no puedan ni siquiera ver la luz del evangelio de la gloria de Cristo. sólo orar en la autoridad del nombre y por la sangre de Cristo es efectivo para superar estos obstáculos espirituales.

5. Cómo orar los unos por los otros. Sorpresivamente, las intercesoras descubren que una vez que comienzan a orar por los perdidos, como dijo una: «todo el infierno se desmorona». Orar los unos por los otros mientras alcanzamos a los perdidos es imperativo porque Satanás no quiere renunciar a los que están en su reino de tinieblas. Es asombroso ver que el Nuevo Testamento atribuye directamente a Satanás muchos de los problemas que los cristianos encuentran, en especial en la oración evangelística y el testimonio. Pero la Biblia hace énfasis en las maravillosas promesas de victoria sobre las maneras sutiles en que Satanás trata de estorbar nuestra esperanza y motivo para orar el uno por el otro en esta batalla (véase Efesios 6.8).

6. Cómo alcanzar a otros para Jesús. Juliet Thomas ha organizado tríos de oración en cada ciudad importante de la India, pero me pidió incluir en la guía de estudio *cómo esas mujeres de oración podían entonces alcanzar a aquellas personas por las que estaban orando*. Este tipo de oración no termina hasta que hayan tenido la oportunidad de aceptar a Jesús. Otro paso es orar por el nuevo convertido y compartir pequeños pasos para seguir, a medida que ellos, también, dejan de ser solo convertidos y se vuelven intercesores.

Pero todavía hay más

Mary Lance Sisk estaba sentada frente a mí mientras enseñaba en un seminario de oración en Charlotte, Carolina del Norte. De pronto ambas nos percatamos de lo que parecía ser una fuerte corriente eléctrica fluyendo entre nosotras. En ese momento, ella supo que tenía el llamado a trabajar conmigo en la meta de alcanzar a los perdidos para Jesús, ¡y yo lo supe al mismo tiempo!

Dios le ha dado a Mary Lance Sisk el maravilloso método de caminatas de oración y amar a nuestros vecinos para Jesús llamado *Ama a tu prójimo*. Esto añade otro fantástico método de oración y pone pie a nuestra oración evangelística mientras compartimos maneras tangibles de amar a nuestros vecinos.

El libro de Mary, *Ama a tu prójimo* a desarrollar relaciones, reunirse con otros para orar, abrir nuestra casa, tener compasión por los vecinos y amarlos, y traerlos a Jesús. Es un poderoso método para la evangelización del vecindario. Nos emocionamos al ver cómo Dios tenía todo esto planificado para que una complementara a la otra.

Ella y su esposo, Bob, son líderes del maravilloso movimiento de oración de Charlotte, y el concepto de *Ama a tu prójimo* se extiende aceleradamente en nuestro país. Ha sido traducido para ser usado internacionalmente en la misma red como guía de estudio. ¿Acaso no es Dios maravilloso?

Orar, amar, compartir

Una parte muy importante de nuestra oración y de compartir a Jesús es amar. Llevar el amor de Jesús en tantas maneras diferentes como esferas de influencia hay entre las mujeres ha abierto puertas y corazones al evangelio junto con *Ama a tu vecino*. He aquí algunos ejemplos:

Ciudades. Helen Harris, miembro de nuestra junta, ofreció maravillosas fiestas en los barrios bajos de la ciudad durante nuestras convenciones en Miami, Atlanta, Wheaton y Bakersfield, California. Ella trabaja con iglesias locales y organizaciones cristianas que reúnen donativos de ropa, juegos para niños, trabajo voluntario de enfermeras para chequeos de salud y comida. Los niños y los adultos se reúnen primero para escuchar a un pastor local predicar de Jesús y luego disfrutan de la fiesta. Se dividen en grupos de tres o cuatro guiados por consejeros, entonces las mujeres tocan a las puertas e invitan a las personas a la fiesta o se detienen en los balcones a hablar de Jesús. Un equipo de adiestramiento o un coro pueden ser parte del programa. De vuelta a la convención, Helen y las mujeres comparten con emoción cómo muchos han aceptado a Jesús, y otras historias fantásticas. ¡Este es uno de los mejores momentos de nuestra convención!

Helen dice que aprendió a orar y a discipular a sus vecinos luego de leer *Qué sucede cuando las mujeres oran* en la década del 1970, cuando ella y su joven familia vivían en los barrios bajos de Los Ángeles, una comunidad en la que un gran porcentaje de la juventud estaba en drogas, embarazadas o en pandillas. Muchos de los padres estaban en la prisión. Helen comenzó a enseñar oración a un grupo de madres desesperadas, fue anfitriona de «Friendships Bible Coffees», y compartió a Cristo usando *Las cuatro leyes espirituales* de la Cruzada Estudiantil; un perfecto ejemplo de lo que hacemos como red. Cuando contaba su historia en nuestra Conferencia de Wheaton 1995, hizo poner de pie a toda una hilera de encantadoras, bien vestidas y educadas señoras jóvenes. «Estas son aquellas muchachas de la comunidad por la que orábamos con tanta diligencia, y a quienes les presentamos a Jesús», dijo Helen mientras brotaba un estruendoso aplauso. Todavía hoy día va a esa comunidad con pasteles de cumpleaños para los niños, amor incondicional y sacrificio... y con Jesús.

Hogares de retiro. La presidenta de una gran red de hogares de retiro me contó cómo su vida cambió cuando leyó *Qué sucede cuando las mujeres oran*. A través de los años, ha visto los increíbles resultados de orar en sus instalaciones. Las personas de la tercera edad necesitan nuestro amor y atención, pero la mayoría de ellas necesitan a nuestro Jesús, ahora y por la eternidad que ya enfrentan.

Hospitales. Mi hija Jan me dijo cuando estaba escribiendo la guía de estudio que no dejara afuera 1 Juan 5.13: «Estas cosas os he escrito a vosotros que creéis en el nombre del Hijo de Dios, para que sepáis que tenéis vida eterna, y para que creáis en el nombre del Hijo de Dios». Como médico de cuidado intensivo de un hospital, Jan dijo que lo que la mayoría de la personas agonizantes quieren saber es a dónde van. ¿Hay esperanza eterna? ¿Puedo estar seguro de esto? «Siempre dejo 1 Juan 5.13 en sus labios agonizantes, luego de haberles presentado a Jesús».

Aeropuertos. La aeromoza Marilyn Walberg creó *Fly from Your Knees* [Vuele desde sus rodillas] junto a otras dos asistentes de vuelo de diferentes aerolíneas a quienes conoció en nuestra conferencia Wheaton 99. Tienen el compromiso de orar cada martes por la mañana por sus aerolíneas, sus vecinas y por las compañeras aeromozas con quienes trabajan. Otras se están uniendo.

Prisiones. Ministrar en las prisiones, dice Fran Howard, es intimidante debido al aumento de las condiciones que producen hacinamiento en nuestra población carcelaria. Cuando un muchacho abusado crece lo suficiente como para reproducirse, nacen varios más como él o como ella, para multiplicar una vez y otra vez este estilo de vida abusivo. Los adictos crían hijos adictos. Los abusados se vuelven abusadores, hasta que encuentran a Jesús. Lo que los programas contra las drogas no pueden hacer, a veces Dios lo hace en una noche. Jesús da la victoria a los que llevan sus oraciones a los dominios de Satanás en muchas prisiones. Entonces cuando estos prisioneros son liberados regresan para alcanzar a otros con la libertad que encontraron en Jesús mientras estaban encarcelados.

Currículo alrededor del mundo

Con frecuencia me preguntan: «¿Acaso Dios contestó la oración que usted hizo en 1989: "Jesús, quiero hablar a todo el mundo de ti"?»

Quizás la manera más grande fue que mi tarea asignada como parte del equipo de liderazgo de 2000 d.C. Internacional era escribir el currículo de oración evangelística, el cual ha sido traducido en cuarenta y siete idiomas (que sepamos), más muchos dialectos tribales. Lo hemos regalado y le hemos permitido a los grupos que guarden cualquier ganancia de las ventas para financiar sus propios programas de evangelización. En Rusia, le dieron una copia a cada iglesia, y las mujeres lo copiaron para compartirlo con otras. Incluso enviaron dos copias al Polo Norte.

Violet Metegha, representante regional para el África de habla francesa hasta su muerte en 1998, viajó a doce países reuniendo a mujeres de todas las denominaciones y culturas para entrenarlas. Después de la visita de Violet, un grupo de mujeres comenzó a compartir el evangelio en otra aldea. Esto terminó con una marcha de más de doscientas mujeres en una tercera ciudad, muchas de las cuales aceptaron a Jesús.

Lorry Lutz calcula que cientos de miles de mujeres han estudiado el folleto en su propio idioma y están orando en tríos por los amigos, parientes inconversos y por las personas a las que no se ha llegado. Iqbal Massy ha comenzado más de mil tríos, con una meta de cinco mil más. Juliet Thomas tiene tríos organizados y funcionando en cada ciudad principal de la India. Directoras de otros continentes informan logros similares.

La «Guía de estudio para la Oración Evangelística» es el currículo de evangelización de mujeres de 2000 d.C. en todo el mundo. Aunque por diecisiete años Dios me ha dado el privilegio de enseñar en casi todos los continentes con un promedio de veinticinco por ciento aceptando a Jesús, Él sabía que ninguna persona podría jamás comenzar a hacer un impacto en los miles de millones que Jesús necesita globalmente. *Así que Él contestó mi oración usando este pequeño libro para ayudar a otros a ganar a los perdidos a su alrededor para Jesús, ¡sin mí!*

Estados Unidos: ¿un campo misionero?

Antes de nuestra primera reunión, Kathryn (misionera en Japón por veinte años) y yo (para ese entonces llevaba diez años ministrando alrededor del mundo), luchábamos con el popular concepto de que Estados Unidos sería sólo el país que enviaría y sostendría misiones globales, pero no un campo misionero en sí mismo. Cuando oramos profundamente sobre esto, todavía puedo oír las palabras firmes y claras de Dios en mi corazón: *¡Evelyn, tu país necesita a Jesús tanto como cualquier otro país del mundo!* Kathryn recibió la misma seguridad de Él .

Ninguna de nosotras en nuestra red ha dejado de alcanzar a todo el mundo para Jesús con oración y apoyo, y lo seguiremos haciendo. Pero hemos entendido que los Estados Unidos es uno de los tres campos misioneros más grandes del mundo.

Dee Eastman, esposa y colaboradora de Dick, presidente de «Every Home for Christ» [Cada hogar para Cristo], compartió estas estadísticas con nosotras en la Convención de Atlanta de 1998:

> Nuestra nación es un mosaico de americanos que representan a quinientos grupos étnicos que se comunican en 686 idiomas y dialectos. Cuarenta y dos millones de norteamericanos hablan poco o ningún inglés. La religión de más rápido crecimiento en América es el Islam con veinticinco mil convertidos cada año; la mayoría de éstos con trasfondo católico, protestante y judío. El noventa y cuatro por ciento de nuestros indios americanos nativos aún está sin evangelizar; y los Zunis y Hopis, con seis mil personas cada una, se consideran como dos de las tribus más inalcanzables del mundo.

Dios ha traído el mundo a nuestra puerta. Estados Unidos es un gran campo misionero inalcanzado, y una parte vital del mundo que Jesús nos dijo que ganáramos para Él .

Cómo seguir el plan de evangelización de Jesús

¿Por qué Jesús les dijo a sus seguidores que esperaran en Jerusalén después que ascendió? No hay duda que esperar al Espíritu Santo era la razón principal. ¿Pero sería también porque sabía que al final de los diez días de oración, la ciudad estaría atestada con dos a tres millones de personas celebrando Pentecostés?

Había dos categorías de personas quienes, según el relato de Hechos 2, necesitaban oír de Jesús en su propio idioma. El primer grupo eran los judíos que vivían en Jerusalén quienes lo oyeron en la lengua con la que *nacieron* (véase Hechos 2.5-10). Aunque Jesús hablaba arameo y hebreo, evidentemente nunca habló a todas las naciones bajo el cielo en sus propios idiomas. El segundo grupo de personas incluía a los visitantes: romanos, judíos, prosélitos, cretenses y árabes, quienes también lo oyeron en sus propios idiomas. Esos visitantes estaban entre los tres mil salvados después del primer sermón de Pedro, quienes regresaron a sus hogares —con Jesús *en* ellos— para comenzar a evangelizar al mundo.

Así mismo ocurre con Estados Unidos hoy día. Tom Philips, presidente ejecutivo de International Students, Inc., informa que hay 601,000 futuros líderes mundiales que al momento están estudiando en nuestra nación provenientes de cerca de doscientos países diferentes. Entonces los convertidos se comunican con los parientes y relacionados en sus países, los cuales muchas veces son campos misioneros cerrados. Si alcanzamos a esos estudiantes para Jesús, ellos podrán hablar del evangelio donde nosotros no podemos. La mayoría de los graduados regresan a sus hogares para convertirse en líderes con sus grados profesionales, y si nosotros oramos y llegamos a ellos con la luz de Jesús, entonces estos estudiantes se llevan a Jesús *con* ellos y extienden su luz. ¡Nuestra Jerusalén!

¿Sabían ustedes que la iglesia cristiana más grande está en Corea del Sur y que el templo budista más grande del mundo está en Los Ángeles, California? Juliet Thomas de la India, me dijo emocionada: «¡Ustedes tienen la ventana 10/40 allí mismozomb en América!»

¿Estamos olvidando que Jesús ordenó a sus seguidores ir hasta lo último de la tierra, comenzando en su propia Jerusalén?

Pero no vayan sin poder

Cuando Jesús estaba listo para ascender al cielo, sus seguidores deben haber estado muy ansiosos por ir a contar a todos sobre Él. Pero Él les advirtió con firmeza: «Quedaos vosotros en la ciudad de Jerusalén, hasta que seáis investidos de poder desde lo alto» (Lucas 24.49).

En 1997, Dios me hizo la misma advertencia que Jesús hizo a sus discípulos mientras me seguía llevando a Ezequiel 37 y me aseguraba que habría un gran ejército de mujeres llegando a los perdidos. Pero me mostró que muchos cristianos de hoy día son como aquellos de 2 Timoteo 3.5, «que tendrán apariencia de piedad, pero negarán la eficacia de ella».

Sí, hay un movimiento de huesos secos allí afuera, pero no tienen espíritu en ellos, habló Dios en mi corazón. *Ten cuidado de no movilizar un montón de cuerpos sin espíritu. No movilices un ejército de zombies.*

Esta es una de las peticiones de oración más urgentes de nuestra red de 2000 d.C.: una oración porque Dios envíe el poder del Espíritu Santo sobre todo lo que hagamos.

¿Una red timón?

¿Cómo se maneja una red? ¿Cómo la maneja sin usurpar los derechos que Dios ha dado a cada organización e iglesia? Cavilo y oro por esto en cada decisión. Llevaba dos años en la red 2000 d.C., cuando Dios, de manera inesperada, me dio la respuesta al pedirle que me dirigiera dónde debía leer en la Biblia esa mañana. *El libro de Esther,* Él destelló en mi mente.

«¡Ah no», reaccioné. «Nunca más quiero volver a oír esa introducción: "¡Aquí está ella para un día como este!" No puedo soportarlo». Dios me lo dijo tres veces. Yo obedecí.

Sin embargo, esta vez fue diferente. Cuando Ester iba a ser usada por Dios para salvar a su pueblo, Mardoqueo le envió una palabra: «No pienses que escaparás en la casa del rey más que cualquier otro judío». Dios me mostró que ser líder no me hace jefe de todo el mundo. En vez de eso, me dijo con claridad que era un *timón*: la pieza en la parte posterior del barco que está escondida debajo de la línea de flotación, inútil si sale fuera de la superficie para ser vista. Allí abajo, donde está oscuro y frío, el timón está siempre en tensión, nunca vacilante, luchando contra la corriente para dirigir el gran barco. Lloré profundamente.

Dios también me mostró que un timón rígido es inútil. Debe ser flexible, controlado por una mano poderosa de alguien con la suficiente sabiduría para ver y corregir cuando el barco se sale del curso. ¡Esa mano es Dios! Y nuestro líder es Jesús. Él dijo: «Ni seáis llamados maestros; porque uno es vuestro Maestro, el Cristo» (Mateo 23.10).

Tenía mi respuesta para dirigir una red. *Nunca vacilar. Permanecer fiel a lo que hemos sido llamados a hacer. Dirigir. Y orar.* La mayoría de los días oro un mínimo de dos horas: primero, para que el Señor me cambie, y luego para que me guíe en cómo Él quiere que dirija cada situación abrumadora y difícil. Sin ser jefa, sino viviendo la profunda pasión de mi corazón de poner el hablar de Jesús *primero* en todo lo que haga. *No sólo compartir una parte del ministerio de Jesús, sino todo el evangelio: su muerte, su sangre redentora, su resurrección, su disposición para que un mundo perdido vaya a Él y sus pecados sean perdonados.*

Siento que he desilusionado a Dios muchas veces cuando no he hecho lo que he luchado tanto por hacer. Pero siempre estar trabajando para dejar que Dios me gobierne, ser valiente, no rendirme y nunca dejar de cumplir, ha resultado en líderes y laicos comprometidos también con la visión de regresar a Jesús a nuestras iglesias. Jane Hanson, la presidenta internacional de Aglow, quien dirige alrededor de seiscientas mil mujeres, me abrazó mientras las lágrimas rodaban por sus mejillas. «Evelyn, he incluido la evangelización en todas nuestras oraciones de Aglow».

Nunca olvidaré el día en que Judy Mbugua, nuestra presidenta internacional de los seminarios para mujeres 2000 d.C. en Kenya, me sorprendió completamente. Ella es la presidenta de una poderosa organización en África (PACWA) que entrena a mujeres en lectura, cuidado de la salud y otras destrezas. «Evelyn», Judy lloraba mientras me abrazaba y decía: «Quiero que sepas que he puesto evangelización en toda la organización».

Cuando hay diferencias

En treinta años, nunca he tenido un problema al trabajar con todas las denominaciones y razas, pues siempre hemos estudiado las enseñanzas directas de la Biblia sobre la oración y las hemos practicado conforme a ella. Pero en esta red, Dios ha esperado en ocasiones que me mantenga firme en un principio bíblico. ¿Qué hace y qué ora la líder en una red donde todos son iguales, pero ella es responsable por su reputación y posición bíblica?

Luego de orar mucho por mi actitud, Dios me confirmó lo que había estado tratando de hacer. *Puedo amarlos entrañablemente, pero al mismo tiempo no consentir lo que hacen o enseñan.* En una conversación con el Dr. Henry Blackaby sobre este difícil aspecto del liderazgo, le pregunté qué pensaba de esa solución. Pareció que lo ponía poco a poco en su corazón y luego sonriendo con calidez me dijo: «¡Eso es Evelyn! El amor y la unidad todavía están presentes mientras cumples con tu responsabilidad».

Mis oraciones de preparación

Sabiduría. Cuán desconcertada estaba el año antes que Lorry Lutz me pidiera hacer la tarea 2000 d.C., que Dios me dirigió en mi oración de cumpleaños de 1990 a pedir la sabiduría de Salomón para el año siguiente: «Da, pues, a tu siervo corazón entendido para juzgar a tu pueblo, y para discernir entre lo bueno y lo malo» (1 Reyes 3.9). Antes de siquiera saber que estaría involucrada en esa tarea de una década, oré: «Dios mío, no tengo suficiente sabiduría. ¡Dame *tu* sabiduría como se la diste a Salomón!» Pero estaba lejos de soñar con cuánta desesperación iba a necesitar esa sabiduría en la década venidera.

Rectitud. Como mencioné antes, el 1 de enero de 1991 Dios me mostró en los primeros capítulos de Mateo y de Lucas que todos los que Él usó en la venida de su Hijo a la tierra en la primera navidad ya eran justos ante sus ojos: Zacarías, Elizabet, María y José. «Oh Padre», clamé en oración, «hazme justa delante de ti en 1991, de manera que puedas usarme». Y ese mismo mes, la invitación de diez años para ser la directora para Estados Unidos de mujeres 2000 d.C. llegó de Larry Lutz. Dios estaba preparándome personalmente.

A fines de 1999, escribí en mi Biblia junto a Mateo 1: «Aunque no he podido *vivir* una vida totalmente justa estos ocho años, Dios conocía el deseo de mi corazón de ser justa. Pero ¡cuánto se necesita de la confesión de 1 Juan 1.7-10!»

Algo nuevo

Mujeres Cristianas Unidas 2000 d.C. entró a un nuevo milenio y Dios ha permitido que suceda mucho por lo cual hemos orado tan fervientemente por tantos años. Los quince miembros de la junta de 2000 d.C. están cada uno tomando la responsabilidad de varios aspectos de la red, y haciendo un excelente trabajo.

Dios está quitando la inmensa carga de nueve años de los hombros de Kathryn y de los míos, al proveer los recursos para una oficina y un administrador. Nuestros corazones rebosan de alegría por las puertas abiertas y las nuevas oportunidades. ¡Oración contestada!

En nuestra última reunión de la junta en 1999, entregué la presidencia a Kathryn Grant mientras asumía el rol de presidenta de la junta. Cada una de nosotras pensó que la otra era responsable del devocional de apertura, de manera que ninguna se había preparado con anticipación. Por lo que entre las primeras palabras de Kathryn como presidenta dijo: «Por favor, Evelyn sólo léenos un salmo».

De inmediato dije: «El salmo 73». Esta era la cita donde Dios me había llevado el enero anterior después de luchar con si debía continuar en mis deberes administrativos en Mujeres Cristianas Unidas 2000 d.C. Acabábamos de terminar las agotadoras reuniones de Misión América y Ama a tu prójimo, yendo de un lado al otro de la Bahía de San Francisco. Era mi cumpleaños número setenta y siete, mi corazón estaba (y está) bombeando sólo la tercera parte de mi sangre en mi cuerpo, y estaba cansada. Oraba al Señor pidiéndole su consejo. De inmediato Él puso en mi mente ir al Salmo 73:

Con todo, yo siempre estuve contigo;
Me tomaste de la mano derecha.
Me has guiado según tu consejo,
Y después me recibirás en gloria.

¿A quién tengo yo en los cielos sino a ti?
Y fuera de ti nada deseo en la tierra.
Mi carne y mi corazón desfallecen;
Mas la roca de mi corazón y mi porción es Dios para siempre.

Porque he aquí, los que se alejan de ti perecerán;
Tú destruirás a todo aquel que de ti se aparta.

Pero en cuanto a mí, el acercarme a Dios es el bien;
He puesto en Jehová el Señor mi esperanza,
Para contar todas tus obras.

Aun cuando no puedo llevar a cabo todas las tareas administrativas que ahora la junta ha asumido de una manera excelente, mi visión y carga para continuar diciendo a todos las maravillosas obras de Dios —coronadas con la venida de su Hijo para salvar al mundo perdido— no han disminuido. ¡Mi pasión estará ahí *por siempre*!

Todavía es nuestra oración

Dirigir nuestra red en oración ha sido parte del cumplimiento de una de las oraciones más explícitas que Jesús nos pidió orar. Justo antes de proclamar el evangelio del reino y sanar al enfermo, Jesús miró a la multitud. Sintió por ellos una compasión y tristeza profunda pues estaban afligidos y abatidos como ovejas que no tenían pastor.

Así que Jesús dio a sus discípulos, y a todos nosotros que decimos ser sus discípulos, este poderoso mandamiento para orar por la solución de sus problemas:

La mies es mucha, más los obreros pocos. Rogad, pues, al Señor de la mies, que envíe obreros a su mies (Mateo 9.37-38).

La mies son las almas perdidas. Todas las otras cosas que hacemos por Jesús deben ser los «medios para el fin», que abran puertas, preparen corazones y nos hagan elegibles para compartir a Jesús.

Jesús dijo: «El Hijo del hombre ha venido para salvar lo que se había perdido» (Mateo 18.11). Si Él hubiera venido *sólo* para alimentar a los hambrientos y curar a los enfermos, hubiese sido un fracasado, al dejar multitudes hambrientas o enfermas al regresar al cielo. Pero su propósito al venir era *salvar lo que se había perdido*.

Orar y cosechar esas preciosas almas para Jesús, en su amor y unidad, es el «algo más», aparte de la oración, que estamos haciendo en obediencia a nuestro Salvador y Señor.

Preguntas de reflexión

Examine su vida:

¿Siente ustedes a veces que debe hacer algo más para Jesús, o quizás siente una represión de parte de Él que lo consume por dentro?

¿Acaso en Hechos 1.8 Jesús envió a sus seguidores, y a usted, a ser sus testigos *sólo* en el mundo, o en ambos lugares, *ahí* y *también* en nuestros pueblos natales? ¿Cuál de los dos ha descuidado?

¿Piensa que toda la obra misionera debe hacerse al otro lado del océano, o es algo más que podría añadir a su esfera de influencia?

Lectura bíblica

Lea Mateo 9.35-38 en su Biblia. ¿Está Jesús inquietando su corazón para convertirse en uno de los obreros por los que muchos han estado orando? ¿Está llamándole a hacer algo más en la mies que tiene a su alrededor? Permanezca en silencio y escuche a Jesús profundizar el «por qué» de su compasión por las personas que sabe que todavía están perdidas. Anote cualquier idea práctica de cómo empezar que Jesús traiga a su mente en este momento.

Para hacer:

En oración, organice un trío de oración con otros dos cristianos. Anote los tres nombres de su trío:

#1 Su nombre _____#2 _____ #3 _____

Escriba los nombres de las tres personas que no tienen a Jesús por las que cada uno promete orar a Dios juntos semanalmente:

#1 _____ #2 _____ #3 _____
_____ _____ _____
_____ _____ _____

Haga una lista de las ideas que vengan a su mente de cómo podría «amar» con buenas obras y «compartir» la salvación de Jesús con ellos.

AMAR: _____

COMPARTIR: _____

Para orar:

«Santo, santo, santo Jesús, anhelo tu «algo más» en mi vida. Perdóname por no sentir tu compasión por *toda la mies*, comenzando en mi casa, trabajo y escuela. Gracias porque viniste a salvarlos. Te prometo que comenzaré a orar inmediatamente por ellos organizando mi trío y caminata de oración. Jesús, que estalle de gozo cuando aquellos que te necesitan con desesperación te aceptan como Salvador y Señor. En tu precioso nombre, Jesús, amén».

CAPÍTULO 13
La oración primordial para el nuevo milenio

DESDE QUE SATANÁS introdujo el pecado al planeta Tierra en el jardín del Edén, ha habido dos, y sólo dos, reinos espirituales: el reino de tinieblas de Satanás y el reino de luz de Jesús. Mientras la cultura del milenio anterior pareció inclinarse más y más hacia el reino de tinieblas, ¿dónde está el reino de luz? Mientras el tiroteo y suicidio entre adolescentes va en aumento, ¿dónde está la luz? Mientras nuestros hijos son llevados por la industria del entretenimiento a una cloaca de violencia y glorificación del sexo inmundo, ¿dónde está la luz moral y espiritual para el próximo milenio?

La luz ya está aquí. Dios la envió al mundo. ¡La luz es Jesús!

La Luz, Jesús, es la única solución para esta perniciosa manera de vivir que viene de las tinieblas de sus corazones. Hace dos mil años Jesús vino a la tierra para traer personalmente esa luz transformadora a quienes todavía están en tinieblas. Jesús dijo:

Yo soy la luz del mundo; el que me sigue, no andará en tinieblas, sino que tendrá la luz de la vida. (Juan 8.12)

Así que la verdadera pregunta no es ¿dónde está la luz? La pregunta es: ¿Cómo podemos nosotros, los cristianos, que tenemos la luz de Jesús, *orar* para que se disipen estas tinieblas que se extienden por la tierra?

La oración que cambiará nuestras familias, vecindarios, lugares de trabajo, escuelas y, a la larga, nuestra nación y el mundo, llevándolo de las tinieblas a la luz, es simple: *Debemos orar por cada individuo que todavía no cree en Jesús, para que lo acepte como Salvador personal y Señor. Entonces la Luz, Jesús, que vive en las nuevas criaturas, esparcirá su luz por todos lados.*

El 20 de abril de 1999, Cassie Burnall dio su vida por su Señor en la Escuela Secundaria Columbine en Littleton, Colorado, cuando dos estudiantes vestidos con abrigos impermeables negros antes de suicidarse le dispararon a doce de sus compañeros y a un profesor en una matanza premeditada. Como adolescente, Cassie había entrado poco a poco en un ambiente de violencia, drogas y alcohol, e incluso llegó a escribir cartas de cómo asesinar a sus padres. En un intento por salvar a su hija, sus padres la cambiaron de escuela y controlaron al máximo su vida social, dejándola finalmente ir a un retiro de jóvenes de una iglesia. Allí Cassie encontró a Jesús.

Su padre explicó en una entrevista de televisión que cuando Cassie salió para el campamento iba sombría, cabizbaja y sin hablar nada. «Pero», dijo, «cuando regresó, sus ojos estaban abiertos y brillantes. Irradiaba energía y estaba emocionada por lo que le había pasado. *Era como si estuviera en una habitación oscura y alguien hubiera prendido la luz*».

¿Cuál fue la luz que se prendió en Cassie? ¿Qué fue lo que la preparó para la eternidad de la que, sin saberlo, estaba tan cerca? ¡Jesús! Jesús dijo: «Yo, la luz, he venido al mundo, para que todo aquel que cree en mí no permanezca en tinieblas» (Juan 12.46).

¿Qué cambió a Cassie para que con valentía contestará sí a la pregunta sobre su recién descubierta fe... la respuesta final que provocó la última bala en su cuerpo? ¡Su Señor y Salvador, Jesucristo!

Debemos orar que todas las personas que están todavía en el reino de tinieblas acepten a Jesús como su Señor y Salvador, y de esa manera sean trasladadas también al reino de luz de Jesús. «El cual nos ha librado de la potestad de las tinieblas, y trasladado al reino de su amado Hijo» (Colosenses 1.13).

¿Qué sucedió en realidad con esta luz, Jesús?

De las muchas profecías sobre la luz, Jesús, una de las más conmovedoras está en Isaías 9.2: «El pueblo que andaba en tinieblas vio gran luz; los que moraban en tierra de sombra de muerte, luz resplandeció sobre ellos».

Llegado el tiempo, esa profecía fue cumplida cuando Dios envió a su único Hijo como esa luz y Jesús comenzó su ministerio terrenal en esa tierra oscura más allá del Jordán. «Desde entonces comenzó Jesús a predicar, y a decir: Arrepentíos, porque el reino de los cielos se ha acercado» (Mateo 4.17).

El Evangelio de Juan comienza con Jesús, el Verbo, que en el principio era con Dios, y era Dios, y por Él fueron hechas todas las cosas. Entonces existe la sorprendente revelación de la venida de Jesús a la tierra para traer luz al pueblo que estaba en tinieblas: «En Él estaba la vida, y la vida era la luz de los hombres. La luz en las tinieblas resplandece, y las tinieblas no prevalecieron contra ella. Aquella luz verdadera, que alumbra a todo hombre, venía a este mundo» (Juan 1.4-5,9).

Pero después de ministrar poco más de tres años, sus enemigos *extinguieron* esa luz en la cruz. Lo mataron.

Entonces lo enterraron en una tumba oscura, donde no había luz. Pero en la mañana de Pascua, *la luz disipó las tinieblas.* Jesús salió de la tumba, ¡vivo! No resucitó para morir otra vez sino, como algo único en la historia humana, resucitó como Señor.

Entonces, por cuarenta días, Jesús continuó apareciéndose a sus seguidores. *¡Ellos lo tenían de vuelta!*

Pero entonces, ¡puff! *La luz se fue.* Jesús, la Luz del mundo, los dirigió a Betania, y ascendió a los cielos delante de sus ojos. *¡Se fue!*

¿Acaso el planeta Tierra no tendría más luz espiritual?

¿Dónde está la luz ahora?

Jesús ya lo había dicho en Juan 12.35: «Aún por un poco está la luz».Y en Juan 7.33, Jesús dijo: «Todavía por un poco de tiempo estaré con vosotros, e iré al que me envió». Así que ellos no debían esperar que permaneciera físicamente como la Luz del Mundo.

Pero Jesús ya les había dado la solución para no dejar al mundo sin luz espiritual:

Vosotros sois la luz del mundo (Mateo 5.14).

Nosotros los cristianos debemos ser la luz del mundo para Él, hasta que la Luz regrese como el Rey de Reyes y Señor de Señores a reinar por siempre y siempre.

¿Cómo puede ser esto?

Hay una solución muy simple. Esto fue un misterio para todos los que vivieron antes de Jesús, pero ahora nos ha sido revelado a nosotros, los seguidores de Él . Pablo lo explicó con claridad: «Para que anuncie cumplidamente la palabra de Dios, el misterio que había estado oculto desde los siglos y edades, pero que ahora ha sido manifestado a sus santos ... este misterio ... es Cristo *en* vosotros, la esperanza de gloria» (Colosenses 1.25-27).

La iluminación de las tinieblas morales y espirituales ocurre cuando los cristianos, con Jesús en ellos, irradian la luz de Jesús a alguien, quien entonces lo acepta como Salvador y Señor. Enton-

ces, con la luz de Jesús en esa persona, ésta irradia a Jesús a otra persona.

Los verdaderos faros cristianos no son personas con personalidades radiantes, sonrisas relumbrantes, efusivas y simpáticas. Son personas que tienen a *Jesús* viviendo en ellas (véase Colosenses 1.27), que irradian a *Jesús* en un mundo oscuro, perdido y malvado por medio de la oración y las buenas obras (véase Mateo 5.14-16), y comparten el amor de Jesús y su deseo de salvarlos.

Sólo podemos convertirnos en *faros* para Jesús cuando Él vive en nosotros. Un verdadero faro es mucho más que simplemente poner una calcomanía o un foco prendido en la ventana de una casa. Es:

La Luz, Jesús, *en* los creyentes
En la casa, el trabajo o la escuela
Reflejar a Jesús *fuera de* esos lugares
En el vecindario, trabajo o escuela.

Los faros sólo se necesitan cuando está oscuro y peligroso, y cuando las personas están perdidas. Por veinte veranos nuestra familia ha pescado en las profundas aguas del lago Michigan. Cuando la oscuridad de una repentina tormenta descendía (o en la emoción de una buena pesca no nos dábamos cuenta que caían las tinieblas de la noche), mirábamos con ansiedad al horizonte buscando la parpadeante luz del faro Pentwater para que nos guiara con seguridad a la orilla.

Los verdaderos faros tienen y comparten el secreto de guiar a los perdidos fuera del reino de las tinieblas al reino de luz de Jesús.

Sin embargo, la manera de vivir de los cristianos determinará si otros pueden o no ver a Jesús brillando. Aun cuando Jesús esté morando en los creyentes, el vivir en pecado ensuciará sus lentes y no dejará que la luz de Jesús brille a través de ellos (Es por esto que debemos mantener al día la confesión de nuestros pecados, de manera que Dios nos mantenga limpios. Véase 1 Juan 1.8-9).

En algunas ocasiones nuestra familia celebra su propio servicio dominical cuando todos nos reunimos en la cabaña de troncos en el norte de Minesota. Un domingo, nuestra lección se basó en Mateo 5.14-16: «Vosotros sois la luz del mundo... ni se enciende una luz y se pone debajo de un almud, sino sobre el candelero, y alumbra a todos los que están en casa. Así alumbre vuestra luz delante de los hombres, para que vean vuestras buenas obras, y glorifiquen a vuestro Padre que está en los cielos».

Como no teníamos un almud, usamos un balde de plástico. Después de que nuestro nieto de siete años cantó «This Little Light of Mine» [Esta pequeña luz mía] y nosotros oramos, pasamos el balde alrededor. Entonces cada uno decía algún pecado que *podría* estar en nosotros y que impediría a la gente ver la luz de Jesús brillando mientras nos poníamos el balde plástico sobre la cabeza. Todos nos pusimos muy sombríos, mientras uno por uno, desde la abuela, el abuelo, padres, adolescentes, escolares y preescolares, decíamos una cosa vulgar o indecente que *podría* estar en nosotros.

Se necesitan con urgencia cristianos que sean faros limpios ahora que nuestro país va en picada hacia un abismo moral y espiritual. *¡La Luz del mundo, Jesús, es nuestra única esperanza!*

Casi me quedé sin aliento por lo que vi frente a mí en una reciente conferencia de evangelización en Atlanta. Después de que el Dr. Henry Blackaby dio las palabras de clausura, cada una de las mujeres prendió una vela y la mantuvo debajo de la banca frente a ellas en el oscuro santuario. Entonces le pedí *sólo* a quienes prometieran dejar que Jesús brillara en sus hogares, vecindarios, escuelas y trabajos que levantaran sus velas hasta debajo de sus barbillas. De repente aquel atestado auditorio resplandeció con miles de rostros reflejando a Jesús.

«Porque Dios, que mandó que de las tinieblas resplandeciese la luz, es el que resplandeció en nuestros corazones, para iluminación del conocimiento de la gloria de Dios en la faz de Jesucristo» (2 Corintios 4.6).

¿Cuál es la oración suprema para nuestro nuevo milenio?

La palabra de Dios revela una *razón* sorprendente por la que necesitamos orar antes de tratar de reflejar la luz de Jesús a ellos: «Pero si nuestro evangelio está aún encubierto, entre los gentiles que se pierden está encubierto; en los cuales el dios de este siglo cegó el entendimiento de los incrédulos, para que no les resplandezca la luz del evangelio de la gloria de Cristo, el cual es la imagen de Dios» (2 Corintios 4.3-4).

Es posible para los cristianos reflejar a Jesús y mostrar su amor por buenas obras de bondad, y aun compartir a Jesús verbalmente de múltiples maneras, pero, debido a que Satanás ha cegado a los perdidos, los no cristianos no pueden *ver* la luz de Jesús que estamos reflejando, no hasta que Dios les quite su ceguera por medio de nuestras oraciones.

¿Cuál es la oración suprema que podemos elevar para disipar estas horribles tinieblas? Orar por todas las personas que están todavía en tinieblas para que acepten a Jesús, la Luz. Entonces no estarán en tinieblas nunca más.

Como dijo Jesús en Juan 12.46: «Yo, la luz, he venido al mundo, para que todo aquel que cree en mí no *permanezca* en tinieblas».

Muchas personas, además de los padres de Cassie, estaban orando por ella antes de que Dios la alcanzara. Dios tenía que quitar las vendas de Satanás de su mente, lo cual Él hizo. Esta es una batalla sobrenatural. *Una de las razones por la que nuestro compartir a Jesús a menudo falla es porque fallamos en involucrar al Dios sobrenatural en sus vidas por medio de la oración, antes de tratar de salvarlos por nuestros esfuerzos humanos.* Y desde el principio ni siquiera pueden *ver* al Jesús que reflejamos hacia ellos.

¿La oración primordial para la eternidad?

Si somos en realidad sinceros al querer traer la Luz, Jesús, al planeta Tierra, *debemos ver a cada familiar, vecino, colega, amigo, compañero de escuela y compañero de universidad como condenados si no tienen a Jesús.* En Juan 3.18, Jesús dijo:

> El que en Él cree, no es condenado; pero el que no cree ya ha sido condenado, porque no ha creído en el nombre del unigénito Hijo de Dios.

También debemos darnos cuenta a dónde irán eternamente si no los alcanzamos con Jesús: a una eternidad sin Cristo en el infierno. Y en Apocalipsis 20.15 dice: «Y el que no se halló inscrito en el libro de la vida fue lanzado al lago de fuego». El infierno es ese lugar eterno sin aniquilación (véase Marcos 9.43-48) ni reencarnación (véase Hebreos 9.27), ese lugar inescapable (véase Mateo 23.33), ese lugar de fuego, lloro y el crujir de dientes (véase Mateo 13.49-50), y ese lugar de destierro lejos de Jesús (véase Mateo 7.21-23).

Y debemos seguir orando la oración suprema por ellos: que acepten a Jesús.

Brett, nuestro nieto de ocho años, se quedó a dormir en nuestra casa. Preguntó si podría tener una copia de cada uno de los libros de la abuela y se fue a la cama con unos cuantos de ellos. Se acurrucó en su lugar favorito, un edredón y un almohadón al lado de nuestra cama, mientras yo estaba recostada en la cama y leía el popular libro *Dejados Atrás*.

Justo cuando terminó la versión para niños de ese libro, me miró y preguntó: «Abuela, ¿has escrito algo sobre ser dejado atrás?»

«Brett, en realidad en ese libro *A Time to Pray God's Way* [Tiempo para orar a la manera de Dios], lo hice». Buscamos en su copia y encontramos las palabras exactas mientras le leía sobre la mirada en los ojos de Jesús cuando regresó a la tierra y miró por encima de mí a la gente hambrienta que yo estaba alimentando y amando. Qué horror hubiera sido no tener un «bien hecho» de Jesús, y en vez de eso ver su indescriptible tristeza por todas esas personas a las que había alimentado pero sin hablarle de Jesús. «Brett, aunque es bueno hacer eso, la abuela no ha escrito sobre lo que hay que hacer *después* de que alguien es dejado atrás. *Mis libros tratan sobre tener a todo el mundo listo ¡para no ser dejados atrás!* Eso es lo que Dios quiere que tú hagas, también, Brett».

En mi último domingo en Brasil había hablado sobre «Has dejado tu primer amor» basado en Apocalipsis 2.4. Después de decir a la iglesia de Éfeso las cosas buenas que *estaban* haciendo, Jesús le dijo que habían dejado su primer amor, y que tenían que arrepentirse y hacer las cosas que habían descuidado. Les dije cómo, luego de primero aceptar a Jesús a la edad de nueve años, semana tras semana me sentaba en la iglesia y hacía rechinar los dientes y apretaba los puños en ferviente oración mientras el pastor hacía la invitación para aceptar a Jesús. Estos eran *mis* vecinos inconversos y *mis* seres queridos a quienes habíamos llevado para que se salvaran. Si el pensamiento positivo hubiera tenido el poder para llevarlos por el pasillo, no hubieran tenido ninguna escapatoria.

Al final, el pastor brasilero invitó a pasar al frente a quienes prometieran orar y alcanzar a otros para Jesús. Aunque por veinte años mi ministerio ha tenido un promedio de veinticinco por ciento de los asistentes orando para asegurar que Jesús es su Salvador y Señor y han pasado adelante, comencé a llorar. Todavía sentada en la plataforma, Dios me dijo con claridad: *Evelyn, ¿cuánto tiempo ha pasado desde que apretabas los puños y rechinabas los dientes en oración por una alma perdida?*

¿Todas las personas que usted ama están listos para morir o para encontrarse con Jesús si Él viniera ahora?

¿Está orando esa oración suprema por ellos, con toda la fe y fervor?

¿Pero qué de ahora?

¿Cómo podrían las personas que aceptan a Jesús cambiar el ambiente del planeta Tierra?

Cada persona que acepta a Jesús no sólo es trasladada a su reino de luz, sino que también es individualmente transformada en una nueva creación de Él .

> De modo que si alguno está en Cristo, nueva criatura es; las cosas viejas pasaron; he aquí todas son hechas nuevas (2 Corintios 5.17)

Efesios 2.1-6 explica la maravillosa transformación que tiene lugar en cada nuevo creyente en Jesús:

> Y Él os dio vida a vosotros, cuando estabais muertos en vuestros delitos y pecados, en los cuales anduvisteis en otro tiempo, siguiendo la corriente de este mundo, conforme al príncipe de la potestad del aire, el espíritu que ahora opera en los hijos de desobediencia, entre los cuales también todos nosotros vivimos en otro tiempo en los deseos de nuestra carne, haciendo la voluntad de la carne y de los pensamientos, y éramos por naturaleza hijos de ira, lo mismo que los demás. Pero Dios, que es rico en misericordia, por su gran amor con que nos amó, aun estando

nosotros muertos en pecados, nos dio vida juntamente con Cristo (por gracias sois salvos), y juntamente con Él nos resucitó, y asimismo nos hizo sentar en los lugares celestiales con Cristo Jesús.

Las cosas viejas de una vida impía, desaparecen —a veces de inmediato, otras veces, en forma gradual— y las adicciones y los pecados profundamente arraigados son cambiados por la nueva vida abundante en Jesús. «He venido para que tengan vida y para que la tengan en abundancia» (Juan 10.10).

De pronto, a través del nuevo Salvador Jesús, ellos:

- tienen acceso al Padre con poder en sus oraciones intercesoras
- pueden recibir sabiduría del omnisciente Dios del universo, quien se las dará en abundancia
- dejan de ser impotentes en relación con los que todavía necesitan a Jesús, y ahora pueden orar por ellos en el nombre y la autoridad de Jesús
- tienen una herencia en los cielos

La lista es interminable. Pero, lo mejor de todo: cada persona que acepta a Jesús, lo tendrá a Él viviendo en ellos, lo reflejarán en sus vidas y transformarán su esfera de influencia.

De forma maravillosa, todos los pecados del pasado son instantáneamente perdonados en el momento de la salvación. Aunque quizás tengan que vivir con algunas de las consecuencias de los pecados del pasado, ¡son libres en Jesús! «De éste dan testimonio todos los profetas, que todos los que en él creyeren, recibirán perdón de pecados por su nombre» (Hechos 10.43).

Además, nunca más estarán sólos. No importa si han sido abandonados por su familia y amigos, o se han quedado solos por la muerte de un ser querido, o enfermedad, calamidad o prisión, el Señor prometió en Hebreos 13.5: «No te desampararé, ni te dejaré».

La luz de este nuevo milenio

Mientras el nuevo milenio saltaba cada hora de huso horario en huso horario alrededor del mundo a la medianoche del 31 de diciembre de 1999, las personas en todo el continente pasaban de la admiración a la alegría ante la explosión extravagante de luces en sus ciudades capitales cuando nacía el año 2000. Los medios de comunicación cubrieron diferentes celebraciones religiosas aquí y allá, pero básicamente era el mundo que daba la bienvenida a... ¿qué?

¿Traían todas esas luces resplandecientes una nueva luz al planeta Tierra? ¿O todavía el mismo número de personas en el mundo está en tinieblas espirituales?

¿Es diferente ahora de cuando el nacimiento de Jesús nos llevó abruptamente del a.C. al d.C? Ah, es cierto que nuestros medios de transporte y comunicación han cambiado muchísimo. Nuestro ritmo de vida ha aumentado de manera increíble. La tierra no puede aguantar de forma exclusiva a los humanos mientras ellos se aventuran al espacio exterior. El conocimiento nos ha inundado. Pero, ¿dónde está la nueva luz?

La verdadera luz del mundo

En realidad, la Luz que vino a disipar las tinieblas del planeta Tierra vino hace dos mil años cuando Jesús anunció el d.C. Y Él es la única luz con el suficiente poder para vencer las tinieblas. ¡Jesús!

Esa Luz ahora está en el cielo a la derecha del Padre. Él es la luz que Saulo vio en el camino a Damasco, más brillante que el sol del desierto al medio día.

Él es la luz que el apóstol Juan, al estar desterrado en la isla de Patmos, se volvió para ver cuando una voz le habló.

¡Este es el Jesús que estamos trayendo a la oscuridad de la tierra! Este es el Salvador resucitado y glorificado que dejó su luz con nosotros para alumbrar la tierra.

¿Es una meta ser como Jesús?

Desde el 1968 la meta de mi vida ha sido: «[ser] conforme a la imagen de su Hijo» según Romanos 8.29. Estudiar el Nuevo Testamento me reveló más y más características de Jesús, por las que me esfuerzo y muchas veces lucho para incorporarlas a mi nueva vida. Había muchas que esperaba y había amado por años, pero también hubo sorpresas frecuentes sobre quién realmente era Jesús. Pero un día sentí una gran sacudida cuando comencé a leer el libro de Hebreos. Estas primeras palabras me parecieron más de lo que podía aguantar:

> Dios habiendo hablado muchas veces y de muchas maneras en otro tiempo a los padres por los profetas, en estos postreros días nos ha hablado por el Hijo, a quien constituyó heredero de todo, y por quien asimismo hizo el universo; el cual, siendo el resplandor de su gloria, y la imagen misma de su sustancia, y quien sustenta todas las cosas con la palabra de su poder, habiendo efectuado la purificación de nuestros pecados por medio de sí mismo, se sentó a la diestra de la majestad en las alturas (Hebreos 1.1-3).

¡Jesús, el Hijo, es el resplandor de la gloria del Padre! La gloria que Isaías vio cuando los serafines decían entre sí: «Santo, santo, santo». La gloria que brilló en Jesús en el Monte de la Transfiguración. ¿Y *yo* estaba esforzándome para ser *así*?

Al ver la sobrecogedora dimensión de Jesús, mi corazón clamó a Dios: «Padre, no soy digna de querer ser como Jesús. No puedo ser como el Jesús que tú revelas en tu palabra, la Biblia. ¡Él es exactamente como tú en toda tu gloria! ¡No soy digna!»

Al comenzar a cuestionar la meta que me había esforzado en alcanzar todos estos años, casi sentí que debía decir: «Lo siento, Señor». Pero el Padre de inmediato dijo con firmeza a mi corazón que Él, el Dios que había escrito Hebreos 1.1-3, era el Dios que había dicho en la misma Biblia «que [ser] conformes a la imagen de su Hijo» (Romanos 8.29) era su voluntad para mí *y para todos los creyentes*.

Mi Jesús, sí, sí, quiero ser como Él para poder reflejarlo a un mundo perdido y que sufre.

Pero mi meta suprema es que, uno por uno, aquellos a quienes reflejo a Jesús sean atraídos por su belleza y lo acepten como su Salvador personal; hasta que nuestros vecinos, nuestras ciudades, nuestra nación y el mundo entero sean llenos de personas que tienen a Jesús viviendo en ellas.

¿Cuánto tiempo debe Jesús esperar?

Cuando John Glenn orbitó la tierra por primera vez el 20 de febrero de 1962, el pueblo de Perth, Australia, encendió sus luces para él. Desde su diminuta cápsula espacial, reportó que veía una luz muy brillante justo al sur de la línea del horizonte de un pueblo en Australia occidental: Perth.

Cuando el senador John Glenn orbitó la tierra como la persona más vieja en el espacio el 31 de octubre de 1998, los habitantes de Perth repitieron la escena en honor a él, y prendieron las luces de toda la ciudad, edificios de oficinas, estadios, lotes de estacionamiento y patios traseros. Esta vez, a 162 millas de altura sobre la tierra, vio un rayo brillante de luz.

Hace casi dos mil años, la Luz, Jesús, se elevó de la tierra y ascendió a los cielos, dejando a sus seguidores para ser la luz del mundo.

Mirando hacia abajo a través del espacio exterior desde el cielo, Jesús ya ha esperado pacientemente por casi dos milenios para ver a la tierra brillar en forma radiante con su luz.

¿Cuántos años va a tener Jesús que esperar?

¿Cuál generación terminará la Gran Comisión de Jesús de llevarle a Él , la luz del mundo, a los que todavía están en tinieblas?

¿Se unirá conmigo en oración para llegar a sus amigos, colegas y familiares que todavía están en las tinieblas espirituales? ¿Reflejará la Luz, Jesús, en su hogar, vecindario, trabajo o escuela, hasta que también ellos, uno por uno, tengan a Jesús viviendo en ellos y reflejen su luz a los que estén cerca?

Sigamos y sigamos hasta que Jesús pueda mirar hacia abajo desde los cielos y ver su hogar, vecindario, ciudad, estado, nación y el mundo, ¡brillando con su luz!

Preguntas de reflexión

Examine su vida:

Al comenzar el nuevo milenio, ¿está completamente satisfecha por la reactivación de nuestra economía, o está ligeramente temerosa, alarmada, o casi desesperada ante la caída en espiral de la moral en la mayor parte de nuestra cultura?

Honestamente, ¿ve el ambiente futuro para usted, sus hijos y nietos más claro o más oscuro, en términos espirituales, con o sin Jesús?

¿Cree lo que dice la Biblia de que cada familiar, vecino, colega o amigo sin Jesús está todavía en el reino de tinieblas de Satanás?

Lectura bíblica:

Lea despacio y varias veces Juan 12.46. Haga lo mismo con Mateo 5.14a. ¿Qué le dice Jesús a usted personalmente? Escuche e interactúe con Él en oración silenciosa. ¿Cómo puede ver aquí la respuesta suprema para el nuevo milenio?

Para hacer:

En sus propias palabras, escriba cómo Jesús le mostró que puede cambiar dramáticamente el medio que le rodea: del reino de tinieblas de Satanás al reino de luz de Jesús. Entonces, ¿cómo podría usted ayudar a completar lo que fue la razón de Jesús al venir: cambiar las tinieblas espirituales del planeta Tierra?

Para orar:

«Querido Jesús, siento mucho que hayas estado esperando casi dos mil años para ver tu luz disipar las tinieblas de la tierra. Sé que eres la única luz lo suficientemente poderosa para conquistarla. Perdóname por no reflejarte todo lo que debería. *Quiero ser parte de hacer que el planeta Tierra brille contigo.* Te prometo orar, por nombre, por aquellos que todavía están en tinieblas a mi alrededor. Y, Padre, oro que quites las vendas que Satanás tiene todavía en ellos, impidiéndoles ver al Jesús que estoy reflejándoles. Entonces permite que puedan aceptarte, querido Jesús, y también reflejen tu luz, hasta que todo nuestro mundo brille contigo. En tu maravilloso nombre, Jesús, amén».

Notas

Capítulo 1: ¿Quién es el Dios de nuestras oraciones?

1. George Barna, *The Second Coming of the Church*, Word, Nashville, 1997, pp.67-68.
2. Ibid., 8

Capítulo 4: Lo que Dios hace a través de la oración colectiva

1. Leith Anderson, *Leadership That Works*, Minneapolis, Bethany House, 1999, p.150.

Capítulo 8: Cómo escuchar a Dios a través de su Palabra

1. Don Clark, «Tidal Wave of Technology», *St. Paul Pioneer Press*, 12 de Julio, 1999, pp.1-2(E).

Capítulo 9: Cómo escuchar los pensamientos de Dios para nosotros

1. C. Austin Miles, «In the Garden», The Rodeheaven Co., 1940, en *Gospel Hymnal*, Baptist Conference Press, Chicago, 1950, p.26.

Capítulo 12: ¿Qué estamos haciendo con Jesús?

1. Evelyn Christenson, *A Study Guide for Evangelism Praying*, Harvest House, Eugene, Oregon, 1996, prólogo.